TRATANDO PESADELOS PÓS-TRAUMA

Coleção Aspectos de Psicologia

- *Chaves para a psicologia do desenvolvimento: vida pré-natal e etapas da infância (Tomo 1)* – Maria Cristina Griffa e José Eduardo Moreno

- *Chaves para a psicologia do desenvolvimento: adolescência, vida adulta e velhice (Tomo 2)* – Maria Cristina Griffa e José Eduardo Moreno

- *O poder transformativo da metáfora em terapia: teorias, vivências e sugestões para a prática clínica* – Sana Loue

- *Psicologia da educação: a observação científica como metodologia de estudo* – Silvia Perini

- *O psicopata: um camaleão na sociedade atual* – Vicente Garrido

- *Sentir-se só* – Maria Miceli

- *Tratando pesadelos pós-trauma: uma abordagem cognitivo-comportamental* – Joanne L. Davis

JOANNE L. DAVIS

TRATANDO PESADELOS PÓS-TRAUMA

UMA ABORDAGEM
COGNITIVO-COMPORTAMENTAL

Dados Internacionais de Catalogação na Publicação (CIP)
(Câmara Brasileira do Livro, SP, Brasil)

Davis, Joanne L.
Tratando pesadelos pós-trauma : uma abordagem cognitivo-comportamental / Joanne L. Davis ; [tradução Beatriz Aratangy Berger]. – São Paulo : Paulinas, 2016. – (Coleção aspectos de psicologia)

Título original: Treating post-trauma nightmares : a cognitive behavioral approach.
Bibliografia.
ISBN 978-85-356-4213-1

1. Pesadelos 2. Pesadelos - Tratamento 3. Terapia cognitiva 4. Terapia cognitiva - Métodos 5. Transtornos de estresse pós-traumático - Complicações I. Título. II. Série.

16-06656   CDD-616.8521

Índice para catálogo sistemático:

1. Pesadelos : Transtornos de estresse pós-traumático :
Psicologia : Ciências médicas   616.8521

Título original da obra: *Treating post-trauma nightmares*
© 2008 by Springer Publishing Company, LLC, New York, NY 10036.

1ª edição – 2016

Direção-geral: Bernadete Boff
Editora responsável: Andréia Schweitzer
Tradução: Beatriz Aratangy Berger
Copidesque: Mônica Elaine G. S. da Costa
Coordenação de revisão: Marina Mendonça
Revisão: Ana Cecilia Mari
Gerente de produção: Felício Calegaro Neto
Capa e diagramação: Manuel Rebelato Miramontes

Nenhuma parte desta obra poderá ser reproduzida ou transmitida por qualquer forma e/ou quaisquer meios (eletrônico ou mecânico, incluindo fotocópia e gravação) ou arquivada em qualquer sistema de banco de dados sem permissão escrita da Editora. Direitos reservados.

Paulinas
Rua Dona Inácia Uchoa, 62
04110-020 — São Paulo — SP (Brasil)
Tel.: (11) 2125-3500
http://www.paulinas.org.br
editora@paulinas.com.br
Telemarketing e SAC: 0800-7010081
© Pia Sociedade Filhas de São Paulo — São Paulo, 2016

SUMÁRIO

Siglas.. 7

Prefácio... 13

Agradecimentos 17

Capítulo 1 – Aspectos gerais dos pesadelos de trauma e pós-trauma........................ 19

Capítulo 2 – Caracterizando pesadelos 45

Capítulo 3 – Formulação teórica dos pesadelos pós-trauma:
Davis, Fernandez, Pennington e Langston...75

Capítulo 4 – Avaliação do trauma, pesadelos e problemas do sono:
Pruiksma e Davis.. 105

Capítulo 5 – Introdução ao tratamento de exposição, relaxamento e
reelaboração.. 125

Capítulo 6 – Sessão 1... 147

Capítulo 7 – Sessão 2... 169

Capítulo 8 – Sessão 3... 189

Capítulo 9 – Considerações do tratamento... 201

Capítulo 10 – Eficácia da terapia de exposição, relaxamento e reelaboração:
Davis, Rhudy, Byrd e Wright.. 219

Apêndice A – Manual do participante 243

Apêndice B – Escala de significância do pós-tratamento clínico:
Davis, Wright, Byrd e Rhudy 289

Bibliografia... 295

SIGLAS

APA = Associação Psiquiátrica Americana
(American Psychiatric Association)

ASDA = Associação Americana dos Transtornos do Sono
(American Sleep Disorders Association)

BNSQ = Questionário Nórdico Básico do Sono
(Basic Nordic Sleep Questionnaire)

CAPS = Escala de TEPT Administrada pelo Clínico
Clinician Administered PTSD Scale

CBT = Terapia Cognitiva Comportamental
(Cognitive Behavioral Therapy)

CID = Classificação Internacional das Doenças
([ICD] = International Classification of Diseases)

CPAP = Pressão Contínua nas Vias Aéreas
(Continuous Positive Airway Pressure)

DP = Desvio-Padrão
([SD] = Standard Deviation)

DRS = Escala de Classificação do Sono
(Dream Rating Scale)

DSM = Manual Diagnóstico e Estatístico
(Diagnostic and Statistical Manual)

ECG = Eletrocardiograma
(Electrocardiogram)

EEG = Eletroencefalograma
(Eletroencephalogram)

EMG = Eletromiograma
(Electromyogram)

EOG = Eletrooculograma
(Electro-oculogram)

ERRT = Tratamento de Exposição, Relaxamento e Reelaboração
(Exposure, Relaxation, and Rescripting Treatment)

ERRT-C = Tratamento de Exposição, Relaxamento e Reelaboração – Criança
(Exposure, Relaxation, and Rescripting Treatment – Children)

GSAQ = Questionário de Avaliação do Sono Global
(Global Sleep Assessment Questionnaire)

HMO = Organização da Manutenção da Saúde
(Health Maintenance Organization)

HR = Frequência Cardíaca
(Heart Rate)

ICSD = Classificação Internacional dos Transtornos do Sono
(International Classification of Sleep Disorders)

IRT = Terapia de Ensaio de Imagem
(Imagery Rehearsal Therapy)

MCET = Terapia de Exposição de Múltiplo Canal
(Multiple Channel Exposure Therapy)

MPM = Movimento Periódico dos Membros
([PLM] = Periodic Limb Movement)

MPSS-SR = Escala dos Sintomas do TEPT Modificados – Autorrelatos
(Modified PTSD Symptom Scale – Self-Report)

NFQ = Questionário de Frequência do Pesadelo
(Nightmare Frequency Questionnaire)

NIH = Instituto Nacional de Saúde
(National Institute of Health)

NITE = Intervenção do Pesadelo e Avaliação do Tratamento
(Nightmare Intervention and Treatment Evaluation)

NOS = Não especificado de outra forma
(No Otherwise Specified)

NREM = Movimento Não Rápido dos Olhos
(Non-Rapid Eye Movement)

O.R. = Razão de Probabilidade (RP)
(Odds Ratio)

PCL = Checklist Pós-Trauma
(Posttraumatic Checklist)

PDS = Escala para Diagnóstico de Estresse Pós-Trauma
(Posttraumatic Stress Diagnostic Scale)

PMR = Relaxamento Muscular Progressivo
(Progressive Muscle Relaxation)

POW = Prisioneiro de guerra
(Prisoner of War)

PSG = Polissonografia
(Polysomnography)

PSQI–A = Índice da Qualidade do Sono de Pittsburg – Adendo
(Pittsburg Sleep Quality Index – Addendum)

PSS–I = Escala dos Sintomas do TEPT – Entrevista
(PTSD Symptom Scale – Interview)

RCT = Ensaio Clínico Randomizado
(Randomized Clinical Trial)

REM = Movimento Rápido dos Olhos
(Rapid Eye Movement)

SCID = Entrevista Clínica Estruturada para Transtornos
(Structure Clinical Interview for Disorders)

SCL = Nível de Condutância da Pele
(Skin Conductance Level)

SCL–90 = Checklist 90 dos Sintomas
(Symptom Checklist-90)

SDB = Transtorno do Sono Relacionado à Respiração
(Sleep Disordered Breathing)

SDQ = Questionário do Transtorno do Sono
(Sleep Disorder Questionnaire)

SSRI = Inibidor Seletivo da Recaptação da Serotonina
(Selective Serotonin Reuptake Inhibitor)

SUD = Unidades Subjetivas de Angústia
(Subjective Units of Distress)

TEA = Transtorno de Estresse Agudo
([ASD] = Acute Stress Disorder)

TEPT = Transtorno de Estresse Pós-Traumático
([PTSD] = Posttraumatic Stress Disorder)

TRNS = Pesquisa de Pesadelos Relacionados a Trauma
(Trauma Related Nightmare Survey)

TSI = Inventário dos Sintomas do Trauma
(Trauma Symptom Inventory)

NOTA DA AUTORA E DA EDITORA

A autora e os editores deste livro fizeram todos os esforços para usar fontes consideradas confiáveis na obtenção de informações precisas e compatíveis com os padrões geralmente aceitos até o momento da publicação. A autora e os editores não são responsáveis por erros, omissões ou declarações incorretas, que resultem em indenização punitiva, no todo ou em parte, bem como por decisões e atos baseados nas informações aqui contidas.

Os editores não são responsáveis pela permanência ou precisão das URLs, externas ou de terceiros, dos *websites* da internet mencionados neste livro, e não garante que qualquer conteúdo dos *websites* seja, ou continue sendo, exato ou adequado.

Não foram mencionados nomes genéricos ou comerciais, dosagens ou formas de uso de medicamentos para não estimular a automedicação. Eventuais dúvidas nesse sentido devem ser resolvidas com a ajuda de um especialista.

PREFÁCIO

Pesquisadores estão cada vez mais voltados ao distúrbio do sono após um evento traumático como um fator-chave na manutenção dos problemas psicológicos e físicos ao longo do tempo. Os efeitos psicológicos e físicos do trauma podem ser especialmente vulneráveis à cronicidade, com a perda das funções restaurativas do sono. Isso sugere a essencial importância de identificar as intervenções que restaurem a qualidade do sono. Embora diversas intervenções sejam consideradas eficazes no tratamento do transtorno de estresse pós-trauma (TEPT), os distúrbios do sono e os pesadelos podem ser resistentes a tais tratamentos que abordam amplamente o TEPT (Davis, DeArellano, Falsetti & Resnick, 2003; Forbes, Creamer & Biddle, 2001; Johnson et al., 1996; Scurfield, Kenderdine & Pollard, 1990; Zayfert & DeViva, 2004). De fato, diversos autores sugeriram a necessidade de abordar diretamente os distúrbios do sono e os pesadelos (Halliday, 1987). Kramer e Kinney (2003) observaram que os veteranos do Vietnã, com sonhos perturbadores, mostraram hiper-resposta durante o sono e sugerem que "as terapias de dessensibilização têm sucesso limitado, se a responsividade do sono não é alterada" (p. 686). Para alguns indivíduos, as terapias que não abordam especificamente o sono e os pesadelos podem não afetar esse aspecto da resposta do trauma.

Esforços significativos têm sido feitos no sentido de desenvolver e avaliar tratamentos que abordem especificamente o distúrbio do sono e os pesadelos em pessoas expostas a trauma. Como parte desse esforço, este livro descreve um tratamento que reúne literatura, teoria e técnicas da medicina comportamental do sono, e as perspectivas psicológicas. O tratamento interdisciplinar, Terapia de Exposição, Relaxamento e Reelaboração (ERRT) atinge especificamente os pesadelos crônicos vivenciados por pessoas expostas ao trauma. Diversos artigos descrevendo (Davis & Wright, 2006) e apresentando os resultados da pesquisa da ERRT (Davis & Wright, 2005; 2007) têm sido publicados. Informações sobre resultado do tratamento, para os tratamentos relacionados e o desenvolvimento da ERRT estão descritas no capítulo 5.

O propósito deste livro é apresentar a terapeutas e demais profissionais ligados à área de saúde mental, a estudantes de Psicologia e a estudiosos em geral informações que formaram a base do desenvolvimento da ERRT, e descrever o tratamento, passo a passo, para aqueles que estiverem interessados na utilização e posterior avaliação da ERRT. O livro começa com uma visão geral dos eventos traumáticos e seus impactos nos pacientes. Um breve resumo das informações sobre terrores noturnos e pesadelos comuns é apresentado, incluindo as dificuldades relacionadas às definições de pesadelos. A natureza e as características dos pesadelos pós-trauma também são apresentadas. Formulações teóricas dos pesadelos pós-trauma, orientadas por especialistas do sono e de trauma estão descritas, e incluem o novo modelo dos três fatores. Importantes considerações de avaliação estão resumidas, incluindo orientação na avaliação dos eventos traumáticos, diagnóstico diferencial dos eventos do sono e uma revisão das ferramentas da avaliação do sono e do pesadelo.

Comentamos sobre os tratamentos para os pesadelos e introduzimos a ERRT. Durante o desenvolvimento do tratamento, fornecemos informações que incluem a influência da literatura dos campos da medicina comportamental do sono, trauma e transtornos de ansiedade. O tratamento é, então, apresentado, sessão por sessão. Após descrevermos o tratamento completo, abordamos uma seção especial das considerações do tratamento, com as potenciais dificuldades que os terapeutas ou os pacientes possam encontrar, e sugestões de como lidar com as situações. Finalmente, comentamos a eficácia da ERRT e discutimos os elementos potencialmente críticos e os mecanismos de mudança.

O manual completo do paciente é apresentado no Apêndice A. O manual inclui todos os elementos do tratamento explicado no livro, escrito em linguagem para leigos. Inclui também espaço para os pacientes tomarem notas, assim como alguns formulários de avaliação usados pela nossa pesquisa de grupo. O respectivo manual pode ser copiado e usado individualmente. Em nosso centro, colocamos o manual em fichários com furos, assim podemos adicionar o capítulo em cada sessão. Isso é feito para que eles não se adiantem no tratamento e façam os procedimentos junto com o terapeuta. Muitos trabalhos de casa estão incluídos no final dos capítulos e podem ser facilmente removidos e apresentados. Nós geralmente guardamos o trabalho de casa para efeitos de análise de dados, enquanto os

PREFÁCIO

pacientes mantêm o restante do manual. Isso possibilita que eles fiquem com as informações apresentadas no tratamento para, no caso de precisarem, poderem olhar e reler as seções.

Os exemplos de caso fornecidos no livro ilustram vários aspectos do tratamento, as lutas e os triunfos dos pacientes que temos tratado com a ERRT. Somos muito gratos a todos que participaram do processo da pesquisa, por terem nos informado sobre o desenvolvimento do tratamento. Para proteger a identidade dessas pessoas, os exemplos de casos apresentados neste livro representam as amalgamações dos diversos participantes que fizeram parte da pesquisa clínica que serve de base para este trabalho. Frequentemente, as histórias se misturam em um exemplo de caso. Os nomes, situações e idades são mudados, e qualquer semelhança com algum indivíduo não é intencional.

Dada a florescência empírica e teórica da literatura do trauma relacionado aos pesadelos e distúrbios do sono, as informações fornecidas devem ser vistas como preliminares. A teoria proposta, subjacente ao desenvolvimento e manutenção dos pesadelos relacionados a trauma, assim como os possíveis elementos críticos e mecanismos de mudança, são baseados em dados disponíveis. Assim, este trabalho não representa um ponto final, e sim outro passo no sentido de compreender melhor a natureza e a função dos pesadelos pós-trauma, e atender aqueles que sofrem com eles. Esperamos que sirva também como ponto de partida para novas pesquisas.

Os componentes da ERRT foram tirados das melhores práticas nos campos do trauma, sono e ansiedade. Embora o tratamento seja apresentado como uma abordagem sob a forma de manual, os terapeutas devem considerar uma administração flexível dos componentes do tratamento, dependendo das queixas apresentadas pelos pacientes. Considerando que muitos dos que se queixam dos pesadelos também têm outras dificuldades, é necessário haver uma formulação completa de caso, para determinar se o tratamento poderia ser feito utilizando uma intervenção individual, uma intervenção simultânea ou uma integração com a terapia em curso. Finalmente, embora esse tratamento tenha sido desenvolvido e avaliado com indivíduos expostos a eventos traumáticos, tratamentos similares têm sido usados com sucesso para os pesadelos idiopáticos (não relacionados a trauma).

AGRADECIMENTOS

O desenvolvimento da *Terapia de Exposição, Relaxamento e Reelaboração* – ERRT começou na época do meu pós-doutorado na *National Crime Victims Research and Treatment Center* – NCVC [uma divisão do Departamento de Psiquiatria e Ciências do Comportamento na Universidade de Medicina da Carolina do Sul] em Charleston. Quero agradecer a essa maravilhosa faculdade pelo encorajamento e apoio que me deu. Desde o início, muitas pessoas se envolveram neste projeto de pesquisa. Dr. Jamie Rhudy tem sido meu parceiro de pesquisa nos últimos anos e tem criado e acompanhado as avaliações psicológicas do programa de pesquisa. Diversos capítulos têm como coautores estudantes e colegas – muito obrigada pela imensa contribuição neste trabalho. Três estudantes se submeteram aos projetos de pesquisa ao longo do tempo. Dr. David Wright deu uma enorme ajuda desde o início do programa de pesquisa, e Patricia Byrd e Kristi Pruiksma nos acompanharam durante anos. Muitos estudantes serviram como terapeutas e assistentes, incluindo o Dr. David Wright, Patricia Byrd, Victoria Tracy, Elizabeth Risch, Dr. Cameo Borntrager, Dr. Tera Langston, Dr. Johna Smasal, Dra. Nina Schneider, Christina Cantrell, Shantel Fernandez, Kate Witheridge, Amy Nelson, Kristi Pruiksma, Hannah Pennington, Sara Mayfield, Rachel Wiedeman, e Elizabeth Avant. Nossos assistentes em psicologia foram Aimee E. Williams, Klanci M. McCabe, Emily Bartley, e Elizabeth Avant. Outros estudantes que nos assessoraram com banco de dados, telefonemas, e leituras dos rascunhos do livro foram David Richardson, Melissa Tibbits, Jennifer Allen, Julie Hill, Hayley Bastida, Marcy Elder, Donica Romeo, Julie Burch, Devra McManus e Marsha Siebnmorgen. Gostaria de fazer um agradecimento muito especial a Dra. Elana Newman, minha amiga e colega, que forneceu feedbacks muito úteis na revisão do livro. Agradeço a Dra. Judy Berry por sua sabedoria sobre o processo. Agradeço a Phil Laughlin por ter me acompanhado e ajudado a moldar minhas ideias até o produto final.

Agradeço imensamente a Sloan, Bryce, Dylan e Caedon pelo carinho, apoio e incrível tolerância durante este projeto. Sloan, você tem sido minha inspiração e motivação, e eu não conseguiria agradecê-lo o suficiente por tudo. Meu eterno agradecimento à minha família em Nova York por todo apoio e carinho.

Finalmente, quero agradecer aos corajosos homens e mulheres que compartilharam suas histórias e nos ensinaram tanto a respeito do impacto do trauma em suas vidas.

Capítulo 1

ASPECTOS GERAIS DOS PESADELOS DE TRAUMA E PÓS-TRAUMA

Estou deitada na cama – alguma coisa me acordou, mas não tenho certeza do que foi. Então escutei de novo. Alguém está na minha casa, andando pela sala. Está um breu e eu ouço um sussurro. Parece que são dois homens. Sinto muito medo – e se eles subirem aqui? Ouço o estalar do primeiro degrau da escada e me sinto paralisada. Vão subir para pegar minhas crianças – preciso impedir, mas não consigo me mover. Começo a suar e meu coração bate forte. Sei que preciso chegar até as minhas crianças antes deles. Percebo que alguém está vindo em direção ao meu quarto. Ouço outra pessoa subindo para o quarto das crianças. Um deles está quase na minha porta. Deslizo da cama para o chão. Não consigo respirar, sinto que eles podem ouvir meu coração batendo – sabem que estou aqui. Não consigo me mover e tremo tanto que não consigo ficar em pé. Estou tentando me mover, para chegar até a porta. Ouço o caçula balbuciar como se tivesse despertado do sono. Não sei quem são, mas sei que vão pegar minhas crianças e me matar. Preciso ir até lá, mas não consigo me mexer. Vejo os rostinhos deles em minha mente... tão pequeninos. Preciso ajudá--los. Ouço que tocam a maçaneta do quarto. Um deles está entrando. Ele vai me matar. Estou apavorada porque a porta está se abrindo. Vejo mão e pé, e então ouço meu caçula gritar...

As pessoas são fascinadas pelos sonhos – por que sonhamos, o que eles significam – desde os tempos mais remotos. Embora ainda não entendamos a exata natureza e a função dos sonhos, existem numerosas teorias. Os antigos gregos acreditavam que os sonhos seriam mensagens dos deuses; Aristóteles foi um dos primeiros a sugerir que os sonhos são produtos da mente (Gallop, 1990); e Sigmund Freud argumentou que os sonhos são expressões disfarçadas dos impulsos inconscientes e protetores do sono (1900/1955). Teorias atuais incluem aquelas em que os sonhos têm correlação neurológica, como a teoria da síntese de ativação, de Hobson e

McCarley (1977), em que eles afirmam que os sonhos são epifenômenos do sono, sinopses criadas pelo cérebro para dar sentido aos sinais do tronco cerebral e do sistema límbico. Da mesma forma, Seligman e Yellen (1987) descrevem os sonhos como uma série de episódios visuais e emocionais que essencialmente não têm relação e tenta dar sentido cognitivo a eles; e Stickgold (2005) sugere que os sonhos são as experiências conscientes do reprocessamento da memória durante o sono. Focado mais na função do sonho como atividade mental, Revonsuo (2000) argumenta que os sonhos são mecanismos de defesa evolutivamente concebidos, que ajudam a preparar o sonhador para perceber e evitar eventos ameaçadores. Diversos pesquisadores sugerem que os sonhos têm a função de difundir forte emoção (Cartwright & Lloyd, 1994; Kramer, 1991), enquanto outros acham que eles fornecem um meio para estabelecer redes e recontextualizar emoções (Hartmann, 1998b).

Se o conhecimento que temos hoje sobre os sonhos é confuso, sobre o pesadelo é mais ainda. Teóricos e pesquisadores, de forma geral, tentaram compreender os pesadelos utilizando as teorias existentes dos sonhos. Na verdade, alguns pesquisadores têm considerado o pesadelo como sonhos sem êxito, que geralmente despertam a pessoa, interrompendo os processos do sono (Kramer, 1991), ou como "um sonho 'turbulento' ou 'mau'" (Erman, 1987, p. 668). Hartmann (1998a), no entanto, sugere que os pesquisadores deveriam seguir por outro caminho, começando por compreender o pesadelo e depois os sonhos. Ele afirma que o precipitador dos pesadelos, especialmente pesadelos pós-trauma, é óbvio. Examinar a maneira pela qual nossas mentes processam a existência de algo conhecido (um evento traumático ou estressor), através dos pesadelos, pode lançar uma luz sobre as águas mais escuras dos sonhos, para as quais possíveis influências sejam menos certas.

Um tipo extremo de pesadelo – que pode realmente ser um fenômeno em si mesmo ou o ponto extremo de um *continuum* – é o pesadelo que se segue à experiência de um evento traumático. Pesadelos pós-trauma, que sempre refletem um evento traumático, em diferentes graus de veracidade, têm sido vistos com maiores interesses clínico, teórico e científico nas últimas duas décadas. Iniciados ou exacerbados por um evento traumático, esses horrores noturnos podem ter um impacto assustador sobre o sonhador, afetando não apenas a qualidade e quantidade das experiências de sono do indivíduo que o vivenciou, como também os funcionamentos cognitivo, emocional, comportamental e fisiológico do indivíduo durante o dia. Este livro explora a natureza do pesadelo pós-trauma, reunindo literatura em diversas especialidades, na tentativa de compreender o fenômeno do pesadelo relacionado ao trauma; e descreve uma abordagem, passo a passo, que visa diminuir a frequência e a seriedade dos pesadelos em um tratamento cognitivo-comportamental. Iniciamos com um breve exame dos eventos traumáticos e seus impactos sobre o funcionamento dos adultos sobreviventes.

A prevalência e a natureza do trauma

A terceira edição do Manual Diagnóstico e Estatístico dos Transtornos Mentais (DSM; Associação Psiquiátrica Americana [APA], 1980) define traumas como aqueles eventos estressores que fogem da experiência humana usual. Pesquisas posteriores sugeriram, no entanto, que não seria este o caso.

Ao experimentar eventos tais como ser vítima de atividade terrorista, sobreviver a um grave acidente de carro, saber da perda inesperada de um ente querido, experimentar abuso sexual ou físico, muitas pessoas lutarão intensamente para superar esses terríveis eventos. A definição específica de um evento traumático tem mudado com o tempo, e a versão atual do DSM (APA, 2000) fornece os seguintes critérios de classificação: "(1) a pessoa vivenciou, testemunhou ou foi confrontada com um ou mais eventos que envolveram ameaça de morte, morte real ou lesão grave, ou ameaça à integridade física própria ou alheia; (2) a reação da pessoa envolveu medo intenso, desamparo ou horror. NOTA: Com as crianças, isso pode ser expresso por um comportamento desorganizado ou agitado" (p. 467). Esta definição prevê uma ampla série de eventos a serem considerados traumáticos (na verdade, alguns diriam ampla demais para uma série) e reflete e informa melhor os dados empíricos, sugerindo que aproximadamente 60% a 70% dos indivíduos experimentarão um evento traumático em suas vidas.

Norris (1992) pesquisou mil adultos, em quatro cidades do sudoeste, a respeito de suas experiências com 10 tipos de eventos potencialmente traumáticos. Dos entrevistados, 69% relataram que experimentaram um evento traumático em suas vidas e 21%, um evento traumático no ano anterior. Em entrevistas realizadas com uma representativa amostra nacional de 5.877

adultos, descobriu-se que 61% dos homens e 51% das mulheres relataram terem tido um evento traumático em suas vidas (Kessler, Sonnega, Bromet, Hughes & Nelson, 1995), enquanto 89% dos adultos em uma área urbana relataram terem sido expostos a um evento traumático (Breslau et al., 1998). Os eventos mais comuns relatados nos estudos epidemiológicos incluem testemunhar alguém sendo muito maltratado ou morto, envolver-se em incêndio ou em algum desastre natural, assim como em acidente com risco de morte (Solomon & Davidson, 1997). As taxas de prevalência para vários eventos diferem significativamente por gênero. Por exemplo, os tipos mais frequentes de eventos relatados por mulheres incluíram catástrofes naturais (15,2%), violências testemunhadas (14,5%), acidentes (13,8%), forte comoção (12,4%) e agressão sexual (12,3%). Os tipos mais frequentes relatados pelos homens incluíram violências testemunhadas (35,6%), acidentes (25%), ameaças com arma (19%), desastres naturais (18,9%) e forte comoção (11,4%) (Kessler et al., 1995). Diversas investigações demonstram que a maioria das pessoas expostas ao trauma relata ter experimentado múltiplos eventos traumáticos (ver Breslau, 1998).

Estudos em larga escala com crianças também mostram uma proporção significativa de experiências com eventos traumáticos. Em entrevistas com uma amostra representativa, de 4.008 adolescentes com idades entre 12 a 17 anos, quase a metade da amostra relatou ter sofrido algum tipo de violência, incluindo agressão sexual/estupro (8,1%), agressão física (17,4%), comportamento físico abusivo (9,4%) ou testemunha de violência (39,4%) (Kilpatrick, Saunders & Smith, 2002). Outros estudos nacionais relataram resultados similares (Finkelhor, Ormrod, Turner & Hamby, 2005).

Impacto do trauma

Embora respostas de medo, impotência ou horror sejam necessárias para que um evento seja considerado um trauma (APA, 2000), o impacto de vivenciar um evento traumático pode variar desde uma leve comoção e angústia, até uma luta crônica com dificuldades de tipo emocional, psicológico, fisiológico e comportamental. Enquanto muitos assumem que eventos traumáticos normalmente resultam em problemas de longo prazo, a pesquisa indica que as pessoas geralmente são bastante resilientes diante de experiências potencialmente traumáticas. Como diz Bonanno (2005),

Aspectos gerais dos pesadelos de trauma e pós-trauma

"resiliência é a resposta mais comum de um trauma em potencial" (p. 135). Cada vez mais, pessoas que estudam o trauma conceituam resiliência como uma resposta normal ao trauma, e não uma anomalia. Bonanno sugere que 10% a 30% dos indivíduos que sofreram um trauma terão problemas crônicos, 5% a 10% terão resposta tardia (experiência inicial com sintomas moderados por algum período, que aumentam ao longo do tempo), 15% a 35% vão se recuperar (sintomas iniciais moderados que diminuirão gradativamente ao longo do tempo) e 35% a 55% irão demonstrar resiliência (podem experimentar sintomas brandos a moderados inicialmente, que rapidamente se dissipam, não interferindo de maneira substancial no funcionamento normal). Na verdade, mesmo depois do devastador ataque terrorista de setembro de 2001 nos Estados Unidos, os pesquisadores descobriram que 65% dos moradores de Manhattan atenderam aos critérios para a resiliência (como se tivessem vivenciado um ou nenhum sintoma do transtorno de estresse pós-traumático [TEPT], 6 meses após o ataque); mais de 50% dos indivíduos que testemunharam o ataque ou estavam nos edifícios do World Trade Center quando o ataque ocorreu, e 33% dos feridos no ataque atenderam aos critérios para a resiliência (Bonanno, Galea, Bucciarelli & Vlahov, 2006).

Posto que a maioria das pessoas não vá experimentar problemas clínicos significativos de longa duração após eventos traumáticos, um número considerável irá. Explorar o tipo, a natureza e o prognóstico de resultados negativos de exposição ao trauma tem constituído a parte principal dos estudos sobre o trauma nas últimas três décadas. Inúmeros distúrbios psicológicos, incluindo depressão, uso e dependência de substâncias, outros transtornos de ansiedade e distúrbios do sono estão associados com a experiência de trauma (Breslau, 1998; Breslau et al., 2004; Kessler et al., 1995; Neria et al., 2007). Entre as áreas mais estudadas sobre a dificuldade após um evento traumático, estão o transtorno de estresse agudo (TEA) e transtorno de estresse pós-traumático (TEPT). Esses dois transtornos serão abordados adiante, devido às suas associações com pesadelos.

Transtorno de estresse agudo – TEA

Os sintomas que surgem dentro de um mês após um evento traumático podem ser considerados na categoria de TEA. O TEA foi adicionado ao DSM, em 1994 (APA, 1994), para descrever os sintomas observados em sobreviventes de trauma no primeiro mês após o ocorrido. Para atender aos critérios para o TEA, a pessoa precisa ter passado por um evento traumático, experimentado três sintomas dissociativos, revivenciado um sintoma (incluindo sonhos sobre o evento), evitação marcante e hiperexcitabilidade por dois dias a quatro semanas após o evento traumático. O TEA tem sido objeto de muitos debates desde o seu início, mais notadamente com ênfase em sintomas dissociativos, e em seu poder em relação às combinações com outro sintoma, prevendo o desenvolvimento de TEPT (veja Bryant, 2000; Bryant & Harvey, 1997).

Transtorno de estresse pós-trauma – TEPT

Derek

Derek era o mais novo dos quatro irmãos. Sua mãe cometera suicídio quando ele tinha 7 anos, depois de ter sofrido severos traumas físicos e psicológicos, pelo pai de Derek, durante vinte anos. Enquanto ela estava viva, o pai de Derek teria abusado fisicamente das crianças algumas vezes, embora a maioria dos abusos tenha sido direcionada a sua mãe. Depois de sua morte, as crianças tornaram-se os principais alvos da agressão do pai, e Derek e seus irmãos viveram anos de severos abusos físicos e psicológicos. Derek entrou para a terapia com pouco mais de 20 anos, quando frequentava um curso profissionalizante. Ele sofria de severos pesadelos, diversas vezes por semana. Também relatou alguns flashbacks das situações de abuso, especialmente quando na presença de figuras de muita autoridade. Não era capaz de manter relacionamentos por causa do sentimento de que não poderia "amar como qualquer outra pessoa". Relatou problemas significativos de raiva e perdeu sua bolsa de estudos, pois estava faltando nas aulas devido à privação do sono e incapacidade de se concentrar nos estudos.

Estudados e conceituados sob diferentes termos ao longo da história – incluindo "confusão mental", "neuroses de guerra" e "síndrome de trauma por estupro" –, os problemas comuns relatados por pessoas após um evento traumático estão codificados como TEPT, na terceira edição do DSM (APA, 1980). Após diversas revisões, a edição mais recente do DSM (APA, 2000) considera que o TEPT seja composto de três categorias principais de sintomas. A primeira categoria inclui várias maneiras pelas quais alguém pode reviver o evento traumático, como ter pesadelos sobre o evento, experimentar

Aspectos gerais dos pesadelos de trauma e pós-trauma

pensamentos intrusivos ou lembranças do evento, comportar-se ou sentir-se como se o evento estivesse acontecendo de novo, experimentar sofrimento significativo, quando exposto aos estímulos relacionados ao evento traumático, e ter reações fisiológicas, quando exposto a estímulos relacionados ao evento traumático. A segunda categoria inclui ambos, o entorpecimento emocional e o critério de evitação, tais como evitar pensamentos e sentimentos sobre o evento; evitar pessoas, lugares e situações que lembrem o evento; ser incapaz de recordar certas partes do evento; diminuição do interesse e da participação em atividades; sentir-se diferente dos outros; ter um conjunto restrito de emoções e poucas perspectivas para o futuro. A terceira categoria inclui sintomas de excitação, tais como problemas para iniciar ou manter o sono, irritabilidade ou ter explosões de raiva, dificuldade de concentração, ser muito vigilante e mostrar resposta de sobressalto exagerada.

Prevalência do TEPT

As taxas de prevalência do TEPT variam consideravelmente, em parte por causa das diversas amostragens de populações e dos diferentes métodos de avaliação do TEPT e exposição a trauma. No geral, a prevalência populacional estimada do TEPT, do ano anterior, ficou na faixa de 2,3% a 4,2%, e estima-se a prevalência de TEPT, ao longo da vida, em 7,8% a 18,3% (Breslau, Davis, Andreski & Peterson, 1991; Breslau et al., 1998; Kessler et al., 1995; Resnick, Kilpatrick, Dansky, Saunders & Best, 1993). Breslau et al. (1998) descobriram que o risco do TEPT, durante a vida da população exposta a trauma, é de cerca de 9%; e Kessler e colaboradores (1995) descobriram taxas de TEPT, ao longo da vida dos indivíduos expostos a trauma, de 8% para homens e 20% para as mulheres. Os resultados dos levantamentos epidemiológicos em áreas de pós-conflito indicam taxas mais elevadas de TEPT (15,8% a 37,4%; de Jong et al., 2001).

Fatores de risco para problemas crônicos

Como relatado acima, enquanto muitos indivíduos experimentarão um evento potencialmente traumático, somente uma minoria ficará com problemas crônicos. Estudos de pesquisa têm identificado fatores de risco que podem indicar elevado potencial de respostas negativas ao trauma, incluindo o grau de exposição (magnitude ou seriedade de um evento, proximidade do evento, grau da perda; Bleslau, 1998), sexo feminino (Breslau et al., 1991; Norris, 1992; Tolin & Foa, 2006), jovem (Norris, 1992), que não seja caucasiano (Kulka et al., 1990; Norris, 1992), com história de psicopatologia pessoal ou familiar (incluindo neuroticismo, depressão maior e transtornos de ansiedade) (Breslau et al., 1991; de Jong et al., 2001; Kessler et al., 1999; Koren, Arnon & Klein, 1999), reações negativas dos outros para com a vítima, evitação de enfrentamento (Ullman et al., 2007), história pregressa de trauma ou adversidade (Breslau et al., 1991; Davidson et al., 1991; de Jong et al., 2001), sintomas iniciais mais elevados de TEPT (Koren et al., 1999), e reações peritraumáticas (Lawyer et al., 2006). O tipo do evento traumático experimentado também é um fator significante. Breslau e colegas (1998) descobriram que, em geral, as reações violentas resultam em maior risco de TEPT (20,9%), comparadas a outros danos ou experiências estressoras (6,1%), saber de trauma ocorrido com outra pessoa (2,2%) e saber da morte inesperada de alguém querido (14,3%). Dos diferentes tipos de violência, o estupro está associado com maior risco para o desenvolvimento de TEPT (49%), seguido de agressão física grave (31,9%) e outras agressões sexuais (23,7%) (Breslau et al., 1998; veja também Kessler et al., 1995; Norris, 1992).

Embora os homens sejam mais propensos a experienciar eventos traumáticos, as mulheres normalmente contam com taxas mais elevadas de TEPT (Breslau et al., 1991; Norris, 1992; Tolin & Foa, 2006). Por exemplo, um estudo nacional constatou que 10% das mulheres e 5% dos homens da população geral preenchiam as condições para o TEPT, no DSM-III-R (Kessler et al., 1995). Breslau e colaboradores (1998) constataram que 18,3% das mulheres e 10,2% dos homens atendiam aos critérios para o TEPT, no DSM-IV. Feita a revisão, Tolin e Foa (2006) descobriram que as mulheres atingiram maiores taxas de TEPT para acidentes, agressões não sexuais, luta, guerra ou terrorismo, desastre ou incêndio, presenciar morte ou lesão, e doença ou lesão não especificada. Quando as diferenças de gênero para o TEPT foram examinadas nos tipos de trauma, não encontraram diferença por agressão sexual com adulto. Em geral, não foram encontradas diferenças de gênero para as vítimas de abuso sexual infantil, embora os autores tenham observado alguns estudos em que encontraram taxas de TEPT maiores para as mulheres. Finalmente, as mulheres relataram maiores taxas de TEPT para eventos estressores, que são mais frequentemente experimentados pelos homens.

Teorias do desenvolvimento do TEPT

Numerosos terapeutas e pesquisadores tentaram explicar a natureza e o curso das reações típicas aos eventos traumáticos. Essas teorias estão baseadas em pesquisas e na literatura das esferas psicológica e biológica, com graus de evidência variados. Entre as teorias mais influentes até hoje, estão aquelas com base no trabalho dos behavioristas, behavioristas-cognitivos e teórico-sociais cognitivos. A teoria bifatorial de Mowrer (1947) e a teoria multissistêmica da emoção de Lang (1968) têm sido utilizadas para se entender a natureza da resposta ao trauma (Foa & Kozak, 1986; Kilpatrick, Veronen & Resick, 1982; Kilpatrick, Veronen & Best, 1985). Especificamente, a primeira parte da teoria de Mowrer sugere que os estímulos que se destacam ou que dão sinais (estímulos condicionados), presentes durante o evento traumático, estão associados com estímulos estressores (estímulos incondicionados), resultando em resposta condicionada do medo e outro sentimento negativo, através do condicionamento clássico. Por exemplo, durante uma luta, o barulho dos tiros, ferimentos causados por estilhaços e ver os amigos morrendo são estímulos incondicionados que evocam sentimentos de medo e terror. A reação de medo é considerada uma reação automática para essas experiências, e não é aprendida. Ao mesmo tempo, outros estímulos que não são inerentemente perigosos ou ameaçadores, mas que estão presentes no ambiente durante as experiências de guerra (por exemplo, pessoas, lugares, hora do dia, odores, sons, sabores, e assim por diante), também são capazes de provocar respostas de medo. Da mesma maneira, são estímulos condicionados, e sua capacidade de eliciar a resposta de medo pode se generalizar para estímulos adicionais, estímulos semelhantes, ao longo do tempo. Por exemplo, um soldado que sentiu medo intenso com o barulho de tiros durante o combate pode responder com medo e ansiedade diante de barulhos similares (por exemplo, fogos de artifício), mesmo que a experiência de combate tenha acabado há muito tempo. Ademais, essa resposta pode generalizar para outros ruídos altos e inesperados (por exemplo, porta batendo).

A segunda parte da teoria de Mowrer (1947; 1960) incorpora o papel do condicionamento operacional na manutenção das respostas de medo e ansiedade ao longo do tempo. Para amortecer o efeito negativo associado ao evento traumático e aos estímulos condicionados relacionados, os indivíduos podem começar a evitar lugares, pessoas ou situações que irão lembrá-los do trauma e causar a resposta de medo. Assim, um veterano não consegue andar por áreas densamente arborizadas, assistir a filmes de guerra, ou assistir a fogos de artifício; uma vítima de violência doméstica não consegue envolver-se em relações íntimas; uma vítima de acidente de veículo motorizado pode recusar-se a dirigir novamente ou dirigir perto do lugar específico em que ocorreu o acidente. A sensação de alívio e a redução do medo e da ansiedade muitas vezes vêm após o processo de fuga de uma situação temida, ou da evitação de lembranças do trauma. Esse alívio subsequente reforça negativamente comportamentos de evitação, não permitindo que ocorram experiências emocionais neutralizantes, e mantém a resposta do pós-trauma por mais tempo (Foa & Kozak, 1986). A evitação e respostas entorpecidas também podem ser usadas para combater os sintomas da hiperestimulação em curso (Litz & Keane, 1989).

Uma abordagem de processamento de informações baseia-se nos trabalhos de Mowrer (1947) e Lang (1968). Foa e Kozak (1986) e Foa e Rothbaum (1998) descrevem uma estrutura do medo, uma rede de associações no cérebro que se desenvolve após um trauma, em que inclui informações sobre o evento temido (e estímulos associados a ele), as respostas do indivíduo ao evento (comportamental, verbal e fisiológica), o significado do evento e as respostas a ele. A informação codificada na estrutura do medo funciona para ajudar na sobrevivência do indivíduo, servindo como um sistema de alarme para quando existir um possível perigo. O indivíduo responde normalmente à ativação da rede, através de fuga e esquivamento. Por exemplo, veteranos do Vietnã podem sentir angústia ao caminhar por áreas arborizadas que lembrem o Vietnã e, posteriormente, evitar tais áreas. Infelizmente, como descritos acima, os estímulos que foram associados ao evento são codificados nessa estrutura do medo, mas não são inerentemente perigosos, inclusive são estímulos anteriormente considerados seguros. A ativação da rede do medo em resposta à miríade emocional, comportamental, fisiológica e estímulos cognitivos resulta em muitos alarmes falsos. Além disso, se as respostas a essa ativação incluírem apenas fuga e esquivamento, nenhuma informação neutralizante estará disponível ou servirá para modificar a estrutura, causando problemas daí para a frente.

Outra abordagem de processamento de informação destaca o impacto da exposição ao trauma nos esquemas do indivíduo. Esquemas são definidos como formas de pensar sobre si mesmo, sobre os outros e sobre

Aspectos gerais dos pesadelos de trauma e pós-trauma

o mundo (Janoff-Bulman, 1989; McCann, Sakheim & Abrahamson, 1988; Resick & Schnicke, 1993; Roth & Newman, 1991). Os esquemas influenciam o modo como as pessoas pensam e sentem, e também como elas respondem aos estímulos em seu ambiente. Janoff-Bulman e Frieze (1983) notaram três pressupostos que são afetados quando se experimenta um acontecimento traumático: "1) a crença na invulnerabilidade pessoal; 2) a percepção do mundo como significativa e compreensível; 3) a visão de nós mesmos de forma positiva" (p. 3). Da mesma forma, McCann e colaboradores (1988) identificam cinco esquemas que são vulneráveis à distorção por eventos estressores, que incluem segurança, confiança, intimidade, poder e estima. Resick e Schnicke (1993) propõem que as respostas à exposição do trauma estão relacionadas com dificuldades de integrar as experiências do trauma em esquemas existentes. Os indivíduos confrontados com eventos de esquemas desconexos – aqueles que não se encaixam com as crenças anteriores – podem ser dominados pela experiência e emoções associadas (Resick & Schnicke, 1993), especialmente se os esquemas são particularmente rígidos (Feeny & Foa, 2006). A teoria de processamento de informação sustenta que os indivíduos devem alterar a informação para se ajustar ao esquema (assimilar) ou alterar o esquema para encaixar as informações (acomodar). Por exemplo, se o esquema dos pais de uma criança indica que estes devem amar e proteger seus filhos, e a criança for abusada fisicamente por um deles, a criança pode assimilar, ou alterar, a informação convencendo-se de que ela seja culpada pelo abuso. Na verdade, as crianças, muitas vezes, defendem ferrenhamente seus pais abusivos e negam que o abuso ocorreu. Se a criança quiser acomodar as informações, ela pode alterar o esquema dos pais e sugerir que, por vezes, os pais podem ferir os seus filhos. A terceira resposta possível é a superacomodação. Esse processo envolve uma distorção extrema do sistema de crenças. Por exemplo, em vez de mudar o esquema para sugerir que, por vezes, os pais podem machucar seus filhos, o filho pode acreditar que todos os adultos machucam as crianças, são perigosos e não confiáveis. A superacomodação pode resultar em processos de pensamento dicotomizado (pensamento em preto e branco) e restringir a flexibilidade cognitiva, com a qual os indivíduos interpretam e avaliam as informações futuras (Feeny & Foa, 2006).

Os impactos emocional, cognitivo e comportamental do evento estressor podem variar consideravelmente, dependendo do método de processamento da informação empregado. O esquema resultante continuará a afetar a maneira pela qual o indivíduo responde ao mundo. De fato, a pesquisa identificou a importância das avaliações cognitivas, com base no esquema, nas atribuições de desenvolvimento e manutenção dos problemas pós-trauma. Por exemplo, estudos encontram diferenças de *status* do trauma no reconhecimento de risco (Wilson, Calhoun e Bernat, 1999) e avaliação do comportamento de riscos (Smith, Davis & Fricker-Elhai, 2004), que podem aumentar a chance de revitimização do indivíduo e promover comportamentos arriscados (por exemplo, comportamento sexual de risco, uso de substâncias). Isso pode servir como um meio de escape do afeto negativo, mantendo a cronicidade dos problemas pós-trauma.

Outros problemas pós-trauma

É claro que nem todos os que experienciam um trauma desenvolverão TEPT – muitos têm sintomas do TEPT sem passar por todos os critérios. E o impacto do trauma pode se estender muito além do TEPT, a uma infinidade de outras preocupações nas áreas dos funcionamentos mental, físico, social, interpessoal e profissional. De fato, os sintomas do TEPT raramente são a queixa relatada pelos pacientes. Além disso, existe muita evidência sugerindo que experimentar múltiplos traumas causa impacto negativo cumulativo, em termos de saúde física e mental (Anda et al., 2006). De acordo com o DSM, os indivíduos com o TEPT também podem relatar dificuldades com comportamentos autoprejudicais, sentimentos de culpa e vergonha, sintomas dissociativos, queixas somáticas, disfunção de relacionamento interpessoal, e problemas de modulação do afeto, para citar alguns. O TEPT está associado a vários distúrbios, incluindo taxas mais elevadas de transtorno do pânico, agorafobia, desordens obsessivo-compulsivas, fobia social, fobia específica, transtorno depressivo maior, transtorno de somatização, e relacionado com substâncias (APA, 1994). O Estudo Nacional de Comorbidade (Kessler et al., 1995) revelou que 88% dos homens e 79% das mulheres tinham transtorno de comorbidade, além do TEPT. O distúrbio de comorbidade mais comum seria a depressão maior.

No entanto, a relação temporal inicial entre esses transtornos é bastante obscura. Isto é, eventos estressores podem aumentar o risco de vários tipos de problemas de saúde mental, desenvolver o TEPT pode gerar vulnerabilidade a outras formas de dificuldades psicológicas, e a presença de outra psicopatologia pode gerar vulnerabilidade para o TEPT ou trauma. O Estudo Nacional de Comorbidade (Kessler et al., 1995) lança alguma luz sobre essa questão. Especificamente, o estudo constatou que, em mais casos, o TEPT foi o diagnóstico original para indivíduos com transtornos de comorbidades afetivas e por uso de substâncias, e com transtorno de conduta em mulheres. Em outro estudo, Brady, Dansky, Sonne e Saladino (1998) examinaram a ordem de início dos eventos traumáticos, TEPT, e a dependência de cocaína em uma amostra de busca por tratamento. Eles encontraram um número razoável de indivíduos que desenvolveram dependência de cocaína antes do TEPT, e outros que desenvolveram o TEPT antes da dependência de cocaína, embora os caminhos do desenvolvimento parecessem diferir por gênero. Especificamente, o grupo primário do TEPT incluiu mais mulheres que indicavam ter sofrido agressão sexual, enquanto o grupo primário da cocaína indicava ter testemunhado um trauma ou sofrido agressão física. De fato, os investigadores notaram que a maioria dos eventos traumáticos no grupo primário de cocaína estava relacionada à obtenção e uso da droga, enquanto no grupo primário do TEPT a maioria indicava agressões na infância. Mais informações são necessárias para entender melhor as relações temporais dessas condições, como também as descobertas que podem ter implicações significativas para o tratamento e os esforços de prevenção.

O impacto do trauma vai além do campo da saúde mental. Embora uma revisão completa do impacto do trauma sobre a saúde física esteja além do alcance deste livro, a investigação tem demonstrado que, cada vez mais, o trauma atua como uma ferramenta terrível sobre a saúde física (mais informações, veja Friedman, 1999; Gil & Page, 2006; Resnick, Acierno & Kilpatrick, 1997; Schnurr & Green, 2003, 2004; Yehuda & McFarlane, 1997). Ainda que isso possa ocorrer na ausência do TEPT, o efeito parece pior em sua presença. Por exemplo, Boscarino (2004) descobriu que o TEPT crônico estaria associado a inúmeras condições da saúde física, incluindo artrite reumatoide, psoríase, diabetes e doenças da tireoide, em uma amostra de veteranos do Vietnã. Outros problemas de saúde e fisiológicos associados com o TEPT incluem a doença cardiovascular (Boscarino & Chang, 1999; Felitti et al., 1998), lesão corporal grave (Goodman, Koss & Russo, 1993), doenças sexualmente transmissíveis (Irwin et al., 1995), síndrome do intestino irritável (Irwin et al., 1996), dor crônica (Walker & Stenchever, 1993), disfunção do eixo hipotálamo-pituitária-adrenocortical (Pfeffer, Altemus, Heo & Jiang, 2007), e volume hipocampal reduzido (Bremner, 2006; Hedges & Woon,

2007). Uma área nova e interessante de pesquisa demonstra que algum comprometimento fisiológico (por exemplo, os níveis de alguns hormônios do estresse) pode ser aliviado após o tratamento de traumas relacionados com sintomas psicológicos (Lindauer et al., 2005; Olff, de Vries, Guzelcan, Assies e Gersons, 2007).

Parte do impacto do trauma sobre a saúde física resulta de um maior envolvimento em comportamentos de risco (por exemplo: tabagismo, má alimentação, uso de drogas ilícitas, comportamentos autodestrutivos) em indivíduos expostos ao trauma. Um grande número de pesquisas demonstra ligação entre trauma e comportamento de risco à saúde (Kilpatrick, Acierno, Resnik, Saunders & Best, 1997), embora essa relação não seja simples. De fato, algumas pesquisas descobriram que, enquanto a vitimização pode aumentar a possibilidade do indivíduo se engajar em comportamentos de risco à saúde, o envolvimento do indivíduo em comportamentos de risco à saúde também pode aumentar a probabilidade de vitimização (Kilpatrick, Acierno, Resnick, Saunders & Best, 1997). Independentemente da relação temporal de exposição ao trauma e envolvimento de risco, engajar-se em comportamentos de risco torna-se fator de probabilidade para diversas condições de saúde agudas e crônicas.

Uma consideração adicional na compreensão do impacto do trauma sobre a saúde física está associada com os cuidados com a saúde. Estudos constataram que, em contraste com pessoas não expostas, indivíduos expostos a traumas apresentam maior necessidade de utilização dos serviços de saúde e percebem seu estado de saúde como mais fraco (Golding, Stein, Siegel, Burnam & Sorenson, 1988; Resnick et al., 1997; Stapleton, Asmundson, Woods, Taylor & Stein, 2006). Resultados variados são relatados sobre o uso comparativo dos serviços da saúde mental (Golding et al., 1988; Kimerling & Calhoun, 1994). Em uma análise do impacto da violência interpessoal na saúde, Resnick e colaboradores (1997) sugerem que a utilização inadequada de cuidados com a saúde pode resultar, em parte, na descaracterização dos problemas da saúde mental como problemas de saúde física.

Distúrbios do sono

Os distúrbios do sono não são raros em nossa sociedade. Incluem perturbações na qualidade, tempo ou quantidade de sono, ou eventos comportamentais ou fisiológicos durante o sono. Podem ser transtornos primários ou secundários a outra condição física ou mental ou transtorno (APA, 2000). Os transtornos primários do sono são classificados como dissonias (i.é. insônia, hiperssonia, narcolepsia, transtorno do sono relacionado à respiração, transtorno do sono relacionado ao ritmo circadiano, e dissonia não especificada [NOS]) ou parassonia (i.é, transtorno de pesadelo, transtorno do terror noturno, sonambulismo, e parassonia NOS; APA, 2000). A edição mais recente da Classificação Internacional dos Transtornos do Sono (*American Sleep Disorders Association*, 2005) reconhece oito categorias de transtornos do sono, incluindo insônia, transtornos do sono relacionados com a respiração, hiperssonia de origem central, transtornos do sono relacionados ao ritmo circadiano, parassonia, transtornos do sono relacionados ao movimento, sintomas isolados/variantes aparentemente normais/questões não resolvidas, e outros transtornos do sono.

Pesquisas feitas com a população em geral concluem que de 35% a 52% das perturbações do sono (Ford & Kamerow, 1989), e até mais que um terço, preenchem os critérios para o transtorno do sono, embora muitos não sejam diagnosticados nem procurem por tratamento (Doghramji, 2004; Hearne, 1991). As mulheres tendem a relatar maiores taxas de distúrbios do sono do que os homens (Coren, 1994; Hublin, Kaprio, Partinen e Koskenvuo, 1999; Klink & Quan, 1987). As taxas relatadas na literatura variam consideravelmente, em parte devido à natureza das questões colocadas, dos distúrbios do sono consultados, da amostra da população e do período de tempo utilizado (Ford & Kamerow, 1989). O Instituto Nacional da Saúde (*National Institutes of Health* [*NIH*]) estima que mais de 70 milhões de americanos sofrem de perda de sono e transtornos do sono, resultando em custos para a saúde, que vão além de US$ 15 bilhões, anualmente. Outros custos estão ligados à perda de produtividade devido aos problemas de sono (NIH, 2004). Os distúrbios do sono são comumente associados a uma variedade de condições psiquiátricas e médicas (Ford & Kamerow, 1989; Spoormaker & van den Bout, 2005).

Enquanto os distúrbios do sono são relativamente comuns na população em geral, numerosos estudos indicam taxas ainda mais elevadas, imediatamente após e muito tempo depois, em um evento estressor (Ross, Bola, Sullivan & Caroff, 1989). Na verdade, os distúrbios do sono são a suposta "marca" do TEPT (Ross et al., 1989) e do TEPT tardio (Kramer, 1979), embora possam ocorrer com ou sem o diagnóstico do TEPT (Helzer, Robins & McEvoy, 1987). Muitos consideram os pesadelos e os problemas de sono como fatores-chave no desenvolvimento e manutenção das questões pós-trauma (Kramer, Schoen & Kinney, 1987; Ross et al., 1989). Atualmente, os distúrbios do sono estão incluídos em dois dos três grupos de sintomas do TEPT. Especificamente, "sonhos angustiantes recorrentes do evento" estão incluídos no agrupamento da reexperiência, e "dificuldade de iniciar ou manter o sono", incluída no agrupamento da excitabilidade aumentada (APA, 2000, p. 468).

Sono normal

Antes de rever a literatura sobre os problemas do sono, o sono não patológico será brevemente descrito. O sono é dividido em dois tipos principais: movimento rápido dos olhos (REM) e movimento não rápido dos olhos (NREM). O sono REM é muitas vezes referido como um sono paradoxal, como a gravação de um eletroencefalograma (EEG), que durante o REM se assemelha ao tempo de vigília. Também exclusivas do sono REM são as atonias musculares, movimentos e contrações musculares. O sono NREM é dividido em quatro etapas. Durante toda a noite, as pessoas normalmente passam do estágio 1 para o estágio 4 do sono NREM, voltam para os estágios 3 e 2, em seguida vão para o sono REM. A latência inicial do REM (tempo até que o primeiro período REM comece) é de aproximadamente 70 a 110 minutos. O ciclo do sono que passa pelo NREM e pelo REM acontece de 4 a 6 vezes por noite, com os períodos de sono REM tornando-se mais longos conforme a noite segue, e o sono de ondas lentas tornando-se mais curto. As pessoas passam aproximadamente 20% a 25% do sono no sono REM. Os sonhos ocorrem em ambos os sonos, REM e NREM, embora os sonhos mais vívidos ocorram no sono REM (Ross et al., 1989).

Estudos subjetivos

North e colaboradores (1999) pesquisaram sobreviventes seis meses após o bombardeio da cidade de Oklahoma em 1995, e constataram que quase 70% deles relataram insônia, e pouco mais de 50% relataram pesadelos. Roszell, McFall e Malas (1991) descobriram que os distúrbios do sono, separados dos pesadelos, foram os sintomas mais comuns relatados em um grupo de 116 veteranos do Vietnã, que buscavam tratamento (91% dos veteranos com TEPT atualmente). Da mesma forma, Neylan e colaboradores (1998) verificaram que 44% dos veteranos relataram dificuldade em adormecer e 91% admitiram dificuldade em permanecer dormindo. Em uma pesquisa com os sobreviventes da catástrofe, Green (1993) também constatou que "problemas para dormir" foi o sintoma mais comum encontrado. No geral, os sobreviventes de eventos traumáticos, tais como combate, catástrofes naturais e abusos físico e sexual, são os mais prováveis de relatarem distúrbios do sono (Woodward, 1995). Os prontuários das crianças internadas revelaram que as que foram abusadas sexualmente tiveram mais dificuldades de dormir do que as crianças abusadas fisicamente ou não abusadas, de acordo com os relatos dos pais. No entanto, não foram observadas diferenças enquanto as crianças estavam no hospital (Sadeh, Hayden, McGuire, Sachs & Civita, 1994). Em um estudo posterior desse grupo de crianças hospitalizadas, usando actigrafia, um pequeno sensor utilizado para avaliar o sono, descobriu-se que o abuso físico esteve associado com problemas de sono, mais do que o abuso sexual ou nenhum abuso (Sadeh et al., 1995). O número de eventos estressores também parece impactar o sono. Em um estudo com membros adultos de uma HMO (Organização de Manutenção da Saúde), Anda e colaboradores (2006) observaram que a porcentagem de participantes que relataram distúrbios de sono aumentou com o relato do número de eventos adversos na infância: de 36%, das pessoas que relataram não terem tido eventos adversos, para 56,1%, das pessoas que relataram quatro ou mais eventos.

Tal como acontece com muitos outros problemas de saúde física e mental, os distúrbios do sono parecem ser piores na presença do TEPT. Dados do Estudo Nacional de Comorbidade revelam que 80% dos indivíduos com TEPT crônico também relataram insônia (Leskin, Woodward, Young & Sheikh, 2002). Ohayon e Shapiro (2000) analisaram a prevalência de distúrbios do sono com o TEPT, e transtornos psiquiátricos, em uma amostra da população geral de 1.832 participantes. Descobriram que 70% daqueles com TEPT relataram distúrbios do sono, e 76% atenderam os critérios para outro diagnóstico psiquiátrico. Indivíduos com TEPT foram mais propensos a relatar de 9 a 10 tipos de distúrbios do sono, incluindo pesadelos, pelo menos uma vez por mês (18,8% do TEPT; 4,2% do não TEPT). Além disso, embora a insônia e sonolência excessiva diurna sejam mais prováveis de ocorrer antes do trauma, em indivíduos com o TEPT que experimentaram esses problemas (em 61% e 71% dos participantes, respectivamente), os sintomas de parassonia, incluindo pesadelos, seriam mais propensos de ocorrer após um trauma (60%).

Problemas de sono, anteriores ao trauma, preveem aumento das dificuldades

A maioria dos estudos sobre dificuldades do sono e trauma não considera os problemas do sono ocorridos antes do evento traumático. Mellman, David, Kulick-Bell, Hebding e Nolan (1995) avaliaram retrospectivamente os problemas do sono, antes e depois do Furacão Andrew, 1992. Esses autores descobriram que os relatórios de "sonhos perturbadores" e distúrbios do sono foram associados aos indivíduos com maiores problemas psiquiátricos, após o furacão. Sugerem que o sono e problemas de pesadelo, anteriores ao trauma, podem ser fatores predisponentes para o aumento das dificuldades pós-trauma. Essa vulnerabilidade pode ser mediada por imparidade neurofisiológica, uma tendência à excitação exacerbada, emoções negativas, ou dificuldades na regulação da emoção. Indivíduos que sofriam de problemas de sono, anteriores ao trauma, também têm dificuldades associadas, incluindo a privação do sono ou outras pressões da vida, que impedem sua capacidade de lidar com o evento estressor.

Problemas de sono, imediatamente após o trauma, preveem aumento das dificuldades

Embora os problemas do sono e pesadelos se dissipem com o tempo, para a maioria das pessoas expostas a trauma, os distúrbios do sono podem tornar-se uma condição crônica para alguns, especialmente na presença do TEPT. Wang, Wilson e Mason (1996), em seus modelos de cinco estágios das fases de descompensação do TEPT, sugerem que os problemas do sono geralmente precedem a um declínio significativo de outras áreas, exacerbam a sintomatologia e podem realmente impulsionar o processo de descompensação. Vários pesquisadores têm examinado os distúrbios do sono imediatamente após o evento e perceberam que isso geralmente indica problemas futuros. Por exemplo, Koren, Arnon, Lavie e Klein (2002)

Aspectos gerais dos pesadelos de trauma e pós-trauma

acompanharam 102 vítimas de acidentes com veículos motorizados e 19 participantes-controle, de 1 semana a 12 meses após o acidente, para avaliar prospectivamente possíveis preditores do TEPT. Um mês após o trauma, foram encontradas diferenças significativas nos participantes, de acordo com seus *status* do TEPT; aqueles que atenderam os critérios para o TEPT relataram maior insônia e sonolência diurna, do que aqueles que não se encaixaram nos critérios para o TEPT. Essas diferenças foram mantidas nos 12 meses de acompanhamento.

Transtornos do sono

A experiência do trauma e o diagnóstico de TEPT estão associados com diversos transtornos do sono (veja Tabela 1.1), incluindo transtorno do sono relacionado à respiração (SDB), movimentos periódicos do membro (PLM), início do sono e insônia de manutenção do sono, terrores do sono, paralisia do sono e transtorno comportamental do sono REM. A exposição ao trauma e os transtornos do sono estão altamente associados, embora isso não seja tudo, pois sua associação está relacionada a um funcionamento pior. Por exemplo, Krakow e colaboradores (2006) compararam os sintomas de pacientes de uma clínica do sono, e as vítimas da criminalidade, ambos atendendo os critérios do SDB. Medidas subjetivas indicaram que o grupo das vítimas do crime relatou pior funcionamento em diversas áreas do sono. As medidas objetivas verificaram que as vítimas do crime tiveram maior incidência da síndrome de resistência das vias aéreas superiores, porém menos apneia obstrutiva do sono. Os dois grupos também relataram altos índices de sonolência diurna, despertares frequentes para urinar e dores de cabeça e boca seca pela manhã. Entre as vítimas de trauma, as pessoas com SDB relataram pior qualidade de sono, sintomas do TEPT, depressão e tendência ao suicídio, do que aquelas sem SDB (Krakow, Artar et al., 2000; Krakow, Germain et al., 2000).

Tabela 1.1

TRANSTORNOS DO SONO

Transtornos do Sono	Características *	Referências para estudos que indicam Associação com Trauma
Sono com respiração desordenada	Cessação de atividade ou redução do fluxo aéreo e das subsequentes reduções na saturação de oxigênio; despertares frequentes durante à noite para restaurar o fluxo de ar, fadiga diurna e inúmeras dificuldades físicas e mentais	Krakow, Melendrez, Johnston, Warner et al., 2002; Krakow Melendrez et al., 2001
Movimentos periódicos dos membros	Movimentos estereotipados e repetitivos involuntários, geralmente das pernas e pés, que causam breves despertares	Brown & Boudewyns, 1996; Krakow, Germain et al., 2000; Mellman, Kulick-Bell et al., 1995; Ross et al., 1994a
Insônia	Dificuldade para iniciar ou manter o sono; não ter um sono reparador	Krakow, Melendrez, Pedersen et al., 2001; Krakow, Melendrez et al., 2001; Mellman, Kulick-Bell et al., 1995; Neylan et al., 1998; Ohayon & Shapiro, 2000
Terrores do sono	O despertar abrupto do sono, geralmente com uma vocalização; dificuldade para despertar; lembrar pouco do evento ao acordar	Mellman, Kulick-Bell et al., 1995
Paralisia do sono	Incapacidade de ter movimentos voluntários, ao adormecer ou ao acordar	Mellman, Kulick-Bell et al., 1995; Ohayon & Shapiro, 2000
Transtorno comportamental do sono REM	Atividade motora violenta durante o sono REM	Mellman, Kulick-Bell et al., 1995

* Características tiradas do APA (2000), Mehra & Strohl (2006), Khassawneh (2006)

A natureza da relação entre os transtornos do sono e transtornos psicológicos requer maior investigação (ver Harvey, Jones & Schmidt, 2003). No entanto, as evidências sugerem que algumas condições, incluindo insônia, SDB e TEPT, podem ter relação com danos neurofisiológicos, através do eixo adrenal hipotálamo-hipófise e do complexo amígdala-hipocampo (Krakow, Melendrez, Johnston, Warner et al., 2002;. Krakow et al., 2006; Maher, Rego e Asnis, 2006). Krakov, Melendrez, Johnston, Warner et al. (2002) também sugerem que problemas do sono residual após o tratamento do TEPT podem estar relacionados ao SDB. Recentemente, estudos intrigantes avaliaram o impacto dos pesadelos no tratamento do transtorno do sono relativo à respiração, e descobriram melhoras, em geral, nos pesadelos, sono, sintomas de TEPT e índices do funcionamento diurno (Krakow, Lowry et al., 2000). No entanto, um caso reportado por Youakim, Doghramji e Schutte (1998), no qual os veteranos do Vietnã tiveram sucesso no tratamento com pressão contínua positiva das vias respiratórias (CPAP), revelou que a natureza dos problemas de sono e pesadelo mudou, embora não esteja resolvida. Além disso, nos casos em que o equipamento da CPAP foi desligado, os pesadelos voltaram como antes. Esses achados sugerem que tais pacientes podem ser beneficiados com tratamento direto para os pesadelos. Resta ser empiricamente determinado, no entanto, se os pesadelos tratados diretamente voltariam com a recorrência do SDB, ou se melhoras seriam notadas no SDB com o tratamento de TEPT.

Estudos objetivos

Embora pareça haver uma infinidade de provas que demonstram uma ligação entre a exposição ao trauma e os distúrbios do sono, conforme descritas pelas próprias pessoas, as avaliações objetivas (por exemplo, polissonografia e actigrafia) encontram resultados ambíguos em alguns estudos que mostram indicadores objetivos da perturbação do sono (Calhoun et al., 2007; Germain & Nielsen, 2003a; Mellman, Kumar, Kulick-Bell, Kumar & Nolan, 1995), enquanto outros não encontram nenhum indicador ou encontram apenas problemas menores (Breslau et al., 2004; Klein, Koren, Arnon & Lavie, 2002). Além disso, os resultados das avaliações objetivas não correspondem frequentemente aos problemas de sono relatados pela própria pessoa (Breslau et al., 2004), uma descoberta também demonstrada com outras populações (Carskadon et al., 1976). No geral, Krakow, Melendrez e colaboradores (2001) sugerem que estudos objetivos encontraram quatro padrões primários do sono: insônia estereotipada, deficiência no sono REM, excesso de sono REM e sono normal. Os autores observam, no entanto, que os estudos objetivos normalmente não levam em conta o SDB. Não está claro se o SDB influencia os padrões mencionados, ou se representa uma categoria separada. Além disso, embora nem todos os resultados positivos, relatados acima, sejam encontrados de forma consistente nos estudos, um conjunto significativo de evidências sugere que a interrupção do sono REM pode desempenhar um papel importante no TEPT crônico (Mellman, de 2006; veja também Wittmann, Schredl & Kramer, 2007). A mais recente meta-análise de 20 estudos, utilizando polissonografia, constatou que indivíduos com o TEPT passam mais tempo no estágio 1 do sono, menos tempo no sono de ondas lentas e mostram evidências de maior densidade REM (uma medida da atividade dos movimentos rápidos dos olhos durante o sono REM) do que indivíduos sem o TEPT (Kobayashi, Boarts e Delahanty, 2007). Além disso, os autores descobriram que o gênero e a comorbidade moderaram os resultados. Especificamente, os estudos que incluíram mais homens e poucos indivíduos com depressão encontraram grandes problemas de sono nos indivíduos com o TEPT. Harvey, Jones e Smith (2003) concluem que os estudos que observaram diferenças na avaliação objetiva do sono atribuem isso a problemas de excitabilidade aumentada. Esses autores também sugerem que os indivíduos tenham, talvez, interpretado erroneamente a quantidade de sono que estão tendo, similar aos insones. A descrição completa dos resultados, e as possíveis explicações das descobertas, vão além do escopo deste trabalho. No entanto, uma série de excelentes comentários está disponível (Harvey et al., 2003; Kobayashi et al., 2007; Lavie, 2001; Maher et al., 2006; Mellman, 2000; Pillar, Malhotra & Lavie, 2000).

Trauma associado a um sono melhor?

Para complicar ainda mais a nossa compreensão do sono e do trauma, intrigantes descobertas sugerem que, apesar de as pessoas expostas a eventos estressores relatarem pior sono, elas conseguem atingir um sono realmente mais profundo do que as não expostas ao trauma (veja também Klein et al., 2002). Por exemplo, Lavie, Katz, Pilar e Zinger (1998) encontraram indicações de maior limiar do despertar nos pacientes TEPT, em comparação aos não TEPT, mas eles não conseguiram encontrar quaisquer outras

Aspectos gerais dos pesadelos de trauma e pós-trauma

diferenças estatisticamente significativas nas medidas do sono. Os limiares mais elevados foram correlacionados positivamente aos escores da ansiedade e da depressão. Os autores (veja também Dagan, Lavie & Bleich, 1991; Kramer & Kinney, 2003) observam a discrepância entre as queixas significativas de sono e o alto limiar do despertar, e especulam se esse limiar mais elevado pode ser uma medida compensatória, que se desenvolve ao longo do tempo, para se opor ao estado hiperativo diurno e, assim, impedir a intrusão de estímulos estressores durante o sono. Os autores sugerem que isso também pode ajudar a explicar algumas diferenças, como o sono que se segue ao evento traumático pode ser mais caracterizado por excitações frequentes devido aos pesadelos e terrores noturnos. Como a condição continua, a dinâmica do sono muda para incluir as tentativas de aprofundar o sono, aumentar o limiar de excitação e o tempo antes do REM e diminuir o tempo de REM; tudo isso a fim de permitir que o indivíduo descanse, ficando sem as lembranças e os pesadelos provocados pelo evento traumático. Numerosos estudos também relatam menor lembrança do sonho em indivíduos com TEPT crônico (Dagan et al., 1991; Kaminer & Lavie, 1991; veja capítulo 2), com ideias semelhantes de que essa dinâmica se desenvolve ao longo do tempo para bloquear os pesadelos ou as lembranças dos pesadelos, e melhorar o sono. A lembrança deficiente do sonho também pode estar relacionada à alexitimia, que tem sido associada ao TEPT (Nielsen, 2005).

Pesadelos

Embora os pesadelos sejam tipicamente caracterizados como um fenômeno pós-trauma onipresente, que frequentemente faz parte do TEPT, eles também podem ocorrer na sua ausência, e muitas vezes também na ausência de um evento traumático (embora a maioria dos estudos de prevalência não diferencie pesadelos idiopáticos e pós-trauma). Os pesadelos, ocorrendo ou não na presença de outro transtorno, estão associados com angústia. A presença de pesadelos e distúrbios do sono, no rescaldo de um evento traumático, está associada com a seriedade dos sintomas atuais e dos que se seguiram (Mellman, David, Bustamante, Torres & Fins, 2001). Especificamente, estudos constataram que a presença e a seriedade dos pesadelos após um trauma estão associadas a níveis globais dos sofrimentos relatados, e com a total seriedade dos sintomas de revivência (Erman, 1987; Esposito,

Benitez, Barza & Mellman, 1999; Schreuder, Kleijn & Rooijmans, 2000). O sofrimento tende a ser mais grave na presença do TEPT (Davis, Byrd, Rhudy & Wright, 2007) e quando o conteúdo do pesadelo é o reflexo do próprio evento traumático (Davis et al., 2007; Mellman et al., 2001).

Os pesadelos pós-trauma não são iguais para todos nem ser os mesmos para qualquer indivíduo ao longo do tempo. Os pesadelos podem ser, inicialmente, como o evento traumático, quase uma reconstituição do trauma. Ao longo do tempo, no entanto, os pesadelos podem começar a incluir outros aspectos da vida e estressores mais recentes. Podem incluir pessoas que não estavam envolvidas no evento estressor original. Por exemplo, um veterano de guerra sofreu por muitos anos com pesadelos, em que se sentia em constante perigo e sendo morto. Ele contou que depois que teve filhos, eles foram incluídos em seus pesadelos – mostrando, especificamente, que também estavam em perigo. Os pesadelos, além disso, podem mudar para refletir fortes questões não resolvidas, relacionadas ao trauma (por exemplo, impotência, autoestima, segurança, intimidade, confiança). Enquanto pesadelos e problemas do sono são difusos para alguns indivíduos, com duração de anos e até mesmo décadas, sua manifestação pode mudar ao longo do tempo. Os problemas de sono podem parecer completamente diferentes logo após o trauma, em relação àqueles dez anos após o trauma. A cronicidade, ou o tempo desde que o trauma ocorreu, muitas vezes não é levada em consideração em estudos que examinam os problemas do sono, e isso é possivelmente responsável por algumas diferenças relatadas acima. De fato, uma vez que nem todos os indivíduos continuam sofrendo problemas de sono a longo prazo, pode-se esperar diferenças no início da manifestação dos transtornos do sono entre aqueles que continuarão a sofrer e aqueles que se recuperam. Por exemplo, Teresa era uma estudante universitária de 20 anos de idade, quando foi estuprada por um amigo, depois de uma festa no campus. Ela sofreu com graves pesadelos e problemas de sono por meses após o estupro. Seus pesadelos ocorriam no início do ciclo do sono, deixando-a incapaz de voltar a dormir. Tinha começado a beber com mais frequência, quando se apresentou para o tratamento; estava consumindo duas garrafas de vinho por noite. Relatou também significativa depressão, ataques de pânico durante o dia e início de sintomas graves de pânico ao acordar dos pesadelos. O uso de álcool permitia que ela dormisse mais facilmente, mas ainda era frequentemente acordada por pesadelos, mais tarde no ciclo do sono.

O impacto dos pesadelos estende-se muito além do quarto de dormir. Sabe-se bem que os distúrbios do sono podem ter efeitos negativos na saúde física e mental a longo prazo. O impacto da qualidade e quantidade de sono reduzidas é generalizado e os problemas com o sono e pesadelos são cada vez mais conceituados como componentes-chave do desenvolvimento e manutenção de problemas pós-trauma. Dada a teoria dos pesadelos e seus efeitos prejudiciais, os esforços para desenvolver intervenções visando diminuir os pesadelos e melhorar a qualidade do sono são da maior importância.

O restante deste livro é dedicado à compreensão da natureza e características dos pesadelos pós-trauma, incluindo o seu desenvolvimento, avaliação e tratamento. O estudo dos pesadelos e, especificamente, dos pesadelos pós-trauma tem feito consideráveis progressos nos últimos trinta anos. De muitas maneiras, no entanto, o trabalho nessa área está apenas começando. Numerosas questões metodológicas e descritivas permanecem. Não há entendimento claro, de unificação teórica, de como os pesadelos idiopático ou pós-trauma se desenvolvem ou são mantidos ao longo do tempo. Ainda não é compreensível por que algumas pessoas experimentam problemas transitórios de pesadelo e outras sofrem durante décadas. Uma das áreas mais interessantes de investigação, diz respeito ao tratamento de pesadelos crônicos. Ainda que exista muita coisa para ser entendida sobre a natureza, características e desenvolvimento dos pesadelos, os tratamentos têm sido desenvolvidos e reduzem significativamente a frequência e a intensidade dos pesadelos e as angústias relacionadas. Um dos tratamentos – Terapia de Exposição, Relaxamento e Reelaboração (ERRT) – está delineado e sua eficácia comentada. Antes, porém, vamos dar uma olhada mais de perto na natureza e características dos pesadelos.

CAPÍTULO 2

CARACTERIZANDO PESADELOS

Embora o público leigo provavelmente ache graça por saber que os cientistas lutam com questões tão "óbvias", como é o caso de um pesadelo, ainda não há um acordo sobre a definição-padrão de pesadelo; uma luta refletida no estado empírico da literatura, muitas vezes confusa (Levin & Nielsen, 2007; Weiss, 2007). Também surgem confusões clínicas na avaliação dos pesadelos e dos sofrimentos relacionados a eles, e ao determinar diagnósticos apropriados. Este capítulo busca delinear e desembaralhar as diversas questões metodológicas e descritivas, esboçar as diferenças em vários eventos do distúrbio do sono e rever a literatura sobre a natureza dos pesadelos pós-trauma.

Definindo pesadelos

Vamos começar examinando os critérios de diagnóstico para o transtorno do pesadelo, das três fontes nosológicas que incluem os critérios para os transtornos do sono: *Manual Diagnóstico e Estatístico dos Transtornos Mentais* (DSM-IV-TR) (APA, 2000), *Classificação Internacional dos Transtornos do Sono*, 2. ed. (ICSD) (Associação Americana dos Transtornos do Sono, 2005) e a *Classificação Internacional das Doenças* (CID) (Organização Mundial da Saúde, 2007). Todos os critérios, para cada um dos sistemas de diagnóstico, estão listados na Tabela 2.1. Nos critérios para o transtorno do pesadelo, o DSM-IV-TR define pesadelos como "sonhos extensos e extremamente assustadores, geralmente envolvendo ameaças à sobrevivência, segurança ou autoestima", que levam uma pessoa a despertar (APA, 2000, p. 634). A última revisão da ICSD (2005) define pesadelos como "episódios recorrentes de despertares do sono, com lembrança de intensa atividade mental perturbadora, geralmente envolvendo medo ou ansiedade, mas também raiva, tristeza, desgosto e outras emoções disfóricas" (p. 156). A CID define pesadelos como "o despertar do sono noturno ou cochilos, com recordação vívida e detalhada de sonhos assustadores, geralmente envolvendo ameaças à sobrevivência, à segurança ou à autoestima" (CID-10, 2007).

TABELA 2.1

CRITÉRIOS DIAGNÓSTICOS PARA O TRANSTORNO DO PESADELO

DSM-IV-TR (2000, p. 634)

A. Despertares repetidos durante o principal período de sono ou cochilos, com recordação detalhada de sonhos extensos e assustadores, geralmente envolvendo ameaças à sobrevivência, segurança ou autoestima. Os despertares habitualmente ocorrem durante a segunda metade do ciclo do sono.

B. Ao despertar dos sonhos assustadores, o indivíduo rapidamente se torna orientado e alerta (ao contrário da confusão e da desorientação vistas no Transtorno de Terror Noturno e em algumas formas de epilepsia).

C. A experiência onírica ou o distúrbio do sono resultante do despertar causam sofrimento clinicamente significativo, ou prejuízo no funcionamento social ou ocupacional, ou em outras áreas importantes da vida do indivíduo.

D. Os pesadelos não ocorrem exclusivamente durante o curso de outro transtorno mental (p. ex., *Delirium*, Transtorno de Estresse Pós-Traumático) nem são decorrentes dos efeitos fisiológicos diretos de uma substância (p. ex., droga, medicamento) ou de uma condição médica geral.

ICSD 2. ed. (2005, p. 156)

A. Episódios recorrentes de despertares do sono, com lembrança de intensa atividade mental perturbadora, geralmente envolvendo medo ou ansiedade, mas também raiva, tristeza, desgosto, e outras emoções disfóricas.

B. Acordar totalmente orientado, com pequenas confusões ou desorientações; a recordação da atividade onírica é imediata e clara.

C. Pelo menos um dos aspectos associados está presente:
1. Demora em voltar a dormir após os episódios.
2. Ocorrência de episódios na segunda metade do período habitual de sono.

CID-10 (2007)

A. Despertar do sono noturno ou cochilos com recordação vívida e detalhada de sonhos intensamente assustadores, geralmente envolvendo ameaças à sobrevivência, segurança ou autoestima; o despertar pode ocorrer a qualquer momento durante o período de sono, mas tipicamente durante a segunda metade.

B. Após despertar dos sonhos assustadores, o indivíduo torna-se rapidamente orientado e alerta.

C. A própria experiência onírica e o resultado das perturbações do sono causam sofrimento acentuado para o indivíduo.

Os critérios adicionais, incluídos de alguma forma em cada uma das classificações nosológicas, são: acordar totalmente orientado, lembrar o pesadelo em detalhes, ter pesadelos com conteúdos que geralmente incluem diversos temas (por exemplo, perseguição) e que ocorrem durante a segunda metade da noite. O DSM e a CID também sugerem que o pesadelo ou o sono danoso cause angústia, enquanto a ICSD, não.

A definição de pesadelos e as regras que orientam o diagnóstico apropriado variam um pouco entre os três sistemas nosológicos. Essas diferenças incluem: a capacidade de fornecer um diagnóstico separado do transtorno do pesadelo, quando outro transtorno mental for diagnosticado; as emoções incorporadas nos pesadelos; e se há algum sofrimento ou dano clínico significativo. Outras questões descritivas e metodológicas a serem consideradas no estudo dos pesadelos abrangem: (1) determinar uma frequência problemática, (2) utilizar critérios de frequência ou de seriedade, (3) critérios do despertar, (4) avaliação retrospectiva *versus* prospectiva, (5) distinguir pesadelos de outros eventos noturnos perturbadores e (6) distinguir entre pesadelos idiopáticos e pós-trauma. Cada uma dessas questões será apresentada brevemente no texto subsequente.

Pesadelos como sintoma ou diagnóstico primário?

Recentemente, tem havido muita discussão na literatura sobre o sono e o trauma, se os pesadelos devem ser considerados apenas um sintoma do Transtorno de Estresse Pós-Trauma (TEPT) e do transtorno de estresse agudo (TEA), ou se podem constituir um transtorno separado para algumas pessoas expostas a traumas. Krakow (2006) afirma que "a falha em ver os pesadelos como comorbidade ou como uma queixa independente desvia a atenção do problema e afasta os pacientes das terapias baseadas nas evidências, assim como os pacientes com insônia que não recebem tratamentos baseados em evidências" (pp. 1.313-1.314). Krakow e colaboradores (2007) defendem longamente uma perspectiva mais ampla de insônia e pesadelos relatados por pessoas com TEPT e afirmam que esses distúrbios do sono frequentemente requerem "atenção clínica independente" (p. 13). Algumas das questões levantadas pelos pesquisadores e clínicos incluem: os pesadelos deveriam ser considerados apenas um sintoma, ou secundários ao TEPT, ainda que, quando o TEPT é tratado, os pesadelos persistam? Existe diferença entre as pessoas cujos pesadelos são eliminados por meio de tratamentos mais amplos

Capítulo 2

do TEPT, e aqueles que não o são? Existe uma proporção de indivíduos que sofrem do TEPT e de pesadelos, em que os pesadelos e os distúrbios do sono são primários e o TEPT secundário? Os pesadelos e problemas de sono são primários desde o início, ou eles tornam-se transtorno primário ao longo do tempo? Os pesquisadores estão apenas começando a responder a estas questões. Há evidências, no entanto, como descritas nos capítulos 5 e 10, de que o tratamento dos pesadelos em pessoas com TEPT é eficaz na redução dos pesadelos, dos sintomas do TEPT e da patologia associada (Davis & Wright, 2007). Esses achados sugerem que, para alguns, os pesadelos não podem ser apenas um sintoma de um problema mais amplo, mas sim um problema significativo que requer intervenção direta.

Atualmente, no entanto, ainda está para ser determinado se os pesadelos podem ser o diagnóstico subjacente, e por isso primário, para alguns indivíduos. Os dois sistemas de classificação atuais permitem a codificação do transtorno do pesadelo e simultaneamente o TEPT ou o TEA. A CID-10 sugere o seguinte para determinar as classificações primária *versus* secundária:

> Em muitos casos, a perturbação do sono é um dos sintomas de outro transtorno mental ou físico. Quando o transtorno do sono, em um determinado paciente, é uma condição independente, ou simplesmente uma das características de outro transtorno classificado alhures... deve ser determinado com base na sua apresentação clínica e curso, bem como nas considerações terapêuticas e prioritárias no momento da consulta. Geralmente, se o transtorno do sono é uma das principais queixas e é percebido como uma condição própria, as regras atuais devem ser usadas juntamente com outros diagnósticos pertinentes, que descrevem a psicopatologia e a fisiopatologia implicadas em um dado caso (CID-10, 2007).

A ICSD também prevê uma classificação primária de pesadelos na presença do TEPT ou TEA:

> Os pesadelos que ocorrem de forma intermitente durante o curso do TEA ou do TEPT, são um sintoma esperado desses transtornos mentais e não requerem codificação independente como transtorno do pesadelo. No entanto, quando a frequência ou a seriedade dos pesadelos pós-trauma é tal que requeira uma atenção clínica especial, então deve ser aplicado o diagnóstico de transtorno de pesadelo. Em alguns casos, outros sintomas do TEPT podem ser resolvidos em grande parte, enquanto os pesadelos

persistem. O transtorno de pesadelo deve ser codificado também nestes casos (pp. 157-158).

Uma vez que o DSM-IV-TR permite um diagnóstico de transtorno do sono relacionado a outro transtorno mental (somente para insônia e hipersonia), a suposição é de que os processos fisiopatológicos básicos do transtorno mental afetam o ciclo sono-vigília, e não o contrário, em que as interrupções no ciclo sono-vigília afetam os processos fisiopatológicos da doença mental (p. 597). Mais pesquisas são necessárias para determinar se esta é uma hipótese válida.

Critério de conteúdo emocional

As emoções incluídas nas definições de pesadelo variam não só pelos sistemas nosológicos, mas também em estudos de pesquisa. O principal ponto de debate parece ser se o conteúdo emocional de um pesadelo deve ser restrito ao medo ou à ansiedade. Estudos constataram que enquanto os indivíduos sentem medo com mais frequência (Nielsen, Deslauriers & Baylor, 1991), os pesadelos também podem envolver outras emoções negativas, incluindo aflição, revolta, confusão, frustração, tristeza, ansiedade, culpa e raiva (Cason, 1935; Dunn & Barret, 1988; Hall & Van de Castle, 1966; Spoormaker, Schredl & van den Bout, 2006; Zadra & Donderi, 1993, 2000).

Em uma recente avaliação dos critérios de vigília e de emoção para os pesadelos, Zadra, Pilon e Donderi (2006) pediram a 90 participantes que registrassem a frequência, a emoção envolvida e a intensidade dos sonhos ruins (definidos como "sonhos muito perturbadores, que, embora sejam desagradáveis, não causam o despertar", p. 250) e os pesadelos (definidos como "sonhos muito perturbadores em que as imagens desagradáveis e/ou as emoções levassem ao despertar", p. 250) ao longo de um período de quatro semanas. Os participantes registraram os sonhos e os pesadelos a cada manhã ou ao acordarem durante a noite. Com base no autorrelato, os participantes foram divididos em dois grupos: aqueles que relataram pesadelos e sonhos ruins e aqueles que relataram apenas sonhos ruins. O conteúdo emocional foi classificado em uma das oito categorias da emoção, que foram incluídas com base em pesquisas anteriores. Os resultados indicaram que, enquanto uma grande porcentagem de pesadelos (70%) e sonhos ruins (49% para o grupo de pesadelo e sonho ruim, e 56% para o grupo de sonho ruim) incluíam medo, numerosos pesadelos e sonhos ruins incorporaram outras emoções negativas, incluindo raiva, frustração, tristeza, revolta, confusão, culpa e "outra". Os autores sugerem que o critério de emoção do DSM deve ser expandido para incluir outros tipos de afetos negativos, como nos critérios da ICSD.

Critério de sofrimento

Conforme mencionado anteriormente, embora o DSM e a CID determinem que os pesadelos ou sonos ruins causam sofrimento, a revisão mais recente da ICSD, não. Como essa mudança não foi específica para os pesadelos, não será considerada daqui para a frente (para discussão, no entanto, veja Levin & Nielsen, 2007; Weiss, 2007).

Quão frequente é muito frequente?

Outra dificuldade nos estudos empíricos de pesadelos é determinar com que frequência devem ocorrer os pesadelos para que sejam considerados problemáticos. Nenhum dos três sistemas de classificação identifica uma frequência mínima para designar se os pesadelos são problemáticos. A frequência operacionalizada de ocorrência do pesadelo é variavelmente definida através dos estudos, com alguns deles simplesmente perguntando sobre "pesadelos frequentes", sem especificar o que se entende por "frequentes", o que torna difícil comparar as experiências do pesadelo por amostras. Vários estudos identificaram uma frequência de pelo menos uma vez por semana (Bixler et al., 1979; Hersen, 1971; Leving & Fireman, 2002b) como alta, frequente ou uma indicação de problema, mas até agora há pouca informação para embasar essa classificação.

Frequência versus seriedade

A vantagem de usar a frequência ou intensidade/seriedade do pesadelo (ou ambos), para determinar se os pesadelos são problemáticos ou clinicamente significativos, é debatida, uma vez que a frequência e seriedade são, cada vez mais, vistas com diferentes interpretações. Os padrões encontrados, de frequência e seriedade dos pesadelos, são tipicamente de baixo a moderado (Belicki, 1992; Roberts & Lennings, 2006; Wood & Bootzin, 1990), sugerindo que diferentes mecanismos ou processos podem ser responsáveis pela frequência e intensidade. Uma questão empírica a ser determinada é se a seriedade, frequência, ou alguma combinação das duas, é mais apropriada para determinar dano clinicamente significativo. Por exemplo, há diferença de funcionamento entre alguém que tem pesadelo pelo menos uma vez por semana, com taxa de perturbação moderada, e alguém que tem pesadelo uma vez por mês, com taxa que indique sérias perturbações?

Para examinar as diferenças na frequência e seriedade do pesadelo, Levin e Fireman (2002b) compararam alunos de graduação com frequências altas de pesadelo (três ou mais em 21 dias), moderadas (um a dois), ou baixas (zero) (Levin & Fireman, 2002b). Os resultados indicaram que o grupo de pesadelo com alta frequência registrou índices significativamente maiores do que os outros grupos, em algumas medidas de perturbação psicológica, embora não em todas. Os grupos de frequência baixa e moderada não diferiram em nenhuma medida. As frequências de pesadelo e de angústia não foram significativamente correlacionadas entre si. Tanto a frequência de pesadelo quanto a angústia foram associadas a numerosos índices de distúrbios psicológicos, embora as relações fossem mais fortes para a angústia. O sofrimento com o pesadelo também foi considerado uma variação única nos prognósticos de ansiedade e depressão.

Belick (1992) examinou as relações entre a frequência dos pesadelos do ano anterior, o sofrimento relacionado com o pesadelo, ajustamento psicológico e personalidade, em uma amostra de 85 alunos de graduação. Os resultados indicaram apenas uma ligeira relação entre sofrimento com o pesadelo e a frequência. O sofrimento com o pesadelo estava relacionado com vários índices de psicopatologia, enquanto a frequência não estava. O autor sugere que a frequência e o sofrimento têm interpretações distintas e que o sofrimento pode estar mais relacionado à reflexão sobre os pesadelos após o despertar. Os resultados são limitados, no entanto, como também não está claro como as memórias são confiáveis para estimar a frequência e o sofrimento com os pesadelos por um período de tempo de um ano. Achados semelhantes foram relatados por Blagrove, Farmer e Williams (2004), em que o sofrimento estava relacionado com a patologia, enquanto à frequência, menos. Em um estudo com indivíduos expostos a trauma, em busca de tratamento devido aos pesadelos, Davis, Byrd, Rhudy e Wright (2007) avaliaram se a frequência do pesadelo da semana anterior e a seriedade contribuíram para algum problema de sono ou sofrimento, quando verificados os sintomas de TEPT não relacionados ao sono. Os resultados indicaram que a *frequência* do pesadelo foi o único preditor da má qualidade do sono e do medo de dormir. A *seriedade* do pesadelo aproximou, mas não alcançou, significância no prognóstico dos sintomas de pânico ao acordar de um pesadelo. Esse estudo foi limitado, entretanto, pois uma amostra de procura por tratamento é propensa a ter problemas mais graves com pesadelos, e assim os resultados não podem ser generalizados.

Parece que em amostras de faculdade, o sofrimento com o pesadelo pode ser mais fortemente associado com patologia. Mais pesquisas são necessárias para determinar se essa descoberta é válida em outras amostras diferentes, incluindo amostras clínicas e da comunidade.

O critério do despertar

Muitos pesquisadores ajustaram a definição de pesadelo como sendo um sonho muito assustador, que faz a pessoa despertar do sono REM (Hartmann et al., 1981; Hersen, 1971). Os pesquisadores, no entanto, discordam sobre se a pessoa precisa despertar para que a experiência seja considerada um pesadelo. Como mencionado anteriormente, a noção básica é de que a pessoa desperta do pesadelo por causa da intensidade das emoções envolvidas (Zadra, Pilon & Donderi, 2006). No entanto, alguns pesquisadores têm sugerido que o despertar pode não ser um indicador da intensidade do pesadelo, por isso não pode ser significativo para que as experiências sejam separadas dessa maneira. Por exemplo, Kellner, Neidhardt, Krakow & Pathak (1992; relatado em Krakow, Kellner, Pathak & Lambert, 1995) descobriram que mais de três quartos de seus pacientes com pesadelos crônicos relataram que nem sempre despertavam com os pesadelos. Além disso, eles sugeriram que seus "sonhos perturbadores" – dos quais não despertaram – foram tão emocionalmente intensos quanto os pesadelos. Zadra e Donderi (2000), no entanto, descobriram que a frequência de pesadelo estaria mais associada com baixo bem-estar (o bem-estar foi avaliado através de seis medidas de bem-estar psicológico) do que com a frequência de sonho ruim, sugerindo que as experiências oníricas assustadoras, que resultam em despertar, podem ser eventos mais sérios. Recentemente, o estudo de Zadra e colaboradores (2006) (descrito anteriormente) revelou que os pesadelos foram classificados como mais intensos do que os sonhos ruins, por pessoas que experimentaram ambos. Isso foi verificado como uma tendência para todas as emoções, exceto o medo, que foi significativamente mais intenso em pesadelos, e a culpa, que foi significativamente mais intensa nos sonhos ruins.

Não foi encontrada diferença entre os índices de intensidade dos sonhos ruins e aqueles que comunicaram ambos – sonhos ruins e os pesadelos – e aqueles que relataram só sonhos maus, apoiando a ideia de que pesadelos envolvem uma intensidade maior de emoção. Com base nessas descobertas, os autores concluíram que o critério de despertar parece adequado para indicar a intensidade de aumento de pesadelos.

Avaliações *prospectiva* versus *retrospectiva*

O método usado para avaliar experiências de pesadelo também varia (veja capítulo 4). A maioria dos estudos tem utilizado medidas retrospectivas de prazos variados (uma semana a um ano). Estudos recentes sugerem que o uso de medidas retrospectivas pode subestimar substancialmente a frequência do pesadelo, comparados ao uso de registros prospectivos diários (Chivers & Blagrove, 1999; Wood & Bootzin, 1990; Zadra & Donderi, 2000). Como a maioria das pesquisas tem utilizado medidas retrospectivas, a frequência do pesadelo deve ser de fato mais alta do que anteriormente sugerido. Zadra e Donderi (2000) usaram questões retrospectivas para avaliar a frequência do pesadelo, com registros de quatro semanas e também de um ano e de um mês. Descobriram que os registros proporcionados pelo pesadelo quanto à frequência foram 162% maiores em um ano e 92% maior em um mês, do que as medidas retrospectivas. Schreuder, van Egmond, Kleijn e Visser (1998), no entanto, encontraram boa correspondência entre as taxas de pesadelos pós-trauma do mês anterior na Clínica de Escala Administrativa de TEPT (CAPS; Blake et al., 1990) e em seus registros prospectivos de quatro semanas (completados seis a onze meses depois). Sugere-se também, no entanto, que completar diariamente os dados do pesadelo pode aumentar de fato as experiências de pesadelo (Levin & Nielsen, 2007), embora isso ainda precise ser determinado empiricamente.

Distinguindo eventos perturbadores do sono

Os pesadelos são sempre confundidos com outros eventos noturnos perturbadores, incluindo sonhos ruins e terrores noturnos. A confusão que envolve a natureza de vários distúrbios noturnos tem complicado o estudo dos pesadelos. Entretanto, as pesquisas vêm determinando diversas características que diferenciam esses eventos.

Sonhos ruins

Os sonhos ruins, ou sonhos de ansiedade, são experiências oníricas relativamente comuns que incluem afeto negativo, mas que não despertam o sonhador. Em geral, presume-se que, se o evento do sonho tivesse intensidade suficiente, o sonhador despertaria. Assim, o despertar parece ser um indicador de intensidade e é o principal fator que distingue entre sonhos ruins e pesadelos (Zadra, Pilon & Donderi, 2006). O uso do critério do despertar, para distinguir os sonhos ruins dos pesadelos, tem sido questionado, como já discutido, e a pesquisa que trata do assunto está descrita abaixo.

Terrores noturnos

O DSM-IV-TR define terrores noturnos como "despertares abruptos do sono, com um grito de pânico ou choro... acompanhado por excitação autonômica e manifestações comportamentais de medo intenso" (APA, 2000, p. 634). Os terrores noturnos são considerados um transtorno de excitação e ocorrem nos estágios relativamente iniciais do sono, durante o sono de ondas lentas, NREM (Estágios 3 e 4). O indivíduo é dificilmente acordado, fica desorientado ou acorda confuso, e tem diversas lembranças, parciais ou completas, do sonho ou da ocorrência do terror noturno. Os indivíduos também ficam inconsolados ao acordar. Embora não haja uma etiologia conhecida do terror noturno, eles podem ficar mais frequentes após eventos estressores significativos, e estar associados com doença física e a alguns medicamentos. Terrores noturnos ocorrem geralmente na infância e tendem a diminuir de frequência na adolescência e na fase adulta (Mahowald & Bornemann, 2005; Pagel, 2000).

Além das diferenças entre pesadelos, terrores noturnos e sonhos ruins, os pesquisadores e clínicos também precisam distinguir entre pesadelos idiopáticos e pós-trauma.

Pesadelos idiopáticos

Pesadelos idiopáticos ocorrem principalmente durante o sono REM e tendem a ocorrer no final do ciclo do sono (das 5 às 7 da manhã). São raros os movimentos corporais associados aos pesadelos idiopáticos, em parte por causa da atonia associada ao sono REM. Os indivíduos despertos do pesadelo idiopático ficam quase totalmente orientados e conseguem lembrar claramente do pesadelo; experimentam significativa angústia ao acordar e acham difícil voltar a dormir. Muitas vezes não há como identificar os motivos para os pesadelos, apesar dos vários fatores precipitantes que possam estar envolvidos (por exemplo, medicações, doença e estressores).

A grande maioria das pessoas já teve pesadelo em algum momento da vida (Nielsen & Zadra, 2005), e a maior parte relata ter experimentado pesadelos ocasionais, embora apenas aproximadamente 5% a 8% dizem ter tido problema com isso (Bixler, Kaler, Soldaatos, Kales & Healey, 1979; Klink & Quan, 1987). Conforme a ICSD (2005), 10% a 50% das crianças experimentarão pesadelos entre as idades de 3 e 5 anos, perturbando suficientemente o sono de seus pais. O pico de frequência da ocorrência dos pesadelos é por volta dos 7 aos 9 anos de idade, e depois declina com o tempo (ainda que um estudo recente da internet tenha descoberto aumento da frequência de pesadelo entre as faixas de idade dos 10 aos 19 e dos 20 aos 29 nas mulheres; Nielsen, Stenstrom & Levin, 2006). Indivíduos mais velhos relatam bem poucos pesadelos em comparação com estudantes universitários (Salvio, Wood, Schwartz & Eichling, 1992). Uma minoria continua a ter pesadelos durante toda a vida.

Os pesadelos estão associados com algumas características de personalidade (veja capítulo 3) e são comumente relatados por indivíduos que sofrem de outras dificuldades psiquiátricas (veja capítulo 4). Pesadelos ocasionais não são patológicos; no entanto, frequentes pesadelos angustiantes podem indicar outras dificuldades (por exemplo, iniciar ou interromper certos medicamentos, eventos de ansiedade, estressores; Nielsen & Zadra, 2005; Pagel, 2000). Hartmann (1984) sugere que muitos que sofrem com pesadelos frequentes não têm história de trauma; enquanto outros questionam se esses indivíduos tiveram algum trauma muito cedo e não têm consciência do(s) evento(s). Atualmente, no entanto, há pouca evidência para apoiar essa ideia.

Pesadelos pós-trauma

Os pesadelos pós-trauma têm um evento precipitador óbvio. Tendem a ocorrer no início do ciclo do sono (entre 1 e 3 horas da manhã) e podem ocorrer no sono REM ou no NREM (mais comum no estágio 2). As pessoas despertam de pesadelos pós-trauma totalmente orientadas e muitas vezes apavoradas. Podem experimentar sintomas de pânico ao acordarem e não querer ou não conseguir voltar a dormir. A lembrança do conteúdo dos pesadelos é normalmente clara. Os pesadelos costumam ser a réplica de um evento real, ao invés de serem idiopáticos. Pesadelos pós-trauma sempre vêm acompanhados de movimentos corporais abruptos (inclusive, algumas pessoas relataram terem atacado seus parceiros; Pagel, 2000).

Pesquisa comparativa entre pesadelos idiopáticos e pós-trauma

Diversos estudos de pesquisa examinaram diferenças entre pesadelos idiopáticos e pós-trauma. Van der Kolk, Blitz, Burr, Sherry e Hartmann (1984) avaliaram 15 veteranos de guerra com pesadelos pós-trauma e 10 veteranos não combatentes com pesadelos que perduram pela vida toda. Os pesquisadores descobriram que os indivíduos com pesadelos pós-trauma relataram maior frequência de pesadelos, pesadelos replicativos, pesadelos repetitivos, pesadelos que ocorreram mais cedo na noite e pesadelos que pareciam acompanhados pelo movimento do corpo. O grupo de pesadelo que perdura pela vida toda teve mais patologia e funcionamento social empobrecido.

Segundo Germain e Nielsen (2003a), em estudo comparativo feito em laboratório do sono entre indivíduos com TEPT e pesadelos (n = 9), pesadelos idiopáticos (n = 11) e controles saudáveis (n = 13), medidas subjetivas revelaram que o grupo de TEPT mostrou pior depressão e seriedade do TEPT do que os outros grupos, e maior ansiedade e sofrimento com os pesadelos do que o grupo controle. O grupo de pesadelos idiopáticos relatou maiores sofrimentos com os pesadelos do que o grupo controle. Nas medidas objetivas, o grupo de TEPT demonstrou mais problemas relacionados ao tempo de despertar, após o início do sono, ao número de despertares e eficiência do sono, do que os outros dois grupos, idiopático e controle. Além disso, os dois grupos de pesadelos apresentaram maiores índices de movimentos periódicos da perna do que o grupo controle.

As diferenças entre os pesadelos pós-trauma e idiopáticos, com respeito ao conteúdo dos pesadelos, não são tão claras. O critério de revivência do pesadelo para o TEPT, estabelecido no DSM-IV-TR (APA, 2000), determina que os sonhos são "sonhos aflitivos *do evento*" (destaque adicionado; p. 468) e diz que indivíduos com TEPT experimentam sonhos recorrentes "durante os quais o evento é repetido" (p. 464). Em contraste, para crianças "pode haver sonhos assustadores sem conteúdo reconhecível" (p. 468). De acordo com nossa experiência clínica, e as de outros pesquisadores (Mellman, David, Kulick-Bell, Ashlock & Nolan, 1995), o conteúdo dos pesadelos que ocorrem depois de um trauma pode, ou não, estar claramente relacionado ao evento estressor. Por exemplo, um dos nossos participantes da pesquisa relatou um pesadelo recorrente, em que ele estava numa floresta com animais selvagens que atacavam e matavam seus amigos, mas não a ele. Mesmo não tendo conceituado esse pesadelo como relacionado à sua experiência de combatente no Vietnã, e ter perdido a maioria de seus companheiros para a guerra, sua terapeuta o fez. Embora a terapeuta possa ter-se enganado em sua interpretação do conteúdo do pesadelo, também é possível pensar que deixar de fazer essa conexão pode ser parte da evitação dos estímulos relacionados ao trauma.

Indivíduos que passaram por trauma relatam grande variedade de conteúdo, e o conteúdo dos pesadelos sempre muda, tornando-se diferente com o tempo (Hartmann, 1998a). Um indivíduo pode experimentar pesadelos que repetem o trauma, logo após o evento, mas o conteúdo pode mudar depois, numa medida em que não fica claro se o pesadelo estava, ou não, relacionado ao trauma. Além disso, mesmo o conteúdo que é diferente do evento pode incluir um tema similar, como perigo ou impotência, e ainda assim refletir problemas relacionados ao evento estressor. Outras complicações nas diferenças entre os pesadelos pós-trauma e idiopáticos são que: (1) é possível aos indivíduos que sofrem de pesadelos que perduram pela vida toda experimentar aumento na frequência ou seriedade de seus pesadelos, após um evento estressor, mesmo que o evento real não esteja incorporado ao pesadelo. Então, em que ponto poderemos considerar que os pesadelos estão relacionados ao trauma? (2) O conteúdo dos pesadelos idiopáticos pode incluir temas similares (por exemplo, perigo, sentir-se ameaçado) aos pesadelos pós-trauma, fazendo com que fique difícil distingui-los baseando-se apenas em um conteúdo. É preciso mais pesquisa a fim de determinar se é empírico ou clinicamente significativo para requerer que os pesadelos sejam do evento, e reflitam sua associação com o trauma, ou sirvam como critério ao TEPT. Como Phelps, Forbes e Creamer (2008) colocaram: "Quão angustiantes e quão relacionados ao trauma os sonhos precisam ser, para atenderem aos critérios?" (p. 339). Talvez o diagnóstico devesse basear-se na angústia e no dano, ao invés de no conteúdo. Esse assunto será discutido a seguir.

Capítulo 2

Natureza e características dos pesadelos pós-trauma

O interesse pelos pesadelos crônicos pós-trauma tem aumentado significativamente desde o início dos anos 1980. Numerosos estudos vêm investigando as características desses pesadelos, embora a grande maioria dos estudos tenha sido feita com veteranos, e muito pouco se saiba sobre os pesadelos experienciados por civis que passaram por um trauma.

Prevalência dos pesadelos pós-trauma

Experiências estressantes ou traumáticas podem iniciar ou exacerbar a ocorrência de pesadelos. A maioria dos indivíduos que experimentam um evento traumático relata pelo menos um pesadelo transitório pós-trauma, e pessoas expostas a eventos traumáticos relatam aumento significativo dos níveis de frequência dos pesadelos, que vão de 19% a 94%, em indivíduos expostos ao trauma (DeFazio, Rustin & Diamond, 1975; Forbes, Creamer & Biddle, 2001; Goldstein, van Kammen, Shelly, Miller & van Kammen, 1987; Ohayon & Shapiro, 2000). Esses valores variam muito por uma série de razões. Alguns estudos avaliam os pesadelos somente nas amostras do TEPT, enquanto outros avaliam os pesadelos em amostras com indivíduos expostos ao trauma, independentemente do TEPT. Alguns estudos utilizam amostras de pessoas que procuram por tratamento, enquanto outros usam amostras com a população em geral. O tempo desde que o evento traumático ocorreu varia consideravelmente nos estudos, assim como o tipo, número e magnitude do trauma envolvidos. Como descrito acima, a definição operacional de pesadelo também varia consideravelmente. Apesar dessas questões metodológicas, está claro que uma grande proporção de indivíduos expostos a trauma relata problemas com pesadelos, como consequências do evento estressor, e uma minoria significativa relata problemas de longo prazo.

Duração

Enquanto a maioria dos pesadelos pós-trauma se dissipa em semanas após o evento, para algumas pessoas os pesadelos podem durar meses, anos ou mesmo décadas. Em nosso mais recente estudo, os participantes relataram uma média de duração de quinze anos experimentando pesadelos (Davis & Rhudy, data não publicada). Nader e colaboradores (1990) realizaram um

Caracterizando pesadelos

acompanhamento durante quatorze meses com cem crianças que sofreram um ataque com disparos de tiros em um *playground*, e que um ano depois ainda tinham "sonhos ruins". Similarmente, Schreuder e colaboradores (2001), que estudaram mais de quatrocentos casos com indivíduos de Moçambique afetados pela guerra, depois de cinco anos que a guerra tinha terminado, descobriram que 63% sofriam com "sonhos ruins". Notavelmente, quase metade desses indivíduos relatou que os sonhos ruins foram replicativos de suas experiências de guerra. Relataram também que experienciaram sintomas de hiperexcitação e pânico ao acordarem, e maiores sintomas psiquiátricos (medidos pelo Questionário de Autorrelato; Harding et al., 1980) do que os outros. Além disso, Archibald, Long, Miller e Tuddenham (1962) descobriram que quinze anos após exposição ao combate, cerca de 80% dos combatentes veteranos relataram contínuos sonhos sobre o combate, embora os sonhos fossem com 1 a 3 sintomas (dos 24 avaliados), os quais tinham diminuído desde que os participantes retornaram da guerra.

Numerosos estudos examinaram os pesadelos de indivíduos muitas décadas depois de terem experimentado um evento estressor. Guerrero e Crocq (1994) avaliaram 817 indivíduos forçados a servir no exército alemão durante a Segunda Guerra Mundial, e presos na Rússia como prisioneiros de guerra (POW). Os investigadores descobriram que, quatro décadas depois, os problemas de sono eram o sintoma mais relatado. Especificamente, 81% dos que foram mantidos presos por 2 a 6 meses e 85% mantidos presos por 7 meses ou mais, relataram sonhos angustiantes, e 87% que ficaram presos por 2 a 6 meses e 89% que ficaram presos por 7 meses ou mais, relataram dificuldades para iniciar ou manter o sono. Schreuder, Kleijn e Rooijmans (2000) avaliaram os pesadelos com amostra dos veteranos de guerra, holandeses e vítimas da Segunda Guerra Mundial. Descobriram que 56% relataram sonhos angustiantes pós-trauma (os indivíduos não despertaram com o sonho), pesadelos pós-trauma (os indivíduos despertaram com o sonho), ou ambos, pelo menos uma vez por mês, durante os últimos seis meses, e que os pesadelos tinham sido sempre replicativos do trauma.

Da mesma forma, em uma amostra de 124 sobreviventes do Holocausto, Kuch e Cox (1992) descobriram que os distúrbios do sono e pesadelos foram os sintomas do TEPT mais relatados (96% e 83%, respectivamente). Rosen e colaboradores (1991) avaliaram os problemas de sono em 42 sobreviventes do Holocausto, 37 indivíduos depressivos e 54 controles saudáveis.

Os resultados indicaram que 45 anos depois do Holocausto, os sobreviventes continuaram relatando problemas significativos com sono e pesadelos, e maior dano do que os controles saudáveis, em todos os índices. A amostra dos depressivos indicou maiores danos do que os sobreviventes, nos três índices. Os dois grupos não diferiram nos distúrbios do sono e disfunção diurna, e os sobreviventes marcaram índices mais altos em despertares, devido aos sonhos ruins. Problemas de sono ou pesadelo foram inegavelmente proporcionais ao tempo em que estiveram nos campos de concentração.

Esses estudos demonstraram que para um número substancial de pessoas expostas a eventos estressores, os pesadelos e os problemas de sono são condições crônicas. Pesquisas futuras deverão identificar características que possam fazer a distinção entre aqueles que continuam, ou não, experimentando pesadelos por um longo tempo.

Pesadelos associados ao sofrimento

Os pesadelos são considerados tanto um sintoma de patologia (por exemplo, TEPT) como uma patologia em si ou por si mesma (por exemplo, transtorno do pesadelo). Pesquisas têm descoberto que numerosas dificuldades psicológicas estão relacionadas com a experiência de pesadelos idiopáticos e pós-trauma, embora a natureza causal dessa relação não esteja clara. Os pesadelos podem refletir, precipitar ou exacerbar a angústia experienciada durante o dia, e provavelmente as três ações ocorrerão em algum grau. Muitos acreditam que essa associação ocorra provavelmente devido ao sofrimento gerado pelos próprios pesadelos, à perda de sono pelo medo de dormir, aos frequentes despertares e à dificuldade para voltar a dormir. Os distúrbios do sono, os pesadelos e a consequente privação do sono aumentam a vulnerabilidade e prejudicam a saúde mental e física, reduzindo as habilidades de enfrentamento, causando confusão, irritabilidade, perda de memória, labilidade emocional e comprometendo o desempenho (Dorrian & Dinges, 2006; Horne & Pettitt, 1985), para citar alguns. Rothbaum e Mellman (2001) sugeriram que a qualidade inferior do sono pode aumentar a reatividade para os sinais do trauma, aumentando subsequentemente os esforços para evitar tais sinais. Conseguir boa qualidade e quantidade de sono, no entanto, pode impulsionar recursos necessários para lidar com o evento estressor. Similarmente, Mellman (1997) sugere que a perturbação do sono do indivíduo abnega os benefícios da função reparadora do sono e seu papel no processamento emocional das memórias do trauma (Mellman et al., 2001), aumentando a probabilidade de desenvolver problemas a longo prazo.

Enquanto os pesadelos e problemas de sono são fortemente conceituados como fatores primários na manutenção de problemas pós-trauma, poucos estudos têm avaliado prospectivamente pesadelos ocorridos imediatamente após o evento traumático e seus impactos em outros índices de sofrimento. Mellman e colaboradores (2001) avaliaram 60 indivíduos que se apresentaram a um centro de trauma, depois que sofreram um trauma com risco de vida. Os sintomas do TEPT e os sonhos dos indivíduos foram avaliados através de diários matinais dos sonhos, durante suas estadas no hospital, aproximadamente dois meses depois. Os sonhos caracterizados como "sonhos de trauma" foram aqueles classificados como moderadamente ou exatamente iguais ao trauma e distúrbios de moderado a severo. Os indivíduos que relataram sonhos de trauma na avaliação inicial foram os mais propensos a maior seriedade do TEPT na avaliação de acompanhamento. Riggs, Rothbaum e Foa (1995) avaliaram prospectivamente os sintomas do TEPT, em uma amostra de 60 homens e mulheres vítimas de agressão não sexual. Os participantes foram avaliados dentro de 30 dias da agressão e depois semanalmente, por doze semanas. Na avaliação inicial, 71% das mulheres e 50% dos homens atenderam aos critérios do TEPT, ao passo que 21% das mulheres e 0% dos homens atenderam aos critérios, nas doze semanas de avaliação. Os resultados da avaliação inicial revelaram 75% das mulheres TEPT positivo, 52% das mulheres TEPT negativo e 52% dos homens relataram pesadelos. No final da avaliação, 50% das mulheres TEPT positivo e 7% das mulheres TEPT negativo e 4,5% dos homens relataram pesadelos. Harvey e Bryant (1998) investigaram sintomas de TEA em sobreviventes de acidentes com veículo motorizado, dentro de um mês do acidente. Reavaliaram os participantes depois de seis meses para o TEPT. Embora a diferença não tenha sido significativa, os resultados indicaram que 33,3% dos indivíduos com TEPT e 9,4% dos indivíduos sem TEPT, na avaliação de seis meses, relataram pesadelos na avaliação inicial.

A maioria dos estudos que examinam a associação dos pesadelos e angústia foi retrospectiva. Como descrito anteriormente, Schreuder e colaboradores (2000) examinaram uma amostra com veteranos e civis vítimas da guerra. Os pesquisadores descobriram que os indivíduos que relataram pesadelos pós-trauma replicativos ou a maioria replicativos também relataram pesadelos mais frequentes e mais sintomas de intrusão; no entanto, relataram poucos sintomas psicológicos, conforme o *Symptom Checklist*-90 (SCL-90; Derogatis, 1992). Os pesquisadores sugeriram que isso deve ser devido ao tipo de trauma que experimentaram, como os veteranos de guerra que constituíram a maior parte do grupo de pesadelos pós-trauma replicativos, e que marcaram menores índices no SCL-90. Quando contribuições independentes foram examinadas para a contagem do SCL-90, os casos de pesadelos relataram maiores níveis de sintoma do que os casos do TEPT. Os pesadelos pós-trauma também foram relacionados à diminuição das funções psicológica e física, e aumento dos problemas de sono, comparados com aqueles que não tiveram pesadelos.

As evidências também sugerem que na presença de transtornos de comorbidade psiquiátricos com TEPT, os participantes podem relatar até mesmo maior relação com problemas de pesadelos. Por exemplo, Leskin, Woodward, Young e Sheikh (2002) reanalisaram dados do Estudo Nacional de Comorbidade (Kessler et al., 1995) e descobriram que 71% dos participantes diagnosticados *apenas* com TEPT relataram problemas com pesadelos, comparados a 96% dos indivíduos com TEPT e transtorno do pânico.

Embora a maioria das pesquisas que investigam a relação entre pesadelos e problemas do sono focalize em pesadelos idiopáticos ou não especificados, diversos estudos descobriram uma associação entre pesadelos pós-trauma e vários tipos de distúrbios do sono (Brown & Boudewyns, 1996; Cuddy & Belicki, 1992; Germain & Nielsen, 2003a; Hartmann, 1996; Inman, Silver & Doghramji, 1990; Koren, Arnon, Lavie & Klein, 2002; Lavie & Hertz, 1979; Mellman, David et al., 1995; Mellman, Kulick-Bell et al., 1995; Ohayon & Shapiro, 2000). Por exemplo, Krakow, Melendrez et al. (2001) relataram que os pesadelos estariam associados com o transtorno do sono relacionado à respiração, em uma amostra com vítimas agredidas sexualmente. Na grande amostra de Krakow (2006), com pacientes da clínica de sono, aqueles com queixas (16%) e sem queixas (84%) proeminentes de pesadelos foram comparados em 25 índices de problemas do sono, físicos e psiquiátricos. Os resultados indicaram que aqueles com pesadelos relataram pior funcionamento em 24 dos 25 problemas (apenas a eficiência do sono foi pior para o grupo sem pesadelo). Nenhum paciente relatou só experiências com pesadelos. As queixas mais comuns de comorbidade do sono incluíam qualidade inferior do sono, problemas respiratórios do sono, insônia e movimentos do sono.

Clum, Nishith e Resick (2001) examinaram as associações dos sintomas do TEPT, depressão, distúrbios do sono (insônia e pesadelos) e de saúde física em uma amostra de mulheres vítimas de agressão sexual. Os autores descobriram que os distúrbios do sono relacionados ao TEPT contribuíram em 2% como variação única para os sintomas de saúde física, após o controle dos sintomas do TEPT e da depressão.

O Estudo Nacional sobre Reajustamento de Veteranos avaliou o drama dos veteranos do Vietnã (forças da ativa que serviram no Vietnã, Laos ou Camboja), dos veteranos da era do Vietnã (serviam nas forças da ativa naquela época, mas não no Vietnã), e um grupo controle de civis (com a mesma idade e sexo dos veteranos), no final dos anos 1980. Esse estudo demonstrou que 52% dos combatentes veteranos com TEPT, 5% dos combatentes veteranos sem TEPT, 6% dos veteranos da era do Vietnã e 3% dos civis relataram que tiveram pesadelos "algumas vezes" ou "muito frequentes" (Neylan et al., 1988). Os autores afirmaram que "o pesadelo parece ser o distúrbio do sono de domínio primário relacionado ao estresse traumático por exposição em zona de guerra" (p. 932). Em um modelo de previsão da frequência de pesadelos, Neylan e colaboradores descobriram que os sintomas não relacionados ao sono no TEPT contribuíram em 48% da variação. Depois de controlados os problemas de saúde, comorbidade psiquiátrica e problemas com substâncias, o nível da exposição ao combate contribuiu com um adicional de 9% da variação. Além disso, a exposição ao combate foi altamente correlacionada com os pesadelos, moderada com a insônia no início do sono e fraca com a insônia na manutenção do sono.

Existem poucos estudos objetivos dos pesadelos. Similar aos distúrbios do sono, os pesadelos ocorrem com pouca frequência no laboratório do sono, talvez devido a um sentido maior de segurança, associado à presença de um técnico (Schreuder et al., 2001; Sheikh, Woodward & Leskin, 2003). Kramer e Kinney (1988) avaliaram o sono entre os veteranos do Vietnã, com e sem "sonhos perturbadores" (classificado como um sonho ruim ou pesadelo e marcando 3 ou 4 numa escala de 4 pontos do medo ou ansiedade), pelo menos uma vez por semana. Os resultados indicaram que os dois grupos tiveram distúrbio do sono pior do que indicam as normas; no entanto, somente o grupo com sonhos perturbadores teve maior latência no REM e mais despertares por hora do que os grupos de sonhos não perturbadores ou os índices da norma. Finalmente, enquanto todos os membros do grupo com sonhos perturbadores atendiam aos critérios para o TEPT, ninguém do grupo de sonhos não perturbadores atendeu aos critérios para o TEPT. Um exame mais detalhado sobre os sonhos perturbadores indicou que 84% dos sonhos ocorreram durante o sono NREM, e 50% do grupo dos sonhos perturbadores tiveram tais sonhos apenas no Estágio 2 do sono. Os autores distinguem os padrões do sono nos grupos de sonhos perturbadores pelas descobertas anteriores de indivíduos deprimidos e ansiosos, principalmente em termos da hora da noite em que os despertares acontecem (primeira metade para sonhos perturbadores, segunda metade para indivíduos depressivos), e latência REM (aumentada para indivíduos com sonhos perturbadores e diminuída para indivíduos ansiosos e depressivos). Concluíram que esse atraso para o REM pode indicar um mecanismo de defesa para evitar passar pelos sonhos perturbadores.

Conteúdo dos pesadelos pós-trauma

Historicamente, os pesadelos pós-trauma têm sido considerados aqueles que repetem exatamente ou quase repetem um trauma. Como Hartmann (1996) observou, embora os pesadelos pós-trauma sejam descritos como replicativos, existe alguma variação do conteúdo do evento real. A variação pode estar relacionada com pontos presos ou áreas de tensão – aspectos do trauma que são difíceis para o indivíduo processar. Além dos pesadelos replicativos, os indivíduos expostos ao trauma podem relatar pesadelos com traumas similares (i.é., pesadelos que têm alguns componentes similares aos do evento traumático real, mas com importantes características diferentes, como lugar, tempo e pessoas), ou pesadelos sem semelhanças com os traumas (i.é., pesadelos sem relação distinta com o trauma). Até mesmo os pesadelos que parecem ter muito pouco a ver com o evento estressor podem estar associados a ele. Como Halliday (1995) afirma, "(1) outros pesadelos mais simbólicos podem, contudo, ser *trauma driven* e (2) os elementos dos pesadelos traumáticos podem ser simbólicos e passíveis de interpretação, mesmo quando o pesadelo, como um todo, parece estar baseado na memória histórica" (p. 152).

A pesquisa sobre a prevalência das categorias dos conteúdos de pesadelos pós-trauma é duvidosa. Wittmann, Schredl e Kramer (2007) comentaram diversos estudos e descobriram que aproximadamente 50% dos participantes relataram pesadelos pós-trauma replicativos, enquanto estudo recente com indivíduos em busca de tratamento descobriu que apenas 20% dos indivíduos expostos ao trauma relataram pesadelos replicativos (Davis et al., 2007). Parte da discrepância nos índices de prevalência dos vários tipos de pesadelos pós-trauma está no fato de que que alguns pesquisadores juntam pesadelos que são repetições exatas do trauma com os que são similares ao trauma, tornando difícil apurar o impacto diferencial de cada.

Estudos com veteranos de guerra geralmente descobrem que muitos pesadelos que relatam eventos específicos, ou que abrangem temas de guerra, são particularmente daqueles veteranos com TEPT. Wilmer (1996) conduziu um estudo no qual entrevistou 316 veteranos do Vietnã, dos quais 304 descreveram um pesadelo sobre a guerra. Cinquenta e três por cento dos pesadelos relatados eram repetitivos e replicativos das experiências reais de guerra. Vinte e um por cento eram de eventos relacionados com a guerra que poderiam ter acontecido, mas que não aconteceram, e 26% eram implausíveis. Wilmer observou que "veteranos expostos a múltiplos traumas de guerra, geralmente, passaram por um evento que ficou tão profundamente arraigado em suas memórias que apenas isso já constituiu a base das características de seus sonhos, expressando como realmente aconteceu com os consequentes sentimentos" (p. 87). Ziarnowski e Broida (1984) avaliaram os pesadelos de 23 veteranos do Vietnã com altos níveis de exposição à guerra e TEPT. Os pesquisadores descobriram que quase o mesmo número de veteranos relatou os tipos de pesadelos descritos por Wilmer (1996). Muito poucos relataram pesadelos de guerra, que não seriam experiências reais, e que provavelmente nem tenham ocorrido no Vietnã. Os autores também observaram um extensivo retrato de impotência e desamparo nos pesadelos relatados, independentemente de suas similaridades à experiência de guerra.

Schreuder e colaboradores (1998) examinaram prospectivamente os sonhos de 39 pacientes ambulatoriais, 40 anos depois de diversas guerras dos anos 1940. Ambos, veteranos de guerra e vítimas civis, participaram e preencheram relatórios diários do pesadelo e experiências com sonhos de ansiedades, por mais de quatro semanas. Os pesadelos foram relatados em 20% dos relatórios diários, e sonhos de ansiedades foram relatados em 5% dos relatórios diários. Os pesadelos estavam mais relacionados ao conteúdo de guerra do que os sonhos de ansiedades. Os pesadelos dos veteranos de guerra ficaram mais próximos dos eventos reais do que os das vítimas civis.

Os sonhos de ansiedades para ambos os grupos, e os pesadelos para os civis, foram sempre representações simbólicas de experiências de guerra. Os pesadelos pós-trauma pareceram mais repetitivos do que os sonhos de ansiedade, particularmente os pesadelos replicativos. Em um estudo posterior, Schreuder e colaboradores (2000) avaliaram vítimas civis (n = 167) e veteranos (n = 56), e descobriram que dos 124 participantes que reuniram todos os critérios para o TEPT, 82% relataram pesadelos pós-trauma. Desses, 42% relataram, a maioria ou todos, pesadelos replicativos, 28% relataram, a maioria ou todos, pesadelos não replicativos, e 35% relataram pesadelos que incluíam replicativos e não replicativos.

A pesquisa limitada que tem sido conduzida com indivíduos civis expostos a traumas achou resultados similares, embora Davis e Mellman (1997) sugerissem que, enquanto os pesadelos pós-trauma são frequentes em populações não combatentes, os traumas dos civis podem ser menos propensos a resultarem em pesadelos replicativos. Esses investigadores avaliaram 20 TEPT-positivos e 12 TEPT-negativos, vítimas do Furacão Andrew, que lembraram o sonho no último mês. As pesquisas foram conduzidas seis a doze meses após o furacão. No total, 16% relataram sonhos associados ao furacão, 31% relataram sonhos ameaçadores não associados ao furacão e 53% relataram sonhos neutros ou prazerosos. Embora não seja uma diferença estatisticamente significativa, das cinco pessoas que relataram sonhos associados ao furacão, todas tinham TEPT. Similarmente, Mellman, David, Bustamante, Torres e Fins (2001) avaliaram conteúdo de sonho e o TEPT em 60 pacientes que deram entrada no hospital, após um evento estressor (por exemplo, acidente com veículo motorizado, acidente industrial e agressão interpessoal), e fizeram acompanhamento com 39 deles seis semanas mais tarde. Usando o diário matutino do sonho, um total de 21 sonhos foi relatado, 10 dos quais incluíram conteúdo do trauma (4 similares, 6 replicativos). Os resultados indicaram que os "sonhos de trauma" estavam associados com maior seriedade inicial do TEPT do que os pesadelos não pós-trauma. Os indivíduos que relataram "sonhos de trauma" também relataram maior seriedade de TEPT, em ambos os pontos de avaliação, do que indivíduos que foram incapazes de lembrar o sonho.

Hartmann, Zborowski, Rosen e Grace (2001) investigaram os sonhos de 306 estudantes com ou sem infância ou abusados recentemente física ou sexualmente, e acharam que embora os sonhos com emoções negativas

Caracterizando pesadelos

tenham sido comuns em ambos – estudantes abusados e não abusados –, os alunos abusados relataram poucos sonhos com emoções positivas. Cuddy e Belick (1992) examinaram os pesadelos e problemas de sono em 539 mulheres, alunas de graduação. Após controle para depressão, os investigadores descobriram que as mulheres abusadas sexual e fisicamente na infância, ou na fase adulta, relataram uma frequência significativamente maior de pesadelos pós-trauma (replicativo) no ano anterior, pesadelos repetitivos e dificuldade para pegar no sono depois de ter pesadelo, do que o grupo não abusado. O grupo do abuso sexual reportou mais pavor do sono, pesadelos idiopáticos e menos sono por noite do que o grupo não abusado.

Há crescente evidência de que, ao mesmo tempo que os pesadelos podem começar replicando ou quase replicando o trauma, logo após o evento, há muita mudança e distorção ao longo do tempo (Hartmann, Russ, Oldfield, Sivan & Cooper, 1987). Terr (1979) avaliou crianças que foram sequestradas em Chowchilla, Califórnia, em 1976, e que ficaram soterradas por aproximadamente 16 horas. Ela relatou que as crianças tiveram propensão aos sonhos replicativos ou "sonhos de terror" imediatamente após o evento. Diversos meses depois, no entanto, as crianças tiveram sonhos mais "disfarçados" ou modificados. Nos quatro anos seguintes (Terr, 1983), as crianças relataram sonhos repetitivos, mas não replicativos. Trinta por cento tiveram sonhos com o sequestro modificado, 52% tiveram sonhos disfarçados e 75%, noites de terror (algumas com mais de um tipo). Hartmann (1988a) acompanhou uma série de sonhos de pessoas expostas ao trauma, desde imediatamente até dois anos após o trauma. Essa série de sonhos demonstrou que muitos pesadelos incluíam, inicialmente, numerosos aspectos do evento traumático. No entanto, ele também relatou que "repetições exatas parecem raras" (p. 224). O estudo de Hartmann (1998a) mostra que, para muitos indivíduos, os pesadelos mudam rapidamente para retratar uma história diferente; no entanto, eles geralmente focalizam em uma "emoção dominante" ou tema. Ele sugere que os pesadelos sempre irão "contextualizar" as emoções primárias da pessoa – normalmente medo e terror – com versões que envolvem maremotos, furacões e outras forças esmagadoras. Assim que a pessoa se recupera do trauma, a emoção dominante e a sinopse são alteradas, aproximando-se mais dos sonhos "normais" com o passar do tempo. Similarmente, Wilmer (1996) sugere que essa mudança de conteúdo, que afasta a réplica exata do evento estressor, representa cura para o indivíduo.

A relação do conteúdo do pesadelo com o sofrimento

Conforme sugerido acima, o conteúdo dos sonhos que vêm após o trauma parece relacionado à seriedade do sofrimento. Os pesadelos podem evocar o TEPT (Schreuder et al., 2001) e parecem ser mais frequentes e mais sérios entre aqueles que sofrem de TEPT. Em geral, os estudos indicam que os pesadelos replicativos ou similares ao trauma estão associados ao diagnóstico do TEPT e à seriedade dos sintomas do TEPT (Esposito, Benitez, Barza & Mellman, 1999; Mellman et al., 2001; Mellman et al., 1995; Ross, Ball, Sullivan & Caroff, 1989; Schreuder et al., 2000; van der Kolk, Blitz, Burr, Sherry & Hartmann, 1984).

Por exemplo, Mellman e colaboradores (1995) apresentaram amostra com 58 veteranos de guerra (37 TEPT positivo) e descobriram que indivíduos com TEPT positivo conseguiam relatar mais pesadelos, com ou sem conteúdo de guerra. Similarmente, van der Kolk e colaboradores (1984) avaliaram 15 veteranos de guerra e TEPT positivo, e 10 veteranos não combatentes com TEPT negativo com pesadelos que perduram pela vida toda. Nenhum daqueles sem TEPT relatou ter tido pesadelos que replicassem um evento real, comparado a 11 deles com TEPT. Além disso, os 15 veteranos com TEPT relataram terem tido pesadelos recorrentes, comparados aos 3 indivíduos do grupo de veteranos não TEPT. Esposito e colaboradores (1999) avaliaram os sonhos de 18 veteranos do Vietnã com TEPT crônico. Os veteranos preencheram os diários dos sonhos, uma semana antes da avaliação. As taxas dos sonhos revelaram que a maioria sentia-se ameaçada de alguma forma, mas apenas 21% tiveram uma réplica exata do evento traumático. Quase a metade dos sonhos era similar ao trauma e continha personagens, cenários ou objetos associados a ele. As taxas dos sonhos, embora não se correlacionassem com o escore total da CAPS (Escala de avaliação do TEPT Administrada pelo Clínico), estavam associadas com o escore de revivência.

Kramer, Schoen e Kinney (1984) examinaram as diferenças nos veteranos do Vietnã, com ou sem sonhos perturbadores. Os investigadores descobriram que os oito participantes com sonhos perturbadores atendiam aos critérios para o TEPT, enquanto apenas um dos oito sem sonhos perturbadores atendia aos critérios para TEPT. Os indivíduos com sonhos perturbadores relataram mais sonhos com conteúdos militares (44%) do que o grupo controle (4%). Os sonhos com conteúdo militar foram relatados com frequência similar, durante os sonos REM e não REM. Os autores concluem que "sonhos perturbadores podem muito bem vir a ser o ponto central do TEPT" (p. 93). Similarmente, Lavie, Katz, Pillar e Zinger (1998) conduziram um estudo para examinar as características do sono de 12 veteranos com TEPT e 12 veteranos sem TEPT. Embora fossem encontradas poucas diferenças nas características do sono, os investigadores relataram diferenças substanciais em seus conteúdos. Especificamente, 50% daqueles com TEPT e nenhum daqueles sem TEPT relataram "sonhos em que continham conteúdo explícito de combate" (p. 1.062). Os sonhos dos pacientes TEPT também registraram hostilidade e agressão significativamente altas.

Como parte de dois grandes estudos, nosso grupo de pesquisa examinou as características dos pesadelos pós-trauma em 94 indivíduos em busca de tratamento (Davis, Byrd, Rhudy & Wright, 2007). A maioria dos participantes era mulheres, caucasianas, tinha pelo menos alguma educação superior e média de idade de 39,9 (DP = 11,99). Os participantes relataram uma frequência média de quatro pesadelos por semana, e média de seriedade de 3,0 (numa escala de 0 a 4). Os participantes relataram uma média de 5,65 (DP = 1,77) horas de sono por noite, e 37% da amostra relataram início do sono de uma ou mais horas por noite, em média. Foi solicitado que os participantes indicassem até que ponto seus pesadelos estariam associados a um evento traumático (*exatamente ou quase exatamente como o trauma, similar ao trauma, ou sem relação com o trauma*). Cinquenta por cento relataram um pesadelo "similar" ao trauma, 29,5% relataram que não houve associação e 20,5% relataram que foram replicativos. Então examinamos as possíveis associações entre os tipos de pesadelos e o sofrimento. Em geral, descobrimos que os pesadelos replicativos estavam associados com maiores problemas do que os grupos de pesadelos similares ou sem relação com o trauma, e que o grupo similar ao trauma relatou maiores problemas do que o grupo sem relação. Curiosamente, os três grupos não diferiram em medo de dormir, sensação de descanso ao acordar, número de pesadelos por semana (embora diferissem em número de noites por semana com pesadelos), nível de perturbação dos pesadelos e número de sintomas de pânico experienciados após acordar (Davis et al., 2007).

Esses estudos sugerem que os pesadelos na presença do TEPT podem ser particularmente problemáticos e que quanto mais próximo o conteúdo dos pesadelos estiver do evento estressor, maior o sofrimento. No entanto, eles também indicam que mesmo os pesadelos em que o conteúdo não parece estar associado ao trauma, estão associados com dificuldades e podem ter implicações para o bem-estar mental e físico, independentemente do *status* de TEPT.

A literatura comentada acima traz um forte argumento para o impacto prejudicial dos pesadelos pós-trauma. São, simultaneamente, sintomas de uma resposta mais ampla do trauma (TEA e TEPT) e as próprias patologias.

Os pesadelos pós-trauma estão associados com um grande número de outros problemas psicológicos e do sono. Alguns, no entanto, acreditam que pesadelos pós-trauma podem ser adaptativos, ao menos inicialmente. Faremos uma breve consideração das possíveis funções adaptativas dos pesadelos.

Os pesadelos pós-trauma são adaptativos?

A questão da possível natureza adaptativa dos pesadelos vem em parte da presumida (por alguns) natureza adaptativa dos sonhos. Os sonhos servem para fazer um papel na difusão das fortes emoções (Cartwright, 1991) e processar lembranças, especialmente lembranças carregadas de emoção (Maquet et al., 1996). Algumas informações com relação aos possíveis papéis adaptativos dos sonhos vêm dos estudos dos sonhos recorrentes (sonhos que a pessoa tem repetidamente, nos quais algum ou todo o conteúdo permanece o mesmo).

Brown e Donderi (1986) compararam 67 sonhos recorrentes, no passado (adultos que tiveram sonhos recorrentes por pelo menos seis meses, mas não no ano anterior), e não recorrentes (nunca tiveram). Sonhadores recorrentes mostraram menos "bem-estar psicológico" e tiveram mais sonhos com conteúdo negativo do que os outros grupos. Os indivíduos com sonhos recorrentes no passado marcaram maior escore no "bem-estar psicológico", e seus sonhos continham mais conteúdos positivos do que os sonhadores não recorrentes. Os autores sugerem uma função adaptativa dos sonhos, em que os problemas são repetidamente mostrados nos sonhos, até que o assunto seja resolvido.

Cartwright (1979; 1991) acrescenta ideias para essa opinião, de que os sonhos recorrentes terminam quando os problemas são resolvidos. Cartwright (1991) avaliou a depressão e os sonhos de 49 indivíduos que passavam pelo divórcio. Os participantes deprimidos tiveram mais sonhos com sensações negativas do que os participantes não deprimidos. Além disso, os indivíduos deprimidos, cujos sonhos incluíam seus ex-cônjuges, conseguiram se sair melhor em um ano de acompanhamento. Esses sonhos também foram avaliados a respeito de afetos negativos mais fortes do que os sonhos dos que não incorporaram o cônjuge. O autor concluiu que esses achados podem apontar para o fato de que os que incorporaram a depressão estão "superando" o divórcio durante o sono. Conforme colocado antes, no entanto, ainda não está claro se os sonhos refletem, precipitam ou exacerbam os sentimentos da pessoa, quando acordada.

Outra maneira que os cientistas têm usado para determinar a possível função adaptativa dos sonhos é através da exploração da possível relação entre os sentimentos pré-sono, sentimento do sonho e conteúdo, e sentimento pós-sono. Muitos pesquisadores concebem há muito tempo o REM e os sonhos associados a ele como úteis para incorporar informações emocionais no sistema de memória (Breger, 1967). Em sua teoria dos sonhos como reguladores do humor, Cartwright (2005) argumenta que o conteúdo e a estrutura dos sonhos são influenciados pelo sentimento pré-sono. Iniciando com o pesadelo do trauma (se o conteúdo é replicativo, similar ou diferente do evento real), a emoção negativa associada ao evento parece ser claramente representada nos pesadelos. Ainda que essa conexão entre o pré-sono e a atividade mental do sono seja menos pronunciada quando a excitação afetiva do pré-sono é baixa, fica cada vez mais evidente quando a excitação afetiva é elevada. Baixa excitabilidade pode vir associada a diversos temas e conteúdos durante a noite, enquanto a excitação aumentada restringe o escopo dos sonhos para focar na fonte da excitação. Assim, os sonhos podem fazer somente um papel adaptativo, quando o nível de sofrimento não consegue ser processado pelos mecanismos de vigília. Se os sonhos negativos se repetem ao longo do tempo, no entanto, isso pode indicar que os processos do sonho de regulação do humor estão oprimidos (Cartwright, 1979; 2005).

A opinião sobre uma função adaptativa dos sonhos está longe de ser aceita nesse campo. No entanto, se os sonhos têm tal função, os pesadelos também não poderiam ter? Existe um motivo para o pesadelo? Seria uma simples manifestação onírica do estresse de vigília ou seria um sinal, um sistema de alarme, avisando o sonhador sobre seus sérios problemas psíquicos? É adaptativo sonhar com um trauma logo após ter ocorrido? Deixa de ser adaptativo quando se torna uma condição crônica? Finalmente, se os pesadelos têm uma função adaptativa, não está claro como funciona, se as pessoas acordam com o pesadelo – o ato de acordar parece interromper qualquer processo que esteja ocorrendo (Levin & Nielsen, 2007). Esses pontos serão discutidos com mais detalhes no capítulo 3.

O sonho é recordação ou falta de recordação adaptativa?

Embora os pesadelos pós-trauma possam inicialmente fazer um papel adaptativo em termos de processamento do evento estressor, para muitos indivíduos essa função falha, e os pesadelos continuam sempre os mesmos por anos. Parece, no entanto, que nossa estrutura do sono muda em resposta a essa falha de processamento. Como descrito no primeiro capítulo, um interessante fenômeno é observado em alguns indivíduos com o TEPT crônico. Apesar dos esmagadores relatos subjetivos do sono de má qualidade, muitos indivíduos parecem realmente conseguir um sono mais profundo (avaliados através de limiares do despertar) do que aqueles sem o TEPT. Parece que algumas pessoas conseguem manipular a cronicidade da resposta ao trauma, através da diminuição da recordação do sonho.

Diversos estudos têm descoberto diminuição na recordação do sonho em amostras de exposição ao trauma, anos após o evento traumático. Dagan, Lavie e Bleich (1991) encontraram menor recordação do que a esperada do sonho REM (54%), em uma amostra de 24 indivíduos com TEPT relacionado à guerra. O estudo ocorreu quatro a seis anos após a Guerra do Líbano em 1982. Hefez, Metz e Lavie (1987) também encontraram menor recordação do sonho do que a esperada em uma amostra de 11 sobreviventes de vários eventos estressores. Quatro participantes sofreram com pesadelos durante o estudo de laboratório (3 deles tinham sofrido trauma há menos de 18 meses), mas os outros participantes tiveram somente 4 relatos de sonhos, fora os 21 despertares do sono REM e nenhum relato de sonho no sono NREM. Em uma pequena amostra dos veteranos do Vietnã, Kramer e colaboradores (1984) descobriram que aqueles com sonhos perturbadores tiveram maior lembrança do sonho no sono REM. Do grupo de sonhos perturbadores, 77%

lembraram o sonho ao acordarem do REM, *versus* 50% dos que não tiveram sonhos perturbadores, o que é inferior às taxas normais.

Kaminer e Lavie (1991) descobriram que a lembrança do sonho estava associada com a sintomatologia. Os investigadores examinaram sobreviventes do Holocausto, 12 "bem ajustados" e 11 "menos ajustados" e 10 participantes controle, nos índices de estrutura do sono e sonhos, quarenta anos depois de terem sofrido o trauma. Os participantes bem ajustados tiveram lembranças do sonho significativamente menores do que os outros dois grupos, e disseram não terem se lembrado nem um pouco do sonho. Os grupos menos ajustados e controle tiveram maior lembrança do sonho e sabiam que tinham sonhado, mesmo quando não se lembravam do conteúdo específico de seus sonhos. Os autores sugerem que pouca lembrança do sonho é um mecanismo adaptativo, embora observem que não ficou claro se a lembrança do sonho, sendo baixa, serviria como função profilática, ou se a lembrança do sonho diminuiu após o trauma, servindo como uma estratégia de enfrentamento. Se a lembrança do sonho diminui imediatamente após o trauma, no entanto, parece levantar a questão de que os sonhos têm uma função adaptativa.

Mellman, Davis et al. (1995) reuniram relatórios de sonhos e avaliaram 60 indivíduos com TEPT, que sofreram acidente com risco de vida. Na avaliação inicial, 18 dos 60 participantes lembraram-se do sonho e forneceram 21 relatos, dos quais 46% foram considerados "sonhos de trauma". Os indivíduos que inicialmente relataram sonhos de trauma também relataram maior angústia nos dois meses de acompanhamento do que aqueles que não se lembraram do sonho. Os participantes que inicialmente atenderam aos critérios para o TEPT forneceram relatórios adicionais do sonho no momento da avaliação. Dois indivíduos tiveram, originalmente, sonhos de trauma, mas nos dois meses de avaliação já não tinham o TEPT e tinham sonhos com baixa similaridade ao trauma. Dois outros indivíduos, que originalmente atendiam aos critérios de TEPT e tiveram sonhos de trauma na avaliação inicial, continuaram atendendo aos critérios e tendo sonhos de trauma nos dois meses seguintes. Infelizmente, não está claro se em geral a recordação do sonho mudou da avaliação inicial para a avaliação de acompanhamento.

Os achados desses estudos parecem sugerir diversos padrões de respostas ao sonho. Primeiro, pequenas lembranças do sonho que seguem inicialmente ao trauma estão associadas a um melhor funcionamento.

Segundo, a lembrança inicial de um sonho muito angustiante está associada a um funcionamento pior, mas com o tempo o funcionamento melhora e os sonhos refletem menos o evento traumático. Terceiro, lembrar de sonho muito angustiante, inicialmente, está associado com um funcionamento pior, e ambos – a lembrança do sonho do trauma e o sofrimento – continuam ao longo do tempo. Talvez os aumentos iniciais da lembrança do sonho ocorram para aqueles com mais dificuldade e representem tentativas de lidar com o evento traumático. Se isso for bem-sucedido, então a lembrança do sonho poderia decrescer para níveis de pré-trauma. Com o tempo, no entanto, a hiperexcitabilidade permanente e as intrusões podem aumentar os esforços defensivos, para bloquear esses sintomas, aumentando o entorpecimento emocional e a intensidade dos sonhos (Levin & Nielsen, 2007). Isso talvez explique os achados de Kaminer e Lavie (1991) e não impossibilite suas sugestões de que menores lembranças do sonho podem servir como função profilática. Talvez aqueles com baixa lembrança de sonho pré-trauma respondam melhor a todos os eventos. Conforme sugerido por Kramer et al. (1984), a baixa recordação do sonho pode refletir uma adaptação mais saudável ou evitação das experiências oníricas. Muitas questões ainda precisam ser respondidas, no entanto, para se analisar a recordação do sonho, em geral, e seus conteúdos em futuras pesquisas.

As últimas décadas têm fornecido extensos e extraordinários trabalhos a respeito da natureza dos eventos perturbadores do sono, incluindo os pesadelos pós-trauma. Naturalmente, isso é apenas o começo. Ainda estamos em um estágio incipiente de compreensão dos pesadelos pós-trauma, como eles estão associados com a angústia, para quais funções eles podem servir e como lidar com eles da melhor maneira. Agora que sabemos um pouquinho mais sobre sua natureza, vamos ver como eles se desenvolvem e o que os mantém ao longo do tempo.

CAPÍTULO 3

FORMULAÇÃO TEÓRICA DOS PESADELOS PÓS-TRAUMA

Davis, Fernandez, Pennington e Langston

Nossa compreensão sobre o desenvolvimento do pesadelo que acompanha a experiência de um evento traumático permanece obscura. De fato, teóricos e pesquisadores divergem consideravelmente quanto ao grau e se os pesadelos pós-trauma compartilham os mesmos mecanismos subjacentes como os pesadelos idiopáticos, terrores noturnos ou sonhos (Krystal & Davidson, 2007; Schreuder, Igreja, van Dijk & Kleijn, 2001). O capítulo 2 ilustra diversos modos pelos quais os pesadelos pós-trauma parecem diferir dos pesadelos idiopáticos e dos terrores noturnos, sugerindo a necessidade de teorias alternativas para a compreensão de seu desenvolvimento e manutenção. Intuitivamente, os distúrbios do sono podem ser adaptativos imediatamente após o evento traumático. As intrusões que ocorrem durante o dia podem aumentar a evitação e hipervigilância, que inicialmente serviriam como respostas adaptativas. Faz sentido ficar mais consciente de seu ambiente e evitar situações, lugares ou pessoas potencialmente perigosas, diante de um evento estressor recém-ocorrido. Os distúrbios do sono podem ser um efeito colateral dessa excitação diurna ou podem ser adaptativos em si mesmos, uma vez que podemos ficar mais vulneráveis a possíveis ameaças durante o sono.

É incerto, entretanto, como os pesadelos se encaixam adaptativamente nessa reação inicial. Fariam parte do sistema de alarme, relembrando as pessoas de que o perigo ainda pode estar presente e assim tentar acordá-las? Os pesadelos seriam, inicialmente, uma função da mente tentando assimilar e dar sentido ao evento? Ou seriam simplesmente uma reflexão das difíceis emoções que as pessoas experimentam nas horas em que estão acordadas?

Se a maioria dos pesadelos pós-trauma é transitória, o que ocorre para promover a cronicidade?

Numerosos cientistas e terapeutas têm procurado responder a essas questões, e publicado teorias para explicar o desenvolvimento dos pesadelos que acompanham o trauma. A maior parte das teorias, através de várias orientações e teóricos, no entanto, compartilha elementos comuns. Primeiro, o evento traumático não foi adequadamente processado emocionalmente ou cognitivamente. Nesse ponto de vista, os pesadelos refletem a tentativa da mente de processar o evento traumático – talvez da mesma forma que os pensamentos intrusivos e os *flashbacks*. Segundo, quando os pesadelos continuam por longos períodos de tempo, alguma coisa no próprio sistema deve ter falhado. Terceiro, a evitação de estímulos relacionados ao trauma irá manter os pesadelos ao longo do tempo. Quarto, os pesadelos provavelmente continuarão até que sejam processados emocionalmente, talvez envolvendo um senso de domínio sobre o processo ou o conteúdo. Neste capítulo, vamos primeiro fazer uma breve revisão dos diversos conceitos teóricos, publicados por especialistas da área, seguida do nosso modelo dos três fatores de desenvolvimento e manutenção dos pesadelos pós-trauma.

Realização do desejo

Um dos primeiros conceitos sobre os sonhos veio de Sigmund Freud (1900/1955). A teoria dos sonhos de Freud, que incluía os sonhos ruins, era que eles representam uma forma de realização do desejo. Normalmente, os desejos representados pelos sonhos seriam de tal natureza (por exemplo, violência ou sexual), que se tornariam desconfortáveis para o sonhador. Mascarando o desejo com conteúdos bizarros, o indivíduo obteria algum alívio por meio de sua expressão, e seu sono estaria protegido. Cada vez mais, no entanto, as evidências têm mostrado que alguns sonhos ruins seriam réplicas diretas dos eventos traumáticos, um fenômeno que não pareceu ajustar-se muito bem à teoria de Freud, sobre a realização do desejo (veja Lidz, 1946). Mais tarde, Freud (1920/1955) concluiu que os pesadelos pós-trauma seriam tentativas do indivíduo para conseguir o domínio sobre a experiência.

Perspectivas do processo cognitivo

Baseado em uma série de estudos, Horowitz (1975; veja também Horowitz & Wilner, 1976) concluiu que o fenômeno da intrusão e repetição não estaria limitado à experiência dos eventos traumáticos, mas também ocorreria após eventos estressores menos severos, até mesmo estressores positivos. Descobriu também que aquele efeito não seria exclusivo das populações psiquiátricas e que foi evidenciado amplamente através de várias populações. A partir de uma estrutura social cognitiva, Horowitz sugere que a informação nos sistemas da memória ativa continua sendo repetida ou vivenciada até que a informação fique assimilada ou acomodada, e guardada na memória de longo prazo ou "inativa". Essa repetição pode tomar a forma de pensamentos intrusivos, pesadelos, lembranças, emoções, ou cognições associadas ao evento. Quando confrontada com estressores significativos, ou experiências traumáticas, essa necessidade de processar e armazenar informações compete com o forte desejo de escapar da dor emocional associada com as memórias. Para alguns, essa luta resulta em contínua oscilação entre as tentativas para processar e dar sentido às lembranças e realizações, a fim de evitar recordações do evento (Horowitz, 1975).

O fluxo e refluxo da intrusão e evitação parece ser um processo natural nas fases iniciais de recuperação, após um evento negativo inesperado, ou, no caso dos sonhos recorrentes, uma luta com um problema contínuo. A maioria das pessoas é capaz de integrar gradualmente o material, e assim os pesadelos cessam. Entretanto, se a informação ou o evento não for processado – se os comportamentos de fuga e evitação dominarem a reação do indivíduo –, a oscilação e a luta continuarão. Talvez o processo seja especialmente proibitivo quando o evento – e, subsequentemente, o pesadelo – for emocionalmente esmagador, e muito além do ponto de vista existencial que o indivíduo tem de si, dos outros e do mundo. Isso poderia sugerir uma forte reação de evitação e fuga para o pesadelo, talvez na forma de despertar e tentar evitar pensar sobre o pesadelo ou o evento original. Devido ao subsequente sofrimento relacionado à perda de sono e ao aumento da excitação, a pessoa pode se sentir impotente para controlar a batalha que parece não ter fim. Nesse ponto, os processos naturais concebidos para integrar, dominar e dar significado ao evento falham. O indivíduo pode, então, precisar aprender um novo modo de controlar a experiência.

Nadar (1996) sugere também uma relação entre evitação e revivência do material traumático. Ela afirma que crianças expostas a trauma, que evitam pensar no material do trauma durante o dia, podem vir a experimentá-lo de noite, através dos sonhos ou pesadelos. Sugere também que as crianças podem ter um aumento de pesadelos, ou com o tempo reencenar o material nas brincadeiras, com uma correspondente diminuição nos sintomas do acordar cognitivo ou da revivência imaginal.

Os pesadelos como um componente da rede do medo

Os pesadelos podem ser conceituados como parte da rede do medo que incorpora aspectos do evento traumático, reações ao evento e o significado do evento, conforme descrito no capítulo 1 (Foa, Steketee & Rothbaum, 1989; Lang, 1968; Lang, Cuthbert & Bradley, 1998). Nos indivíduos com TEPT, a rede é ativada por pessoas, lugares e situações, fazendo com que o indivíduo se lembre do evento. Outros estímulos do medo são adicionados à rede através dos processos de generalização. O sistema é mantido ao longo do tempo, através de tentativas de evitar estímulos relacionados ao trauma, para que novas informações, não relacionadas com o medo, não sejam incorporadas à rede. Para corrigir a estrutura patológica do medo, a rede do medo deve estar envolvida, e a informação neutralizante precisa ser apresentada e incorporada à rede (Foa & Kozak, 1986).

Rothbaum e Mellman (2001) ampliaram essa teoria para explicar por que a "exposição" sob a forma de pesadelos pós-trauma crônicos não é terapêutica. Embora os pesadelos idiopáticos e os sonhos ruins não despertem o sonhador (permitindo que a sinopse e as imagens que os acompanham se transformem, tornando as conexões relacionadas não temíveis ou menos temíveis), os pesadelos pós-trauma são tão intensos emocionalmente, ou tão excitantes fisiologicamente, que o indivíduo desperta. O indivíduo acorda assustado do pesadelo relacionado ao trauma, experimentando somente uma breve exposição. Isso não possibilita a habituação, como é a exposição terapêutica, que exige uma exposição bastante longa, sustentada, e talvez só sirva para aumentar o nível do medo. De fato, Esposito, Benitz, Barza e Mellman (1999) constatam que, para alguns veteranos de guerra, a reação de medo é mais generalizada, em parte por causa dos pesadelos. Ao acordar e perceber que aquilo foi "somente um pesadelo", pode ser análogo aos comportamentos de fuga/evitação durante as horas de vigília, em que a pessoa

Formulação teórica dos pesadelos pós-trauma

que escapou da terrível situação reforça ainda mais o ciclo, negativamente (Rothbaum & Mellman, 2001).

Rothbaum e Mellman (2001) também observaram que durante o sonho não somos capazes de distinguir o conteúdo do sonho da realidade. A exposição terapêutica imaginal trata de experimentar a lembrança do trauma imaginariamente, mas também perceber que é apenas uma lembrança e não existe nenhum perigo real. Entretanto, durante um pesadelo, não temos o benefício de perceber que o que está acontecendo não é real; no entanto, nenhuma informação neutralizante é passível de ser integrada. Seja como for, não está claro se os processos similares estão em funcionamento, quando os pesadelos não são replicativos do evento traumático. Conforme descrito no capítulo 2, existem evidências suficientes para sugerir que, embora os pesadelos recorrentes sejam similares ou diferentes do evento traumático, os temas são sempre ameaçadores e perigosos. É possível que esses temas sejam aspectos generalizados da rede do medo e que os mecanismos subjacentes, que mantêm os pesadelos, sejam comparáveis.

Pesadelos como recontextualizadores da emoção

Hartmann (1995; 1998b) acredita que a função do sonho seja ajudar a integrar lembranças, fazendo novas conexões com informações afins, guardadas na memória. Ele percebe a mesma função adaptativa acontecendo com os pesadelos. Com os pesadelos pós-trauma típicos, a emoção primária (por exemplo, medo, culpa) é refletida em diferentes sinopses e imagens. Como descrito por Hobson, Stickgold e Pace-Schott, podemos conceber as "emoções do sonho como a fonte primária de um enredo e não como uma reação a elas" (1998, p. R1). Conforme Empson (1989) afirma, "não existe tela com os créditos no início dos sonhos, para contar que tipo de filme você irá ver, mas poderia muito bem mostrá-la nesses pesadelos, porque o terror, o horror ou a culpa estão terrivelmente presentes, antes das primeiras cenas serem mostradas" (p. 90).

Normalmente, a informação relacionada ao pesadelo sugere informação nas redes associadas, e novas conexões são feitas. Conforme Greenberg, Pillard e Pearlman (1972) afirmam, "o passado e o presente se entrelaçam e o evento traumático é gradualmente dominado" (p. 261). Por exemplo, se um pesadelo do paciente envolve medo relacionado a um acidente com veículo motorizado, as redes associadas podem incluir informações sobre um acidente anterior, ou outra situação na qual ele sentiu medo, mas lidou com sucesso com as emoções. Breger, Hunter e Lane (1971) sugerem que os pensamentos estressantes, presentes quando o indivíduo está acordado, e os sentimentos desencadeadores de lembranças relacionadas ao conteúdo emocional durante o sono podem fornecer informações sobre como as experiências anteriores foram elaboradas. A ideia de pesadelos como metáforas pode ajudar a explicar os terríveis pesadelos que são similares ao trauma, ou aparentemente não relacionados a ele, em que a emoção primária do trauma (por exemplo, medo, terror, culpa, tristeza) seja dominante, e que a mente crie uma sinopse, através dos pesadelos, incorporando muitas vezes imagens específicas contextualizadas (por exemplo, maremoto), ainda que as imagens específicas relacionadas ao trauma não estejam incluídas (Hartmann, Zborowski, Rosen & Grace, 2001). Essa exposição às lembranças e emoções relacionadas ao trauma, que ocorre em um sono relaxante, é similar às técnicas baseadas na exposição, em que a ameaça está presente enquanto a pessoa está relaxada ou em segurança no consultório do terapeuta (Hartmann, 1995; Mellman, 1997). A condição incompatível de relaxamento e ansiedade pode auxiliar na modificação da natureza da lembrança do trauma para muitas pessoas.

Assim, parece que os pesadelos pós-trauma podem ter alguma função adaptativa logo no início, ao contrário de serem um sinal de patologia. Se isso for de fato uma possibilidade, onde e como o processo dá errado com os pesadelos pós-trauma crônicos? Os pesadelos deixam de ser funcionais quando o sono é interrompido, várias conexões não são feitas, a informação relativa ao trauma não está integrada e o conteúdo ou as emoções dolorosas e as memórias são continuamente repetidas. Os problemas relacionados ao sistema emocional estão sendo reprimidos? Talvez o evento traumático seja tão chocante e poderoso que não existam redes de memória relacionadas para incorporar a experiência e suas emoções (Cartwright, 1991). Hartmann (1984; 1991) sugere que parte dos motivos dos pesadelos crônicos pode se desenvolver após experiências traumáticas, devido à evitação cognitiva, emocional e comportamental que as pessoas expostas a trauma travam. Ao evitar os estímulos relacionados ao trauma, as lembranças e emoções dolorosas são "isoladas" (1984, p. 216). O indivíduo pode fazer tais tentativas extraordinárias para evitar essas lembranças, pois há pouca chance de ocorrer a integração, mesmo durante o sono. Hartmann (1984) sugere ainda que aqueles indivíduos com "limites tênues" podem conseguir conectar e integrar o material do trauma, enquanto aqueles com "limites espessos" talvez evitem ou isolem os estímulos do trauma, deixando-os desconectados e não processados.

Interrupção do sono REM

Existe uma variedade substancial de achados entre os estudos que examinam todas as atividades do sono REM nos pesadelos pós-trauma. Ross, Ball, Sullivan e Caroff (1989) teorizam que os mecanismos do sono REM disfuncional podem desempenhar um importante papel no desenvolvimento e manutenção dos pesadelos crônicos. Como descrito no capítulo 1, numerosos estudos encontraram sono REM interrompido ou alterado (por exemplo, densidade REM, latência REM, atividade fásica do sono REM), em indivíduos expostos a trauma, embora os resultados tenham sido contraditórios. As contradições podem ser provenientes de relatórios diferenciais e inclusão de variados fatores, considerando medicamentos e condições de comorbidade. Ademais, muitos trabalhos foram feitos com indivíduos com TEPT crônico. É como se a manifestação particular da interrupção do sono REM pudesse mudar da condição da fase aguda para a fase crônica (Mellman & Hipolito, 2006). Em apoio à ideia de que o REM desempenha um papel fundamental, Ross e colaboradores (1989) também observam que os pesadelos descritos por pessoas expostas a trauma são similares àqueles relatados durante o sono REM, por pessoas não expostas a trauma, em que elas se lembram deles facilmente, de forma vívida e bizarra. O papel fundamental do sono REM pode parecer contraditório, no entanto, em achados em que os pesadelos podem ocorrer durante todos os estágios do sono. Porém, Mellman (1997) sugere que, embora os pesadelos pós-trauma ocorram nos sonos REM e não REM, estudos descobriram que geralmente o despertar de um pesadelo é precedido pelo REM, na maior parte dos casos.

Similarmente a Horowitz e colaboradores, Mellman (1997) sugeriu uma função adaptativa do sono REM. A interrupção do REM pós-trauma desempenha um papel significativo na manutenção do sono e em problemas de pesadelo, e também pode afetar o papel do REM no processamento da memória. Por exemplo, a literatura da depressão encontra algum apoio para uma associação do sono REM e a adaptação emocional. Latências mais curtas do REM não são incomuns em indivíduos com depressão (Giles, Kupfer, Rush

& Roffwarg, 1998), e descobriu-se que podem aumentar após o tratamento com antidepressivos (Shen et al., 2006). Em um estudo com indivíduos depressivos que passavam pelo divórcio, Cartwright, Kravitz, Eastman e Wood (1991) perceberam que aqueles com latência mais curta do REM, na avaliação inicial, tinham funcionamento melhor do que os indivíduos com latência normal do REM, em um ano de acompanhamento. Os autores especulam se essa latência mais encurtada do REM pode fazer um papel adaptativo para ajudar a acelerar o alívio daqueles estados negativos de humor. Greenberg e colaboradores (1972) avaliaram a adaptação aos estímulos que provocam ansiedade em três grupos de participantes: REM excluído, não REM excluído e sono não perturbado. Descobriram que, daqueles participantes que relataram ansiedade relacionada à visualização de um filme de autópsia, os que tinham REM excluído continuaram ansiosos durante a segunda visualização, comparados aos outros dois grupos.

Embora sejam necessários muitos outros trabalhos para determinar como o sono REM, os sonhos e os pesadelos, ou outros mecanismos relativos ao REM, podem servir a uma função adaptativa, parece que essa função acaba com a angústia de algumas pessoas que sofrem com pesadelos pós-trauma, especialmente aquelas que repetem o evento traumático. Em indivíduos expostos a trauma, a suposta função adaptativa do sonho pode ser interrompida por despertares, resultantes de distúrbios dos mecanismos fisiológicos subjacentes ao sono REM. De fato, Mellman e Hipolito (2006) sugerem que a interrupção do REM com despertares e excitações, além do aumento da atividade do sistema noradrenergético, que mantém a excitação aumentada, não permite que os processos naturais, envolvidos na adaptação do sono REM e no sonho, funcionem corretamente. Hartmann (1984) sugere também que as lembranças do trauma podem ser provocadas por atividade fisiológica correspondente à mudança no estágio do sono, desencadeando um pesadelo relacionado ao trauma.

O impacto fisiológico do SDB, incluindo diversos microdespertares, também pode interferir nos processos adaptativos (Krakow, Lowry et al., 2000). Krakow e colaboradores sugerem que o fluxo reduzido de ar, resultante do SDB, pode aumentar a ansiedade noturna e consequentemente aumentar os pesadelos. Os fragmentos do sono do SDB poderiam também resultar em maior lembrança dos pesadelos. A resistência das vias aéreas superiores pode estar associada com pesadelos por aumento dos microdespertares. O trauma também pode aumentar o risco do SDB pelo ganho de peso pós-trauma. Mudanças fisiológicas associadas com TEPT podem interromper o sono REM, interferir na respiração normal e aumentar a vulnerabilidade para desenvolver o transtorno do sono relacionado à respiração, o qual poderia exacerbar a interrupção do REM. Alternativamente, um problema do sono relacionado à respiração pode já estar presente e se agravar por esses outros mecanismos. Qualquer que seja a forma que os problemas se desenvolvam temporariamente, o resultado tende a ser TEPT crônico e pesadelos via interrupção do REM.

A investigação dos papéis do sono REM e dos sonhos como funções adaptativas, e os processos interrompidos que podem ou não refletir distúrbios de tais funções, está só começando. Hartmann (1998a) afirma: "acredito que o sonho tem uma função relacional à função do sono REM, mas não é a mesma função" (p. 235). A emocionante e inovadora pesquisa, que irá melhorar a nossa compreensão sobre a natureza da relação entre o sono REM e o sonho, continua.

Transtorno do sono aprendido

Diversos investigadores têm conceituado pesadelos como comportamentos aprendidos. Especificamente, afirma-se que as emoções negativas resultantes dos pesadelos servem como estímulos condicionados, causando uma reação condicionada de despertar para evitar a emoção negativa (Krakow & Zadra, 2006; Spoormaker, Schrell & van den Bout, 2006). O alívio experimentado com o despertar do pesadelo pode reforçar negativamente a resposta e promover os medos do sono, do ambiente do sono e dos hábitos de sono de má qualidade, concebidos para evitar o sono. Assim, ao mesmo tempo que o trauma pode iniciar pesadelos, sugere-se que um transtorno separado do sono aprendido seja desenvolvido com o passar do tempo (Krakow, Hollifield et al., 2001; veja também Inman, Silver & Doghramji, 1990). A indicação para essa perspectiva vem de estudos objetivos que encontram diminuição da frequência dos pesadelos, quando os participantes dormem no laboratório. Maher, Rego e Asnis (2006) sugerem que alguns indivíduos com TEPT podem realmente dormir melhor em um laboratório do sono. Esses indivíduos sentem-se menos ansiosos estando longe de seus próprios ambientes de sono, os quais, se eles sofreram muito com problemas de sono, podem servir de estímulos condicionados pelo sono de má qualidade. Essa mudança na experiência de pesadelo sugere que o pesadelo pode ser mais controlável do que os indivíduos que sofrem de pesadelos acreditam (Spoormaker et al., 2006).

Distúrbio da imagem

Similarmente a Horowitz (1983), Krakow e Zadra (2006) também propõem que os indivíduos que sofrem com pesadelos pós-trauma têm um sistema de imagem desregulado ou, em outras palavras, um desequilíbrio entre pensamentos, sentimentos e imagens. Isso fica evidente na inabilidade para controlar as intrusões da imagem indesejada do trauma e as emoções negativas que as acompanham. Em um esforço para se defender das imagens intrusivas, sugere-se que os indivíduos que sofrem um trauma podem se concentrar mais em seus pensamentos do que em seus sentimentos e imagens, porque eles são mais fáceis de ser administrados. Essa evitação da imagem e subsequente foco nos pensamentos, no entanto, interfere na capacidade natural de a pessoa trabalhar com seu sistema de imagem. A evitação da imagem também contribui para que o indivíduo acabe se tornando cada vez mais insensível emocionalmente.

Conforme discutido no capítulo 2, os pesadelos têm uma capacidade natural e inclinação para mudar; a maioria das pessoas que passam por um trauma tem pesadelos no início, depois os pesadelos mudam e desvanecem com o tempo. No entanto, se a pessoa, para evitar a imagem, acorda dos pesadelos à noite e evita a imagem durante o dia, ela não terá a oportunidade de se autocorrigir e mudar. Evitar a imagem, como uma tentativa inicial de adaptar o sistema de interrupção da imagem, pode desempenhar um papel na cronicidade dos pesadelos de algumas pessoas expostas a trauma.

Poucos estudos têm investigado o papel da imagem em pessoas expostas a trauma. Stutman e Bliss (1985) descobriram que os veteranos com altos escores de TEPT também tiveram altos escores de imagem nítida e hipnógena, não relacionada a trauma, comparada com veteranos com baixos escores de TEPT. Laor e colaboradores (1998) não encontraram diferenças de nitidez no *status* do TEPT, mas eles não separaram os indivíduos TEPT positivos em "baixos" e "altos" escores de TEPT, como Stutman e Bliss fizeram. Bryant e Harvey (1996) examinaram a capacidade de um grupo de vítimas de acidentes com veículos motorizados, que tiveram imagem visual não relacionada a trauma. As comparações foram feitas entre os indivíduos com TEPT, fobia e baixa ansiedade. Os resultados indicaram que aqueles com baixa ansiedade tiveram imagem visual significativamente mais nítida do que aqueles com TEPT ou fobia. Enquanto os indivíduos com TEPT e fobia tiveram escores mais baixos de intensidade, a nitidez da imagem foi significativamente relatada nos pesadelos e *flashbacks* naqueles com TEPT, e de *flashbacks* no grupo de fobia. Os autores especularam se a ansiedade pode tolher os processos cognitivos necessários para a imagem. Sugeriram que a alta nitidez da imagem pode ser um fator de risco ao experimentar a imagem do trauma; portanto, aqueles indivíduos com alta nitidez anterior ao trauma podem ficar vulneráveis ao experimentar *flashbacks* e pesadelos. Outra possibilidade é que, após um evento traumático, os indivíduos se concentrem na nitidez das imagens não trauma, e posteriormente as aumentem, em uma tentativa de evitar imagens relativas ao trauma.

Para observar essa questão, nosso grupo de pesquisa examinou a capacidade de nitidez imaginal, sem relação com o trauma, em um grupo de indivíduos que buscavam tratamento para pesadelos crônicos (Pennington, Davis & Rudhy, data não publicada). A imagem foi medida usando o Questionário Betts Sobre Imagens Mentais – Forma Abreviada (Sheenan, 1967). Na linha de base, foi associada maior nitidez na imagem, com uma frequência maior de pesadelos pós-trauma, nos últimos meses, na CAPS (Blake et al., 1990). Embora não seja estatisticamente significativa, a nitidez também estava relacionada à maior intensidade de pesadelos pós-trauma dos últimos meses. Curiosamente, a nitidez da imagem não foi relacionada com a questão separada, que avaliava frequência e intensidade de pesadelos em geral (sem especificação relacionada a trauma ou idiopático), e não mudou durante o tratamento para pesadelos crônicos. Na Escala de Impacto dos Eventos II, melhores capacidades de imagem nítida foram associadas com mais pensamentos intrusivos, *flashbacks* e revivência emocional, e com menos evitação de falar sobre o trauma. Finalmente, embora a nitidez não tenha mudado significativamente durante o tratamento, maior nitidez de imagem, na linha de base, foi associada com maior redução de frequência de pesadelo relacionado a trauma nos últimos meses, com tendência a redução na intensidade dos pesadelos pós-trauma nos últimos meses, na avaliação da primeira semana pós-tratamento. Assim, a nitidez de imagem foi específica para pesadelos pós-trauma e não estava associada aos pesadelos idiopáticos. Esses resultados são compatíveis com os estudos anteriores, sugerindo uma ligação entre a imagem nítida e o funcionamento pós-traumático. A descoberta de que uma qualificação melhor da imagem estaria associada a maior redução na frequência do pesadelo, sugere que tratamentos baseados na imagem podem ser especialmente adequados para esses indivíduos.

Rauch, Foa, Furr e Filip (2004) examinaram a nitidez do evento do trauma em 69 mulheres com TEPT. As mulheres estavam envolvidas em um dos dois tratamentos: exposição prolongada ou exposição prolongada e reestruturação. Os autores acharam que a nitidez da imagem do evento traumático estava associada à ansiedade nas primeiras sessões, e que diminuiu durante o tratamento, mas não estava relacionada ao resultado do tratamento. A nitidez da imagem aos eventos não traumáticos não foi avaliada. Finalmente, Belicki e Belicki (1986) examinaram pesadelos de 841 estudantes universitários (os autores não indicaram se os participantes passaram por evento traumático). Descobriram que os pesadelos frequentes (pelo menos um por mês) estavam associados com imagem nítida mais alta, não relacionada a trauma.

Mesmo não tendo examinado os pesadelos, Laor e colaboradores (1998) encontraram interessantes relações entre controle da imagem, nitidez da imagem, *status* do TEPT e resposta fisiológica baseada em imagem norteada por narrativas. Os indivíduos não diferiram em qualquer medida de imagem por *status* do TEPT. No entanto, nos indivíduos com TEPT, o controle da imagem e a resposta fisiológica foram inversamente relacionados. Os indivíduos com TEPT e baixo controle da imagem tiveram significativo aumento na resposta fisiológica ao estímulo do trauma. Aqueles com alto controle da imagem não diferiram dos participantes sem o TEPT. Os autores sugerem que o alto controle da imagem pode ser uma defesa para os indivíduos com TEPT. Para determinar se isso pode ser verdade para a sintomatologia, Laor e colaboradores examinaram, então, a relação do *status* do TEPT, o TEPT e os sintomas relacionados e o controle da imagem. Os pesquisadores descobriram que o controle da imagem faz um papel diferente dependendo do *status* do TEPT. Para os indivíduos com TEPT, o alto controle da imagem estava relacionado com menos raiva, sintomas intrusivos e maior capacidade de controle da raiva. Nos indivíduos sem TEPT, o alto controle da imagem estava associado com maior expressão e menor controle da raiva.

Essas relações sugerem que pesquisas futuras poderiam examinar a relação específica entre os pesadelos e o controle da imagem.

Crescentes evidências sugerem que a imagem nítida, não relacionada a trauma e controle, podem desempenhar um papel no desenvolvimento ou manutenção dos sintomas da imagem do TEPT (*flashbacks*, pesadelos, imagens intrusivas), e a capacidade de imagem em geral pode também estar associada com uma resposta positiva ao tratamento. Se as pessoas não ficassem focadas na evitação das imagens do trauma, com os *flashbacks* e pesadelos, e ao invés disso focassem em alguma imagem não relacionada ao trauma, isso as ajudaria a reorientar a capacidade de imagem no pesadelo, e também ajudaria a capacidade natural do cérebro de se envolver com redes associadas, permitindo que as imagens do pesadelo mudassem ou se transformassem, como fazem os pesadelos não pós-trauma.

Modelo dos três fatores do desenvolvimento e manutenção do pesadelo

Embora as diversas teorias discutidas até aqui tenham suporte empírico, muitas não levam em conta as diferenças individuais em termos de resposta a experiências de trauma, consentem que múltiplos fatores contribuam para o desenvolvimento dos pesadelos pós-trauma, ou capturam a natureza cíclica de interação entre esses fatores. O modelo dos três fatores que propomos sugere os fatores que consideram predisposição, precipitação e perpetuação, na compreensão dos pesadelos crônicos pós-trauma (veja figura 3.1). Os fatores de predisposição incluem distúrbio psicológico pré-trauma, traços da personalidade e características do estilo de vida, que podem aumentar a vulnerabilidade do indivíduo para desenvolver pesadelos. Os fatores de precipitação incluem o evento traumático, aspectos do trauma ou as respostas peritraumáticas ou pós-traumáticas cognitiva, comportamental, emocional e fisiológica ao trauma, que aumentem o risco de pesadelos. Os fatores de perpetuação incluem as condições pós-trauma fisiológica, comportamental e cognitiva, que servem para manter os pesadelos ao longo do tempo. Nossa conceitualização incorpora muitas ideias descritas antes e é baseada nos modelos de insônia (Drake, Roehrs & Roth, 2003; Morin, 1993; Spielman, Caruso & Glovinsky, 1987). Essa abordagem representa uma perspectiva interdisciplinar, que se estende ao trauma, ansiedade, sonho e literatura do sono. Essa perspectiva incorpora também diversos sistemas para a compreensão dos pesadelos crônicos, incluindo os sistemas emocional, cognitivo, comportamental e fisiológico.

FIGURA 3.1. MODELO DOS TRÊS FATORES DO DESENVOLVIMENTO E MANUTENÇÃO DO PESADELO

Fatores de predisposição

Pesquisas anteriores sobre pesadelos exploraram os fatores que podem estar associados com uma grande suscetibilidade para pesadelos em geral. Embora muitos desses fatores aguardem uma avaliação empírica ou replicação, eles podem informar também a predisposição para o desenvolvimento dos pesadelos pós-trauma. Os fatores de predisposição incluem transtornos psicológicos, traços da personalidade, fatores genéticos e características do estilo de vida, que podem aumentar a vulnerabilidade do indivíduo para desenvolver pesadelos.

Estudos epidemiológicos descobriram evidência de ligações genéticas para as experiências de pesadelo. Hublin, Kaprio, Partinen e Koskenvuo

Formulação teórica dos pesadelos pós-trauma

(2001) realizaram um estudo nacional com um grupo de gêmeos, na Finlândia, e examinaram os papéis dos fatores genéticos em parassonias. Os resultados indicaram que os pesadelos ocorriam frequentemente com aqueles que falavam dormindo, na infância (r = .50) e na fase adulta (r = .43). As estimativas compartilhadas dos efeitos genéticos foram de 26% para os que falavam dormindo e tinham pesadelos. Além disso, os autores encontraram significativa estabilidade na presença de parassonias, da fase infantil para a adulta (r = 0.71). Por enquanto, não está claro se alguém que tenha predisposição genética para pesadelos idiopáticos seja mais propenso a desenvolver pesadelos pós-trauma.

Nenhuma variável demográfica foi ligada ao aumento do risco de pesadelos, com exceção do gênero. Como no TEPT, parece que as mulheres são mais propensas a relatarem sonhos com emoções negativas (Opalic, 2000) e terem problemas com pesadelos (Nguyen, Madrid, Marquez & Hicks, 2002; veja também Chivers & Blagrove, 1999). Esse pode não ser o caso na infância. Nielsen e colaboradores (2000) descobriram que, embora não existam diferenças entre meninos e meninas, nas experiências de pesadelo de quando eram crianças, uma diferença de gênero aparece entre as idades de 13 e 16 anos. Em um estudo epidemiológico realizado por Hublin e colaboradores (1999), eles constataram que as mulheres tiveram uma taxa de pesadelos na infância 10% maior, e 25% maior na fase adulta. Descobriram também um leve aumento na taxa de estabilidade dos pesadelos em mulheres, da infância até a fase adulta (Hublin, Kaprio, Partinen e Koskenvuo, 1999). Esses achados sugerem que as mulheres podem ser mais vulneráveis ao desenvolvimento dessas dificuldades pós-trauma.

Numerosos estudos têm investigado a associação entre pesadelos e diversos traços de personalidade e patológico. Embora essa relação permaneça obscura, existem algumas evidências de que para algumas pessoas pesadelos frequentes podem estar relacionados a traços particulares da personalidade. Hartmann, Russ, van der Kolk, Falke e Oldfield (1981) investigaram as características da personalidade de 38 indivíduos que relataram sofrer de pesadelos pelo menos uma vez por semana. Todos os participantes disseram que os pesadelos começaram na infância ou na adolescência. Em geral, os autores descobriram significativas psicopatologias e também criatividade em sua amostra. Especificamente, 4 atendiam aos critérios para esquizofrenia, 9 tinham transtorno de personalidade *borderline* e 6 tinham personalidade esquizotípica. Além disso, 4 participantes relataram hospitalizações por problemas mentais, 29 estavam em busca de psicoterapia e 7 tentaram o suicídio, enquanto 15 foram "considerados seriamente suicidas" (p. 795). Os autores observaram que muitos participantes descreveram-se como "extraordinariamente sensíveis desde a infância" (p. 795) e disseram ter doenças mentais consideráveis em família. Finalmente, a maioria dos participantes tinha o que os autores descrevem como "ocupações e estilos de vida um tanto incomuns" (p. 795), tipicamente associados com as artes.

Os achados acima relacionados às características da personalidade, aumento da sensibilidade e estilos de vida deram a Hartmann a noção de "limites tênues" (i.é., mentalidade aberta, sensibilidade, vulnerabilidade, criatividade e habilidades artísticas). Esse conceito foi avaliado e apoiado em diversos estudos (Levin, Galin & Zywiak, 1991; Pietrowsky & Kothe, 2003; veja também Hartmann, 1989; Spadafora & Hunt, 1990). Ter personalidade tipo-A também estava ligado às experiências dos pesadelos pós-trauma e idiopáticos e aos distúrbios do sono, em alunos de graduação universitária (Tan & Hicks, 1995). Tan e Hicks sugerem que os indivíduos tipo-A são menos capazes de controlar o estresse quando acordados, e os sonhos perturbadores podem indicar uma tentativa de lidar com esse estresse. Outras características de personalidade associadas aos pesadelos são criatividade (Hartmann, Russ, Oldfield, Sivan & Cooper, 1987; veja também Chivers & Blagrove, 1999; Levin et al., 1991), neuroticismo (Berquier & Ashton, 1992; Kales et al., 1980; Zadra & Donderi, 2000; veja também Chivers & Blagrove, 1999; Hartmann et al., 1981; Hartmann et al., 1987), ego menos resistente (Hersen, 1971) e traço de ansiedade (Zadra & Donderi, 2000; Levin & Fireman, 2002b; veja também Wood & Bootzin, 1990; Belick, 1992). Nielsen e Zadra (2005) sugerem que essas associações podem refletir outros fatores mediadores, incluindo cronicidade, angústia e modo de enfrentamento. A maioria dos estudos discutidos acima foi realizada basicamente com pessoas que sofrem de pesadelos idiopáticos ou pesadelos não especificados. Não está claro até que ponto os fatores de personalidade podem estar associados com os pesadelos pós-trauma.

Outra condição de predisposição para pesadelos, similar à insônia, pode ser a excitabilidade (Coren, 1988; Morin, 1993). A excitabilidade pode se manifestar através dos canais cognitivo, comportamental, ou fisiológico, pois qualquer um deles pode interferir no sono (Coren, 1988). A excitabilidade

Formulação teórica dos pesadelos pós-trauma

pode estar relacionada a outra condição de predisposição notada na literatura. Por exemplo, conforme Morin (1993) observa, a excitabilidade caracteriza diversos transtornos, incluindo transtornos do humor e transtornos de ansiedade. Altos níveis de ansiedade são sempre reportados pelos que sofrem com pesadelo (Dunn & Barrett, 1988; Haynes & Mooney, 1975; Levin & Fireman, 2002b; Nguyen et al., 2002; Nielsen et al., 2000; Zadra & Donderi, 2000), embora a relação temporal da ansiedade e pesadelos não esteja claramente entendida. Maior excitabilidade e ansiedade podem aumentar a vulnerabilidade do indivíduo e dificultar que ele pegue no sono, fique acordado boa parte da noite, com dificuldade para voltar a dormir, passe a ter sono leve e experimente imagem negativa no sono. Para apoiar essa associação, a pesquisa conclui que pesadelos pré-trauma e distúrbios do sono estão associados com problemas maiores nessa área de pós-trauma (Mellman, David, Kulick-Bell, Hebding & Nolan, 1995). Se a excitabilidade contribuísse para o sono pré-trauma e os problemas de pesadelo, poderia servir como fator de vulnerabilidade para os problemas de sono e pesadelo pós-trauma.

A excitabilidade também pode estar relacionada com traços de personalidade específicos associados com pesadelos frequentes. Por exemplo, a observação de Hartmann desses limites tênues (1998b) sugere que alguns indivíduos podem ser especificamente sensíveis, de tal forma que as circunstâncias os afetem mais facilmente, talvez nas duas formas, positiva ou negativa. Esses indivíduos tendem a ser menos prudentes e mais vulneráveis aos estressores diários do que os indivíduos com limites espessos, que talvez nem notassem ou prestassem muita atenção neles. Os transtornos que estão associados com os limites tênues e pesadelos incluem a esquizotipia, *borderline*, esquizoide e esquizofrenia (Hartmann et al., 1987; van der Kolk & Goldberg, 1983; van der Kolk, Blitz, Burr, Sherry & Hartmann, 1984). Novamente, a natureza temporal dessas associações é obscura. Estudos têm descoberto que esses transtornos estão associados com experiências de pesadelo, e há alguma evidência que sugere que pesadelos frequentes podem anteceder o início dos transtornos (Hartmann, Mitchell, Brune & Greenwald, 1984). Estudos também descobriram que o sofrimento com pesadelo pode ser melhor preditor de patologia do que a frequência do pesadelo (Levin & Fireman, 2002a; Schrell, 2003). É necessária pesquisa para determinar se tais transtornos, na presença de um evento traumático, estão associados com aumento de risco de pesadelos pós-trauma.

Os modos de enfrentamento preexistentes ao trauma podem influenciar a maneira como a pessoa lida com o evento traumático. O papel da evitação, que mantém as dificuldades pós-trauma por longo tempo, está bem documentado. Os modos de enfrentamento da evitação preexistente podem estar associados com aumento da evitação que acompanha um evento traumático, subsequentemente mantendo os problemas ao longo do tempo (inclusive os pesadelos). Até hoje, poucos estudos examinaram a relação entre modos de enfrentamento e pesadelos idiopáticos, e nenhum estudo foi encontrado que examinasse os modos de enfrentamento pré-trauma e pesadelos pós-trauma.

Os fatores indicados anteriormente foram, na maior parte, identificados como notáveis pelos que sofrem de pesadelos frequentes. Atualmente há poucos dados prospectivos disponíveis, por isso os problemas de causalidade não podem ser determinados. De fato, pode ser que, havendo frequentes pesadelos, aumente a excitabilidade e a vulnerabilidade do indivíduo aos fatores associados. Ainda existe a terceira variável que ainda não consideramos. Além disso, a maior parte desse trabalho foi realizada com pessoas que sofrem com pesadelos idiopáticos que perduram a vida toda. Mais pesquisa é necessária para determinar se pessoas com essas condições de predisposição podem ser mais vulneráveis a experimentar pesadelos pós-trauma. As indicações da literatura sobre trauma, descritas no capítulo 1, também identificam as variáveis que podem predispor os indivíduos a vulnerabilidade para o TEPT; não está claro se essas variáveis também predispõem os indivíduos especificamente para os pesadelos.

Fatores de precipitação

A experiência de um evento estressante ou traumático está sempre associada com o início ou a exacerbação de pesadelos, e é a precipitação óbvia para pesadelos pós-trauma. No entanto, os pesadelos não acontecem para todos que experimentam um evento traumático, e alguns indivíduos experimentam pesadelos sem necessariamente passarem por um trauma ou um alto nível de estresse. Além dos fatores de precipitação, deve haver fatores associados com o próprio trauma, reações peritraumáticas ou reações imediatas pós-trauma, que aumentam o risco de experimentar pesadelos. Até agora, pouco trabalho empírico tem sido feito nessa área.

Formulação teórica dos pesadelos pós-trauma

O aumento do risco para desenvolver os pesadelos pode estar relacionado com a natureza do evento traumático. Pesquisas futuras poderão recorrer a uma literatura mais ampla do TEPT, e determinar se os fatores de risco, identificados para o TEPT, também são fatores de risco especificamente para os pesadelos pós-trauma. Uma área na qual há alguma evidência preliminarmente específica para pesadelos é o tipo do evento traumático. Em estudo com a população em geral, Ohayon e Shapiro (2000) examinaram a relação entre tipo de trauma e distúrbios do sono, incluindo os pesadelos. Os resultados indicaram que ser vítima de agressão aumenta o risco de ter pesadelos (RP = 2.4). Conforme relatado no capítulo 1, foi descoberto que passar por uma agressão aumenta o risco de TEPT (Breslau et al., 1998). Alguns teorizaram que os traumas, que de alguma forma estão relacionados com a noite, sono ou o quarto de dormir, podem resultar em maiores problemas de sono e pesadelo, devido às condições. Zayfert e DeViva (2004) descobriram que os indivíduos que continuaram tendo insônia depois de um tratamento bem-sucedido para os sintomas de TEPT, tinham maior probabilidade de ter experimentado um trauma que foi, de alguma forma, relacionado ao sono (por exemplo, aconteceu na cama ou de noite). Isso precisa ser mais bem examinado para determinar possíveis relações com a experiência dos pesadelos. Um estudo descobriu que a exposição à guerra estaria fortemente ligada à frequência dos pesadelos, mas nem tanto aos problemas para iniciar o sono, e menos ainda para manter o sono (Neyland et al., 1998). Van der Kolk, Blitz, Burr, Sherry e Hartmann (1981) examinaram experiências de pesadelo autorrelatadas de 816 veteranos de guerra e 716 veteranos não combatentes. No geral, 30% da amostra relatou pesadelos pelo menos uma vez por mês. Comparado com os veteranos não combatentes, os veteranos de guerra relataram pesadelos mais frequentes, e o conteúdo incluía mais experiências de guerra. Também relataram uma idade mais avançada para início dos pesadelos e poucos membros da família tiveram experiências com pesadelos.

Aspectos associados ao trauma também podem estar relacionados ao aumento do risco de pesadelos. Por exemplo, Hartmann e colaboradores (1984) avaliaram veteranos do Vietnã e descobriram que, aqueles que relataram pesadelos pós-trauma, eram mais jovens, menos instruídos e mais propensos a terem se envolvido emocionalmente com um amigo que foi morto ou ferido, comparado com os outros que não tinham pesadelos. Os autores sugerem que aqueles indivíduos sem pesadelos teriam propositadamente decidido não se envolver emocionalmente com seus companheiros, o que talvez tenha servido para que ficassem menos vulneráveis. Observaram que, ser mais jovem no momento de um evento traumático, pode ser um fator de risco para o TEPT (Norris, 1992).

Os problemas físicos de saúde (por exemplo, febre) e alguns medicamentos e substâncias têm sido relacionados com experiências de pesadelos (por exemplo, estimulantes, como a cocaína ou anfetaminas), ou certos medicamentos (por exemplo, agonistas dopaminérgicos, antagonistas beta-adrenérgicos, agonistas alfa e outros medicamentos anti-hipertensivos). Adicionalmente, a retirada dos antidepressivos ou do álcool pode estar associada a experiências de pesadelos (APA, 2000). Se isso ocorre logo depois de um evento traumático, eles poderiam possivelmente estimular pesadelos e iniciar uma espiral de descompensação. Será necessária pesquisa para determinar se alguns problemas de saúde e medicamentos, em face dos eventos traumáticos, aumentam os riscos para os pesadelos.

A pesquisa descobriu que o sono agudo e problemas com pesadelo, no rescaldo de um evento traumático, aumentam o risco de problemas de longo prazo (veja Koren, Arnon, Lavie & Klein, 2002). Embora mais pesquisa seja necessária para determinar a natureza exata dessa associação, pode-se notar a importância da implementação de tratamentos dirigidos a pesadelos e problemas de sono, logo após o evento traumático, para aqueles que relatam tais dificuldades. A pesquisa também precisa determinar se um breve tratamento direcionado a pesadelos é suficiente para deter o curso dos problemas de longo prazo, ou se as intervenções de um pesadelo específico devem ser combinadas com as primeiras intervenções que visem mais amplamente ao TEPT.

Fatores de perpetuação

Embora muitas pessoas relatem distúrbios do sono e pesadelo no difícil momento que segue a um evento traumático, essa reação é transitória para a maioria desses indivíduos. Para uma significativa minoria, no entanto, esses problemas continuam. Uma variedade de fatores, cognitivo, comportamental e fisiológico, pode contribuir para a perpetuação de pesadelos e problemas de sono, por um longo tempo. Conforme sugerido por Krakow e Zadra (2006), o que inicia os pesadelos pode não ser o que os mantém. O que começa como uma reação transitória a um evento traumático pode continuar a se desenvolver via diferentes mecanismos, tornando-se uma condição aprendida. Esses mecanismos podem se revelar uma meta necessária de tratamentos para problemas crônicos de pesadelo. Nas próximas linhas veremos os possíveis fatores de perpetuação através dos canais fisiológico, cognitivo e comportamental.

Canal fisiológico

O problema "mente-corpo" tem sido debatido desde antes de Aristóteles. A mente e o corpo seriam separados? Se assim for, como eles afetam um ao outro? Se não forem, onde acaba um e começa o outro? Esse assunto tem-se manifestado no estudo dos sonhos e pesadelos. Como poderemos conhecer os mecanismos ativos no cérebro durante o sono que afetam os componentes cognitivo, comportamental e afetivo? Como os nossos pensamentos, sentimentos e comportamentos diurnos afetam nossos sonhos/pesadelos à noite? Estudos biológicos nessa área têm-se concretizado nos últimos quinze anos, porém, a maioria deles se concentra amplamente no TEPT, e poucos têm como alvo especialmente os pesadelos pós-trauma; dessa forma, muitas questões não são específicas dos pesadelos, e sim os extrapolam.

O sistema nervoso simpático responde aos estressores e aos eventos traumáticos com fuga ou resposta de fuga, que por algum tempo foi muito adaptativa. Ajudou a aumentar a chance de sobrevivência dos nossos ancestrais, que enfrentaram situações reais de ameaças de morte em uma dimensão muito maior do que enfrentamos hoje. No mundo atual, essas respostas não são apropriadas para os tipos de estressores que são mais problemáticos e predominantes – estressores psicológico e psicossocial. As mudanças fisiológicas que acompanham os estressores – especialmente os estressores crônicos – têm impacto significativo sobre o corpo e são responsáveis por muitas situações de perigo de vida. A hiperexcitabilidade ou hipervigilância pode ser expressa na dificuldade de pegar no sono, manter o sono, mesmo com o aumento dos despertares, e nos movimentos corporais. Mesmo dormindo, os indivíduos podem achar que estão em perigo e que precisam ficar alertas. Na verdade, alguns dos nossos participantes relataram que "verificam" se as portas e janelas foram fechadas, diversas vezes, antes de dormir e ao acordar, por terem ouvido algum barulhinho na casa.

Os sintomas do pânico, após acordar de um pesadelo, são comuns. O aumento da excitação que se evidencia nesses sintomas faz com que fique difícil voltar a dormir. Os sintomas fisiológicos também podem servir como sinais para os efeitos fisiológicos do próprio trauma, perpetuando assim a excitação e a ansiedade (Falsetti, Resnick & Davis, 2005). Os movimentos durante o sono provavelmente decorrem da hiperexcitação e da experiência de pesadelos, e levam ao aumento de despertares.

A privação do sono, resultante das significativas interrupções do sono devido aos pesadelos, pode ter efeitos significativos, e algumas vezes debilitantes, incluindo confusão, perda da memória, irritabilidade, sonolência diurna excessiva, comprometimento do desempenho, dificuldades para se engajar em pensamento criativo, menor resposta de inibição e altos e baixos emocionais (Ford & Kamerow, 1989; Morin, 1993). Então, boa quantidade do comprometimento observado na pessoa que sofre com TEPT – irritabilidade, confusão, menor capacidade de concentração, ansiedade – pode ser em parte atribuída ao impacto da redução da qualidade e quantidade de sono (Mellman, 1997). A combinação de insônia e pesadelos, provavelmente, amplifica os problemas na estrutura do sono, aumentando, inclusive, a probabilidade de desenvolver transtornos do sono relacionado à respiração e aumentando significativamente os efeitos negativos durante o dia (Krakow, 2004).

Estudos epidemiológicos também constatam que os distúrbios do sono, principalmente a insônia, estão associados com os transtornos da saúde mental, incluindo transtornos depressivo e de ansiedade, e sua remissão pode reduzir o risco para tais transtornos (Ford & Kameron, 1989). Um estudo recente, que usou ressonância magnética funcional, descobriu que a privação do sono afeta negativamente os sistemas que modulam a resposta do cérebro (i.é., maior alcance da resposta da amígdala e maior volume ativado da amígdala) para estímulos negativos aversivos (Yoo, Gujar, Hu, Jolesz & Walker, 2007). Além disso, a privação do sono que resultou na fraca ligação entre a amígdala e o córtex pré-frontal medial indica interrupção no processamento afetivo que está relacionado com os sintomas depressivos.

A excitabilidade, que pode servir como condição para a predisposição, também pode exacerbar e ampliar as dificuldades que acompanham os eventos traumáticos. O aumento de excitabilidade diurna, as lembranças dos conteúdos dos pesadelos e a possível lembrança do trauma, provavelmente, levam a um sofrimento maior. A excitação fisiológica aumentada, próxima

Formulação teórica dos pesadelos pós-trauma

da hora de dormir, pode ser uma continuação da excitação diurna e ser aumentada pela ansiedade preventiva. Ansiedade preventiva está descrita abaixo, em "Canal Cognitivo".

A disfunção de outros sistemas fisiológicos, incluindo o eixo hipotálamo-pituitária-adrenal, pode desempenhar um papel importante. Especificamente, os níveis de norepinefrina, que normalmente declinam de noite, permanecem altos em pessoas com distúrbios do sono pós-trauma (Mellman, Kumar, Kulick-Bell, Kumar & Nolan, 1995). A interrupção do sono REM (discutida em detalhe antes) está associada com maior excitação e também pode contribuir para manter os problemas do sono por um longo tempo. Para maiores informações sobre a disfunção neurobiológica do sono após um trauma, os leitores podem consultar Woodward (1995) e Mellman (2000).

Canal cognitivo

Há diversas maneiras pelas quais as interrupções, nas cognições ou nos processos cognitivos, aumentam a probabilidade de experienciar os pesadelos. Aqueles com pesadelos crônicos podem desenvolver um esquema inadequado (por exemplo, dormir é perigoso), como reação aos pesadelos que persistem por muito tempo depois que o trauma acabou, e esses esquemas podem desempenhar o papel de manter os pesadelos por longo tempo, através de tentativas subsequentes de evitar o sono. Outras cognições distorcidas (maneiras inadequadas, imprecisas, de pensar) podem também alimentar as emoções negativas. Por exemplo, ao invés de dizerem para si mesmos: "Estou tendo dificuldades para lidar com isso", os indivíduos que sofrem com problemas crônicos de sono tendem a pensar: "Sou um perdedor!" ou "Nunca vou conseguir dormir – por que não consigo sair disso?". Tais pensamentos representam vários "pontos presos" associados ao trauma, conforme descritos no capítulo 1 (por exemplo, impotência, controle, confiança, intimidade, autoestima, segurança). Esse esquema e os pensamentos negativos podem aumentar a emocionalidade negativa às experiências individuais que ocorrem antes de adormecer, estender o tempo para adormecer e elevar a chance de ter um pesadelo.

Broomfield, Gumley e Espie (2005) descrevem o papel dos vários processos cognitivos na insônia, que também podem nos informar a respeito da compreensão dos pesadelos, inclusive por interferências na área da atenção. O sono é um componente essencial da vida; assim, a insônia pode ser vista como uma ameaça à sobrevivência do indivíduo. Os indícios do sono, e a excitação condicionada associada a ele, podem ser percebidos como sinais de ameaça, aumentando ainda mais a excitação do indivíduo, fazendo com que ele provavelmente durma menos. O mesmo processo também pode ser considerado para os indivíduos com pesadelos crônicos, em que os indícios relativos ao sono podem estar condicionados a sinais de ameaças, devido ao medo de ter pesadelos. Esses sinais podem aumentar o nível de excitação e ansiedade preventiva, subsequentemente, aumentando a chance da ocorrência de pesadelo.

Harvey (2002) sugere também que a preocupação pela perda de sono pode aumentar a atenção seletiva do indivíduo para esses sinais ameaçadores, mantendo assim o problema. Harvey (2000) avaliou as cognições que antecedem o sono, em uma amostra de indivíduos com insônia e de "bons dorminhocos". Ela descobriu que as cognições em indivíduos com insônia focavam mais em diversas preocupações e soluções de problemas, e atendiam aos sinais externos (por exemplo, ouvir barulhos na casa). Os bons dorminhocos relataram não terem focado em nada em particular. Alguns estudos têm explorado as cognições específicas do pré-sono, em indivíduos que sofrem com pesadelos crônicos relacionados a trauma; por isso, não se sabe se isso pode ser parte da estrutura que mantém os pesadelos ao longo do tempo. Harvey, Jones e Smith (2003) presumem, no entanto, que "é possível que para os pacientes com TEPT, o período pré-sono constitua um tempo específico inativo, quando é mais difícil adotar estratégias de evitação, resultando em intrusões que fluem soltas. As intrusões estão sempre acompanhadas por uma sensação de ameaça real, bem como os sintomas de excitação, ansiedade e outras respostas emocionais (Ehlers & Clark, 2000), as quais são susceptíveis de prolongar a latência do início do sono e promover o medo de dormir" (p. 400). De fato, Horowitz et al. (1980) descobriu que 51% dos veteranos que foram estudados relataram ter tido pensamentos intrusivos pré-sono.

Outros também sugeriram que a insônia no início do sono pode acontecer devido ao medo associado aos esperados pesadelos (Neyland et al., 1998) e que a ansiedade experimentada próxima à hora do sono serviria como defesa contra o adormecer e possivelmente ter um pesadelo (Krakow, Melendrez, Pedersen et al., 2001). Neylan e colaboradores (1998) descobriram que o medo de adormecer estaria significativamente relacionado com experiências de pesadelos. Os autores sugerem que "a insônia no início do sono, em sujeitos com TEPT, é conduzida predominantemente pela fobia do sono, como consequência das experiências de frequentes pesadelos" (p. 932). O medo no pré-sono pode também representar um medo da vulnerabilidade que ocorre naturalmente durante o sono (Freed, Craske & Greher, 1999). Numerosos estudos descobriram que as pessoas que sofrem com pesadelos experimentam aumento do medo de adormecer, por preverem pesadelos. Em um estudo anterior (Davis, Byrd, Rhudy & Wright, 2007), descobrimos que a frequência do pesadelo, mas não a seriedade, foi o que prognosticou o medo de ir dormir, depois que a falta de sono relacionada aos sintomas de TEPT foi controlada.

Uma questão curiosa que ainda não foi estudada extensivamente é a possibilidade da relação entre o medo de dormir e um estímulo específico relacionado ao trauma (por exemplo, abuso sexual ocorrido na cama), diferente do medo de ter pesadelo (Freed et al., 1999). Em uma amostra com mulheres internadas, Allen et al. (2000) descobriu as correlações entre abuso sexual e distúrbios fóbicos do sono, e entre abuso físico e distúrbios de sono intrusivo, sugerindo relações mais sutis entre os tipos específicos de traumas e os tipos de distúrbios do sono.

Os pensamentos acelerados (excitação cognitiva) podem ser uma consequência da excitação fisiológica ou podem interagir com ela. Nesse ponto, o alcance da excitação fisiológica relacionada aos pesadelos não está claro. A excitação fisiológica que decorre do sentimento de precisar estar sempre prevenido e alerta pode aumentar o nível da atividade cognitiva, e aumentar, também, o grau de negatividade do conteúdo e afeto associado com as cognições. Nos estudos da insônia e dos distúrbios do sono, a excitação cognitiva (preocupação, pensamentos intrusivos) mostra maior associação com as queixas de sono do que as excitações fisiológicas (Coren, 1988; Nicassio, Mendlowitz, Fussell & Petras, 1985). Um estudo de Lichstein e Rosenthal (1980) perguntava aos insones se eles atribuíam o sono de baixa qualidade à excitação cognitiva, à excitação somática, a ambas ou a nenhuma. Foi também pedido aos participantes que classificassem o distúrbio de ambas, excitações cognitiva e somática. Os resultados indicaram que mais da metade dos insones atribuíram suas dificuldades de sono, principalmente, à excitação cognitiva, enquanto apenas 5% atribuíram seus problemas principalmente à excitação somática, 35% relataram ambas e

5%, nenhuma. Em termos de distúrbio, a excitação cognitiva foi classificada como mais problemática do que a excitação somática. Adicionalmente, há alguma evidência (veja capítulo 10) de que as estratégias cognitivas sejam mais eficazes do que as somáticas na redução da latência do início do sono. Até que ponto esses fatores podem ser verdadeiros para os pesadelos pós--trauma crônicos, ainda não sabemos.

Conforme sugerido por Harvey, Jones e Schmidt (2003), os indivíduos que sofrem de pesadelos crônicos também podem interpretar de forma errada a qualidade e a quantidade de sono que eles conseguem ter, e suas cognições distorcidas podem estar refletidas nessa percepção equivocada. Esse equívoco é comumente visto nos insones e parece desempenhar um papel significativo na manutenção da insônia, ao longo do tempo. Morin, Blais e Savard (2002) avaliaram mudança de atitudes disfuncionais e crenças sobre sono após tratamento para insônia. Os tratamentos que foram comparados incluíam terapia cognitivo-comportamental (TCC), farmacoterapia e uma combinação de TCC e farmacoterapia, e pílulas placebo. Os resultados indicaram que, embora todos os tratamentos vigentes resultassem em aumento da eficiência do sono, as atitudes disfuncionais e as crenças diminuíram com os pré e pós-tratamentos somente para TCC e para o tratamento combinado. Além disso, os níveis das atitudes disfuncionais pós-tratamento e das crenças foram associados com a manutenção dos ganhos no tratamento, no acompanhamento, sugerindo a importância de abordar as distorções cognitivas no tratamento da insônia. Resta ainda ser visto qual papel se aplica às distorções cognitivas, que poderia ser desempenhado no tratamento de pesadelo pós--trauma crônico, embora muitos tratamentos bem-sucedidos, descritos no capítulo 5, incorporem componentes de reestruturação cognitiva.

Finalmente, muitas vítimas de trauma percebem que tiveram pouco controle, ou nenhum, com o que aconteceu com elas durante o trauma – e com razão. O problema é que essa linha de pensamento continua, e observamos clinicamente que as pessoas eventualmente começam a acreditar que não têm controle sobre grande parte de suas vidas. Frequentemente, suas emoções serão desreguladas de alguma forma, e elas ficam sem saber como controlá-las ou modulá-las. O medo da perda de controle pode ser o componente central das dificuldades pós-trauma para muitas pessoas. Esse medo e o senso de vulnerabilidade podem se intensificar quando a hora de dormir se aproxima. Muitos acreditam que temos um pequeno controle

Formulação teórica dos pesadelos pós-trauma

sobre o que ocorre quando estamos dormindo. Para alguém que precise ficar vigilante e prevenido, esse sentido de vulnerabilidade, aumentado pela inconsciência durante o sono, pode ser esmagador (Craske & Rowe, 1997). De fato, o medo da falta de controle durante o sono, combinado com uma noção geral de não ter muito poder ou controle em outras áreas da vida, mais o forte desejo de evitação, podem resultar em pessoas que pensam em "desistir", em função de seus pesadelos (Krakow & Zadra, 2006). Elas podem nem mencionar os pesadelos para os profissionais, nem procurar tratamento, porque acreditam, de verdade, que nada poderá ser feito. Acreditam também que os pesadelos não irão embora enquanto elas não forem capazes de processar o trauma até o fim (Krakow & Zadra, 2006). De fato, a noção de que os pesadelos podem ser controlados surpreendeu a todos os participantes de nossos estudos. Assim, o controle através do processo de reelaboração, ou expor-se com êxito ao pesadelo, pode ser o impulso primordial para a mudança no tratamento de pesadelos (veja os capítulos 5 e 10).

Canal comportamental

As reações comportamentais ao trauma em geral envolvem, principalmente, mecanismos de evitação. A evitação faz parte do transtorno de estresse pós-trauma e pode ser inicialmente adaptativa. Se uma mulher fosse estuprada por um conhecido, faria sentido ela ficar longe daquela pessoa. O problema que se desenvolve, entretanto, é que o medo é muitas vezes generalizado para coisas/pessoas/situações que não são perigosas (veja capítulo 1). A evitação, dessa maneira, acaba mantendo os problemas ao longo do tempo (Schnider, Elhai & Gray, 2007; Ullman, Townsend, Filipas & Starzynski, 2007). Por exemplo, uma vítima de estupro pode começar a ter medo e a evitar todos os homens, não somente aquele que cometeu o estupro. Evitação generalizada resulta em restrições na vida das pessoas, mantém a hipervigilância e não possibilita experiências emocionais neutralizantes. A evitação pode também ter um papel na manutenção dos pesadelos. Durante o dia, as pessoas podem ficar angustiadas por causa de um pesadelo que tiveram na noite anterior e evitar pensar sobre o conteúdo do pesadelo. Isso impede a oportunidade de pensar através do pesadelo, enfrentá-lo, e tentar realmente entender o que significou ou reformulá-lo.

Ziarnowski e Broida (1984) descobriram que "alguns veteranos sempre relatam, consciente e explicitamente, que evitam dormir somente para evitar os pesadelos. Especialmente angustiante, entretanto, é a imprevisibilidade de sua ocorrência" (p. 63). A maneira pela qual as pessoas tentam evitar o sono, ou evitar o medo e a ansiedade preventiva que precedem o sono, varia muito. A evitação pode incluir o uso de substâncias para conseguir dormir (por exemplo, álcool, pílulas para dormir), assistir à televisão na cama para tentar esquecer os pesadelos e evitar situações, lugares ou pessoas que lembrem os pesadelos e o evento traumático. Ao extremo, a evitação pode envolver tentativas para evitar o sono a ponto de exaustão. Uma paciente em nosso estudo relatou que conseguia trabalhar e limpar a casa, todas as noites, até ficar totalmente exausta, e só assim se deitar e pegar no sono imediatamente. Essas táticas podem ser vistas como comportamentos de segurança, comportamentos que são designados para diminuir a probabilidade de ter pesadelo, restringindo a quantidade de sono ou tentando conseguir pegar rapidamente no sono, deixando, assim, de se ter o sono ideal.

As maneiras com que as pessoas evitam o sono ou tentam melhorar o sono podem funcionar no início, mas não são capazes de continuar por muito tempo. Uma das evitações mais comuns que encontramos nos nossos estudos foi a bebida para pegar no sono mais rápido. Parte de nossa psicoeducação informa aos participantes que, embora o álcool possa inicialmente ajudá-los a dormir rapidamente, ele realmente pode aumentar a chance de distúrbio do sono e de pesadelos mais tarde no ciclo do sono. As pessoas que bebem antes de dormir terão mais sono em ondas lentas na parte inicial da noite e rebote do REM, excedendo o comprimento normal do REM, durante a segunda metade da noite. E também a combinação dos efeitos do álcool e a privação de sono podem deixar a pessoa pouco produtiva e sonolenta no dia seguinte. Além disso, ela desenvolve tolerância aos efeitos soporíferos do álcool, exigindo maior uso com o tempo e, portanto, exacerbando ainda mais os efeitos (para revisão, veja Roehrs & Roth, 2001).

As técnicas de evitação podem eventualmente vir a ser parte habitual da rotina do indivíduo, tornando-se mais um hábito do que um sintoma (Krakow, Johnston et al., 2001). Assim, é provável que ao invés de diminuir os pesadelos, a evitação desempenhe um papel fundamental na manutenção dos pesadelos ao longo do tempo. Por exemplo, embora não seja específico para pesadelos, Lawrence, Fauerbach e Munster (1996) avaliaram uma amostra de pacientes com queimaduras e descobriram que a evitação da alta prognosticava pensamentos intrusivos nos quatro meses de acompanhamento, depois que os sintomas intrusivos iniciais fossem controlados. Quando a evitação da alta foi controlada, os pensamentos intrusivos da alta não estavam associados com os pensamentos intrusivos dos quatro meses de acompanhamento.

O círculo vicioso. Assim, parece que, independentemente de como o impetuoso início para o desenvolvimento do pesadelo é conceituado, é o círculo vicioso que mantém o problema ao longo do tempo. Os pesadelos são caracterizados como aterrorizantes, e as pessoas sempre acordam sentindo-se muito angustiadas, com medo e com sintomas do pânico (por exemplo, batimentos cardíacos acelerados, sudorese, tremores). Essas respostas fisiológicas, juntamente com o conteúdo do sonho, podem servir de sinais do trauma que elevam o nível de excitação e angústia, especialmente, talvez, para os indivíduos com TEPT. Devido aos pesadelos, os indivíduos não conseguem ter a qualidade e quantidade de sono que precisam. Depois de acordarem do pesadelo, podem ter medo de voltar a dormir e ficarão acordados ou levarão algum tempo até que a excitação psicológica e cognitiva diminua, reduzindo a quantidade de sono, e quem sabe resultando em privação do sono. A confusão, a falta de concentração e a labilidade emocional, associadas com a privação do sono, além dos pensamentos do pesadelo (e quem sabe do próprio trauma), levam ao aumento de angústia e excitação durante o dia. O enfrentamento da evitação pode ser empregado para lidar com a angústia. Pensamentos de evitação sobre o conteúdo do pesadelo não permitem que seja processado e se compreenda o que significa; sem a oportunidade de assimilar o pesadelo, ele provavelmente será mantido. À medida que a noite se aproxima, os indivíduos podem sentir ansiedade preventiva – medo de ter outro pesadelo –, ficarem inseguros e acreditarem que não têm controle sobre eles mesmos. Isso pode ser exacerbado pelas cognições distorcidas e as conversas negativas com si mesmos, tais como: "Por que não consigo superar isso?", ou "Nunca serei capaz de dormir em paz", ou "Por que sou impotente para dar um basta nisso?". A excitação cognitiva aumenta a excitação psicológica. Os indivíduos podem se envolver em diversos comportamentos aprendidos de segurança, ou em hábitos de sono inadequados, para evitar o sono ou tentar garantir um sono mais profundo, sem pesadelos. Infelizmente, a excitação aumentada, a angústia e os comportamentos de segurança, embora algumas vezes eficazes por um tempo, podem na verdade aumentar a chance de terem outro pesadelo.

O senso de perda de controle e a frustração mental associada ao trauma também podem afetar a busca por ajuda, devido aos pesadelos e problemas de sono. A maioria das pessoas acredita que tem um pequeno controle sobre o que ocorre durante o sono. Elas nem se incluem na questão nem vão buscar tratamento, porque realmente acreditam que nada poderá ser feito. Alternativamente, elas creem que os pesadelos não vão passar até que consigam elaborar o trauma totalmente – em outras palavras, "se eu entender o que aconteceu comigo, os pesadelos vão embora". E sem tratamento, os círculos viciosos continuam.

Resumo

O conceito descrito anteriormente é em grande parte de natureza especulativa. Muitas pesquisas serão necessárias para determinar a legitimidade de fatores em cada componente do modelo específico para os pesadelos pós-trauma. É inevitável que, com a continuação da pesquisa, o modelo mude; esperamos, no entanto, que este seja um ponto de partida para futuras pesquisas.

CAPÍTULO 4

AVALIAÇÃO DO TRAUMA, PESADELOS E PROBLEMAS DO SONO

Pruiksma e Davis

O foco deste capítulo são os métodos de avaliação do trauma, TEPT, sono e pesadelos. Ressaltamos aqui a importância da avaliação em tratamentos para pesadelos; considerações para a avaliação; métodos de avaliação e sua aplicação para avaliar problemas do sono; e avaliações específicas para o trauma, TEPT, sono e pesadelos.

Como qualquer patologia, os indivíduos que relataram pesadelos são provavelmente muito diferentes em inúmeras variáveis, incluindo os sintomas associados, habilidades de enfrentamento, apoio social, recursos, história de trauma anterior e psicopatologia anterior e atual, para citar alguns. Por exemplo, os pesadelos podem constituir um transtorno em si ou de si mesmos, podem ser um sintoma associado a um transtorno de ansiedade ou de humor, ou estarem relacionados com o início da retirada dos medicamentos ou de drogas ilícitas. Embora saibamos que os tratamentos cognitivos-comportamentais breves são eficazes para indivíduos com pesadelos crônicos, ainda permanece obscuro quem é menos ou mais susceptível a esses benefícios, embora seja seguro dizer que a abordagem "tamanho único" não se justifique e que pode resultar em mais mal do que bem. Assim, uma avaliação mais ampla é o primeiro passo e o mais importante para determinar o plano de tratamento apropriado.

Capítulo 4

Considerações da triagem

Na prática clínica, a menos que os transtornos do sono sejam uma especialidade, há possibilidade de que os terapeutas já estejam atendendo os pacientes por outro motivo e sejam escolhidos para administrar a ERRT, se as queixas de pesadelo forem indicadas como sendo um problema proeminente. Entretanto, as considerações de uma triagem podem variar consideravelmente, dependendo se o paciente é novo ou se já faz tratamento. Para fins de nossos estudos, e para aumentar a generalização dos nossos resultados, usamos apenas alguns critérios de exclusão, que são psicose aparente ou retardo mental, ser menor de 18 anos, comportamentos de ideação suicida ativa ou parassuicida recente, ou atual dependente de droga/álcool. Esses critérios foram baseados em aspectos práticos do ambiente da pesquisa, e prática clínica (para informações adicionais sobre os critérios de exclusão, veja o capítulo 9). Embora a ERRT possa ter utilidade com pacientes que atendem a alguns desses critérios, ainda não foi avaliada como tal.

Apesar de séculos de interesse e pesquisas, os investigadores continuam desemaranhando questões relativas aos processos e funções do sono (Harvey, Jones & Schmidt, 2003; Vgontzas & Kales, 1999). Subsequentemente, a avaliação do sono e dos transtornos relacionados a ele, como os pesadelos crônicos, ainda é uma área em crescimento e refinamento. O DSM-IV-TR (APA, 2000) diferencia entre transtornos primários do sono e transtornos do sono associados com outras questões, como os transtornos do sono devido a uma condição médica geral e os transtornos do sono induzidos por substância. Além disso, a Classificação Internacional dos Transtornos do Sono, Revisado: Manual de Diagnóstico e Codificação (Associação Americana dos Transtornos do Sono [ASDA], 2001), inclui uma categoria principal para os transtornos do sono, com transtornos médico ou psiquiátrico, além das categorias de dissonias e parassonias. De acordo com o DSM-IV-TR, "os transtornos mentais mais frequentemente associados com os transtornos do sono são os transtornos do humor e de ansiedade (APA, 2000), e presume-se que 'o mecanismo patofisiológico', responsável pelo transtorno mental, também afeta a regulação sono-vigília" (p. 597).

Os pesadelos são associados com o TEPT e outros transtornos de ansiedade (por exemplo, transtorno de ansiedade generalizada), delírio, esquizofrenia, transtorno do humor (por exemplo, depressão, mania e transtorno afetivo sazonal), transtornos de adaptação e da personalidade (APA, 2000; Bootzin, Manber, Loew, Kuo & Franzen, 2004). O DSM-IV-TR (APA, 2000) inclui diagnósticos do transtorno de pesadelo e transtorno do terror do sono, na categoria de parassonia. Os pesadelos e os terrores do sono (também referidos como "terrores noturnos") são muitas vezes confusos e os termos são sempre usados alternadamente. No entanto, há importantes diferenças, conforme descritas no capítulo 2, e essas parassonias deveriam ser diferenciadas durante a avaliação, para estabelecer um plano de tratamento adequado.

Métodos de avaliação

Existem diversas abordagens para avaliar o sono e os problemas relacionados a ele. A avaliação objetiva do sono inclui avaliação em laboratório (i.é., polissonografia) e actigrafia, e a avaliação subjetiva inclui questionários retrospectivos de autorrelato, diários ou registros do sono prospectivo, e entrevistas semiestruturadas. Outros métodos (não incluídos nesta revisão) envolvem observações feitas pelas enfermeiras em hospitais e avaliações completas dos companheiros de quarto. Nesta seção, vamos discutir diversos métodos de avaliação do sono e pesadelos, e avaliar as vantagens e desvantagens de cada um. Nas seções seguintes, descrevemos as ferramentas específicas para avaliação do trauma, TEPT, sono e pesadelos.

Avaliações do sono em laboratório

A polissonografia é considerada o "padrão ouro" da avaliação do sono (Harvey et al., 2003) e de certos transtornos do sono, como apneia do sono (Bastien, Vallières & Morin, 2001). A polissonografia (PSG) envolve a colocação de eletrodos no couro cabeludo, músculos e olhos, para monitorar "a atividade elétrica cerebral (eletroencefalograma, EEG), movimento dos olhos (eletrooculograma, EOG) e tônus muscular (eletromiografia, EMG)" (Harvey et al., 2003, p. 379). Os padrões na atividade elétrica diferenciam os estágios do sono, e o resultado é utilizado em estudos de padrões do sono de vários transtornos do sono (Bear, Connors & Paradiso, 2006). Smith, Nowakowski, Soeffing, Orff e Perlis (2003) forneceram descrição detalhada da PSG, e a Academia Americana da Medicina do Sono mantém parâmetros detalhados da prática para o uso apropriado da PSG (Kushida et al., 2005).

A PSG é indolor e fornece dados precisos relativos às atividades de ondas cerebrais e outras mudanças fisiológicas durante a noite. Essas medidas têm objetivo estabelecido, definições fisiológicas do início do sono e os estágios do sono (Harvey et al., 2003), e muitas vezes são utilizadas para fornecer provas para avaliação das medidas psicométricas do sono, tais como Índice da Qualidade do Sono de Pittsburg (Buysee, Reynolds, Monk, Berman & Kupfer, 1989), discutidas abaixo.

Entretanto, há limitações associadas com a avaliação do sono em laboratório (Spoormaker, Schredl & van den Bout, 2006). A PSG não é rotineiramente indicada para todos os transtornos do sono, incluindo "casos de parassonia típica, sem complicações e sem prejuízo, quando o diagnóstico é claramente delineado" (Kushida et al., 2005, p. 499). E também a PSG ocorre em um ambiente muito diferente da situação de sono normal do examinando. Os efeitos dessa diferença não são completamente entendidos em pessoas expostas a trauma. O termo *efeitos da primeira noite* refere-se à situação na qual o sono é mais perturbado na primeira noite da avaliação, em relação às noites seguintes (Woodward, Bliwise, Friedman & Gusman, 1996). Muitas vezes, os resultados da primeira noite são descartados, para reduzir os efeitos do sono numa situação de laboratório. No entanto, os indivíduos em regime de internamento, especialmente indivíduos com TEPT ou depressão, podem não apresentar os efeitos da primeira noite, pois já estão afastados de seus ambientes de sono característicos. Além disso, as pessoas expostas a trauma podem conseguir dormir melhor no ambiente de laboratório, longe dos sinais condicionados de sono de má qualidade de seus próprios quartos (Woodward et al., 1996). Adicionalmente, os pesadelos talvez não possam ser observados devido às poucas noites de sono no laboratório (Bootzin et al., 2004; Germain & Nielsen, 2003a; Woodward et al., 1996). Spoormaker e colaboradores (2006) sugerem que, quando o laboratório do sono for utilizado para avaliar pesadelos, será melhor realizar gravações por um período de tempo maior, para permitir o ajuste ao ambiente. Entretanto, as avaliações no laboratório do sono são caras e requerem uma quantidade substancial de tempo e monitoramento durante a noite. Devido a essas complicações, os dados não podem ser tipicamente reunidos por um longo período, limitando a prática da PSG para a avaliação do pesadelo. A polissonografia feita em casa é uma área em desenvolvimento que poderia ser útil para superar essas limitações (Germain, Hall, Shear, Nofzinger & Buysse, 2006).

Actigrafia

Como uma alternativa às avaliações no laboratório do sono, o actígrafo está sendo cada vez mais usado para avaliar o sono (Littner et al., 2003). Esse equipamento é usado quando o objetivo é monitorar o ciclo sono-vigília a noite toda (por exemplo, latência do sono, tempo acordado para o início do sono, tempo total de sono; Bootzin et al., 2004). As medições do actígrafo são feitas baseadas nas atividades e inatividades durante a noite toda. O sono é indicado com a ausência de movimentos durante a noite, e os períodos de vigília são indicados com a presença de movimento durante a noite. Os actígrafos utilizam "acelerômetros para detectar o movimento do pulso (alternativamente para tornozelo e tronco), fazendo diversos registros por segundo. Esses dados ficam armazenados no actígrafo por várias semanas" (Littner et al., 2003, p. 338) e é subsequentemente transferido para um computador.

Os actígrafos não são caros em relação à PSG (Smith, Nowakowski, Soeffing, Orff & Perlis, 2003) e fornecem dados objetivos por um longo período (semanas ou meses), ao contrário de apenas algumas noites (1 a 3 noites) no laboratório do sono. A actigrafia também pode ser usada durante o dia, para monitorar os padrões atividade-repouso. A actigrafia não é invasiva e não atrapalha os movimentos naturais do examinando. Um esforço mínimo é solicitado ao examinando, que é o de maior submissão (Smith et al., 2003).

Entretanto, a Academia Americana de Medicina do Sono, Parâmetros Práticos (Littner et al., 2003) sugere que "a actigrafia é confiável e válida para a detecção do sono em condições normais, nas populações de adultos saudáveis", e que ainda não é "indicada para diagnósticos de *rotina*, avaliação da seriedade, ou tratamento de qualquer distúrbio do sono" (p. 338), inclusive pesadelos. É preciso mais pesquisa para estabelecer a confiabilidade e a validade da actigrafia, para detectar e monitorar os examinandos com transtornos do sono, incluindo pesadelos.

Autorrelato retrospectivo

As avaliações por autorrelatos são as medidas mais amplamente utilizadas em muitas áreas da psicologia (Kazdin, 2003), incluindo as características dos pesadelos (Spoormaker et al., 2006). As avaliações retrospectivas por autorrelato medem as experiências passadas de sono, enquanto as medidas prospectivas, tais como diários do sono (discutidos a seguir), são administradas repetidamente por um longo período. Medidas retrospectivas não são caras, não requerem treinamento e, na maioria das vezes, não consomem muito tempo.

No entanto, medidas autorrelatadas ficam vulneráveis a muitas fontes de interferências. Smith, Nowakowski, Soeffing, Orff e Perlis (2003) observaram que os pacientes provavelmente contam com várias heurísticas, tais como a primazia, recenticidade e projeção, quando é solicitado que estimem as experiências de sono típico (ou a média). Smith e colaboradores explicam que "os sujeitos podem estimar como têm dormido, baseados não em sua média pessoal, mas na pior das hipóteses (proeminência), como dormiram na noite passada (recência) ou como dormiram na primeira noite do acréscimo de tempo em questão (primazia)" (p. 32). Os pesquisadores também observaram que os indivíduos com transtorno do sono, provavelmente, irão superestimar ou subestimar seu sono (Mc-Call & Edinger, 1992; Trajanovic, Radivojevic, Kaushansky & Shapiro, 2007). Na estimativa da frequência de pesadelo, Spoormaker e colaboradores (2006) observaram que a avaliação retrospectiva dos pesadelos pode subestimar a frequência do pesadelo (veja capítulo 2).

Em geral, a precisão das medidas retrospectivas pode ser questionável. Entretanto, as medidas retrospectivas são também ferramentas valiosas e práticas. A utilidade das medidas retrospectivas vai depender do propósito da avaliação. Por exemplo, Smith e colaboradores (2003) sugerem que as medidas retrospectivas do autorrelato são as mais úteis na prática clínica e em projetos de pesquisa entre sujeitos, mas são menos úteis como sistema de medidas pré e pós.

Autorrelato prospectivo

Os autorrelatos prospectivos, tais como os diários e registros do sono, são considerados padrão ouro para a avaliação da frequência de pesadelo (Robert & Zadra, 2008) e são os únicos em que o examinando faz registro frequente dos comportamentos específicos ou experiências, em um espaço curto de tempo. No caso de avaliações do sono e de pesadelo, os entrevistados são sempre solicitados a completar seus diários a cada manhã, a cada noite, ou ambos. Os diários e registros de sono podem ser feitos na forma de checklists ou narrativas (Robert & Zadra, em impressão).

Os diários e registros do sono reduzem o período de referência do tempo a um intervalo gerenciável. Os examinandos não precisam fornecer a média ou a estimativa total de suas experiências. A conclusão da avaliação de como os comportamentos/experiências ocorrem, ou logo em seguida reduzem as chances de interferências, ou as distorções de memória irão influir nas respostas (Spoormaker et al., 2006). As medidas prospectivas do sono também permitem a análise de contingência (Smith, Nowakowski, Soeffing, Orff & Perlis, 2003) – ou seja, o terapeuta e o paciente podem examinar se os problemas com o sono da noite estão relacionados a certos comportamentos diurnos, sugerindo intervenção para modificá-los. Por exemplo, tomar álcool de noite está relacionado à qualidade inferior de sono daquele indivíduo? Essas avaliações não têm qualquer custo e requerem treinamento mínimo, ou nenhum.

Considerando que os diários e registros prospectivos do sono reduzem a vulnerabilidade de interferências, em comparação às medidas retrospectivas de autorrelato, a precisão ainda é questionável. O próprio ato de monitorar um determinado comportamento pode influenciar a ocorrência desse comportamento. Por exemplo, se os pacientes sabem que seus comportamentos no sono serão registrados, eles podem, intencionalmente ou não, mudar certos hábitos (por exemplo, tomar remédio para dormir, mudar a hora de ir dormir) para fazer com que os resultados sejam melhores ou piores. Tem sido sugerido também que manter um registro do sonho pode tanto aumentar a lembrança e a frequência real do sonho como provocar pesadelo (Spoormaker et al., 2006). Outra consideração com os registros de sono é conseguir uma boa concordância dos pacientes, uma vez que essas avaliações requerem frequente concordância (Smith, Nowakowski, Soeffing, Orff & Perlis, 2003). Eles podem não seguir as orientações precisamente, ou podem se esquecer ou se recusar a completar a avaliação regularmente (Bootzin et al., 2004). Os indivíduos podem ser especialmente resistentes para registrar diariamente um evento nocivo, como um pesadelo (Neidhardt, Krakow, Kellner & Patnak, 1992).

Entrevistas semiestruturadas

As entrevistas semiestruturadas são normalmente administradas por entrevistadores treinados e são compostas de questões específicas, e classificação para cada questão. As entrevistas semiestruturadas garantem que o terapeuta pergunte a respeito de uma série de questões relevantes e permitem esclarecimentos e questionamentos no acompanhamento. Isso pode ampliar o alcance da informação colhida no período da avaliação, e a interação com o paciente pode fornecer importantes informações comportamentais e interpessoais. As entrevistas estruturadas requerem treinamento por parte do terapeuta, avaliação psicométrica adicional para determinar a confiabilidade interavaliadores, e mais tempo para administrar do que os autorrelatos.

Ferramentas de avaliação

Na seção anterior, descrevemos vários métodos para avaliar problemas. A seguir faremos uma breve revisão para trauma e TEPT, e depois serão descritas avaliações específicas para o sono e pesadelos.

Trauma

Dada a significativa proporção da população que se expõe a trauma na vida, e o resultado adverso do impacto, uma avaliação abrangente do trauma deve ser uma prática usual nas clínicas de saúde mental e física. Embora o trauma, ou suas consequências, seja o problema pelo qual os indivíduos busquem ajuda, as pessoas não contam seu trauma, a menos que seja solicitado. Mesmo que um paciente se apresente com um evento traumático específico, é importante realizar uma avaliação completa para determinar sua experiência de vida com vários eventos traumáticos. Numerosos estudos indicam que experimentar múltiplos traumas pode resultar em um impacto cumulativo negativo no funcionamento de um indivíduo (Cohen, Hien & Batchelder, 2008; McGuigan & Middlemiss, 2005; Mullen et al., 1996; & Batchelder, 2008; McGuigan & Middlemiss, 2005; Mullen et al., 1996; Wind & Silvern, 1992), e o efeito de cada trauma deveria ser considerado. Além disso, certas características do trauma (por exemplo, ameaça de morte ou lesão corporal, lesão física real, frequência, duração) estão associadas a efeitos piores e são, assim, áreas relevantes para avaliação (Halligan & Yehuda, 2000; Kilpatrick, Saunders, Amick-McMullen, Best, Veronen & Resnick, 1989).

Muitas entrevistas e medidas de autorrelatos estão disponíveis atualmente para avaliar experiências traumáticas. Gray e Slagle (2006) revisaram recentemente diversas ferramentas disponíveis para avaliar o tipo e a natureza dos eventos traumáticos. A utilidade dessas ferramentas para um profissional particular irá depender amplamente dos recursos disponíveis (por exemplo, tempo, pessoal de apoio, financeiro). A frequência do uso de várias ferramentas que avaliam a exposição ao trauma e TEPT foi recentemente examinada (Elhai, Gray, Kashdan & Franklin, 2005). Os resultados indicaram que as medidas mais utilizadas para avaliar a exposição a trauma incluem a Escala para Diagnóstico do Estresse Pós-Trauma (Foa, Riggs, Dancu & Rothbaum, 1993), *Checklist* dos Eventos de Vida (Gray, Litz, Hsu & Lombardo, 2004), Avaliação Detalhada de Estresse Pós-Trauma (Briere, 2001) e Escala de Exposição ao Combate (Keane, Fairbank, Caddell, Zimering, Taylor & Mora, 1989).

Transtorno de estresse pós-trauma

Os problemas mental e físico são sempre mais severos na presença do TEPT. Numerosas entrevistas e medições de autorrelatos, administradas por terapeutas, estão disponíveis para avaliar os sintomas e diagnóstico do TEPT. Se o tempo e os recursos permitirem, uma entrevista administrada por terapeuta pode fornecer a mais válida e confiável informação. A CAPS (Blake et al., 1990) está entre as que mais utilizam entrevista (Elhai et al., 2005) e é amplamente considerada como "padrão ouro" para avaliar o TEPT. Uma característica única da CAPS é que está projetada para apresentar tanto as informações contínuas (por exemplo, seriedade) quanto as dicotômicas (por exemplo, diagnóstico). A CAPS avalia a presença e a seriedade de 17 sintomas de TEPT, que compreendem o diagnóstico do DSM-IV, sintomas associados e sintomas do impacto funcional. A medida avalia a semana anterior, o mês anterior e a presença vitalícia do transtorno. O módulo da Entrevista Clínica Estruturada para o DSM-IV (CIDS; First, Spitzer, Gibbon & Williams, 1996) avalia a presença ou a ausência de cada sintoma do TEPT no DSM-IV. É solicitado aos entrevistados que avaliem os sintomas em termos de suas "piores" experiências de trauma, e esses sintomas são avaliados na escala de 3 pontos (ausente/falso, subliminares, limiar/verdadeiro). A principal limitação da ICSD é sua restrição à presença ou ausência de sintomas, sem considerar a frequência e a seriedade dos sintomas, as características associadas ou o impacto dos sintomas.

Devido à restrição do tempo e dos recursos, muitos profissionais preferem usar os questionários de autorrelato. Elhai e colaboradores (2005) determinaram que as medidas mais usadas de autorrelato para avaliar os sintomas de TEPT incluem o Inventário dos Sintomas do Trauma (Briere, 1995), o *checklist* do TEPT (Weathers, Huska & Keane, 1991) e a Escala de Diagnóstico de Estresse Pós-Trauma (PDS; Riggs et al., 1993). O Inventário dos Sintomas do Trauma (TSI) não dá o diagnóstico de TEPT nem avalia os sintomas diretamente, porém avalia ampla gama de problemas pós-trauma. O TSI inclui 3 subescalas de validade (Respostas Atípicas, Nível de Resposta e Respostas Inconsistentes) e 10 escalas clínicas (Ansiedade, Excitação, Depressão, Raiva/Irritabilidade, Experiências Intrusivas, Evitação Defensiva, Dissociação, Questões Sexuais, Comportamento Sexual Disfuncional, Autorreferência prejudicada e Comportamento de Redução da Tensão). O *Checklist* do TEPT (PCL) tem duas versões, a militar e a civil, assim como uma versão designada para avaliar uma única experiência de estresse. A PCL inclui 17 itens correspondentes ao critério do DSM-IV, que são avaliados em uma escala de 5 pontos que vai de 1 (nenhum) a 5 (extremamente).

A PDS (Foa, Cashman, Jaycox & Perry, 1997) inclui uma avaliação de todos os critérios do TEPT e os efeitos dos sintomas no funcionamento diário. A PDS concede total escore de seriedade, e o diagnóstico pode ser determinado baseado no critério encontrado. Outra medida de autorrelato é a Escala dos Sintomas do TEPT Modificada (MPSS-SR; Resick, Falsetti, Resnick & Kilpatrick, 1991). A MPSS-SR é uma escala de modificação do sintoma de TEPT, desenvolvida por Foa e colaboradores (1993). Foi modificada para incluir uma avaliação dos sintomas do TEPT. A MPSS-SR pode ser usada para determinar um diagnóstico de TEPT.

Como dito acima, raramente os pacientes reclamam somente dos sintomas de TEPT. De fato, numerosos estudos, incluindo estudos epidemiológicos, encontram significativa comorbidade com o TEPT. Entre as condições de comorbidade mais comuns, que são importantes para avaliar, estão o uso de substâncias (abuso ou dependência), depressão, outros transtornos de ansiedade ou sintomas, problemas no funcionamento interpessoal e disfunção sexual (Kessler et al., 1995). Falsetti (1997) sugere também incluir avaliações de suporte social, cognições e atribuições causais, e descreve várias ferramentas de avaliação para serem usadas nessa área.

Sono

Existem muitas avaliações disponíveis sobre o sono. Diversos pesquisadores estabeleceram parâmetros gerais para a avaliação do sono. Bootzin e colaboradores (2004) sugerem que um exame adequado do sono deveria incluir o histórico da saúde (incluindo o histórico do problema atual), histórico da medicação, histórico social e histórico dos problemas de sono da família. Devido à grande amplitude de avaliações disponíveis, comentaremos algumas que foram selecionadas. Ademais, embora o sono e os pesadelos estejam intimamente ligados, as avaliações do sono muitas vezes não incluem avaliação de pesadelos. Entretanto, no próximo comentário, destacamos aquelas avaliações do sono que incluem itens que se referem a parassonias e discutiremos o grau em que os pesadelos são avaliados. A seção seguinte comenta as avaliações que são específicas para os pesadelos.

Devine, Hakim e Green (2005) conduziram uma revisão sistemática dos resultados das medidas do sono. Os autores propõem que a disfunção do sono pode ser classificada em quatro amplos domínios: iniciação do sono, manutenção do sono, adequação do sono e sonolência (diurna). Os autores identificaram 22 avaliações do sono com conteúdo nessas quatro áreas, e examinaram a confiança, validade, capacidade de resposta (sensibilidade para medir as mudanças em uma população ao longo do tempo) e interpretabilidade (compreensibilidade dos resultados), de acordo com os critérios propostos pelo Comitê Consultivo Médico Científico da Confiança nos Resultados (2002). Embora nenhuma ferramenta tenha atendido aos critérios propostos pelos autores, as medidas que seguem foram determinadas a se adequarem aos itens que eles incluíram, que medem os quatro aspectos do sono: Questionário Nórdico Básico do Sono (Partinen & Gislason, 1995), Questionário de Leeds de Avaliação do Sono (Parrot & Hindmarch, 1978), Estudo dos Resultados Médicos – Medidas de Problemas de Sono (Hays & Stewart, 1992), Diário do Sono de Pittsburg (Monk, Reynolds & Kupfer, 1994), Índice da Qualidade do Sono de Pittsburg (Buysse, Reynolds, Monk, Berman & Kupfer, 1989), Questionário de Autoavaliação do Sono (Morriss et al., 1993; Morriss, Wearden & Battersby, 1997) e Questionário de Insatisfação do Sono (Coyle & Watts, 1991). Iremos descrever as três medidas mais frequentemente citadas de autorrelatos que avaliam os quatro importantes domínios do sono identificados por Devine e colaboradores (2005), e três medidas adicionais não incluídas em suas revisões (i.e., Índice da Qualidade do Sono de Pittsburg – Adendo [PSQI-A; Germain, Hall, Krakow, Shear & Bussye, 2005], Questionário de Avaliação do Sono Global [Roth et al., 2002], e Questionário SLEEP-50 [Spoormaker, Verbeek, van den Bout & Klip, 2005]).

Questionário Nórdico Básico do Sono

O Questionário Nórdico Básico do Sono (BNSQ; Partinen & Gislason, 1995) foi desenvolvido em 1988 pela Sociedade Escandinava de Pesquisa do Sono, para fornecer uma medida padronizada da apneia do sono e do ronco, visando estabelecer comparações válidas através dos estudos. Essa avaliação consiste em 27 itens que medem a frequência dos sintomas relacionados à apneia do sono e ao ronco. Essa medida tem sido largamente utilizada, principalmente nos países nórdicos (Partinen & Gislason, 1995); no entanto, tem recebido avaliação psicométrica inadequada (Devine et al., 2005).

Questionário de Leeds de Avaliação do Sono

O Questionário de Leeds de Avaliação do Sono (Parrot & Hindmarch, 1978) foi desenvolvido principalmente para avaliar o sono em estudos de drogas hipnóticas. A medida consiste em 10 itens que avaliam a facilidade de pegar no sono, qualidade percebida de sono, facilidade de despertar do sono e o comportamento matinal após o despertar. A validação da pesquisa tem sido conduzida com essa medida, e amplamente usada. No entanto, os coeficientes de confiabilidade não têm sido relatados (Devine et al., 2005).

Índice da Qualidade do Sono de Pittsburg

Buysse, Reynolds, Monk, Berman e Kupfer (1989) desenvolveram o Índice da Qualidade do Sono de Pittsburg, especialmente para o uso com a população clínica. A medida consiste em 19 itens relacionados em uma escala de 5 pontos. Esses itens dispõem sete componentes de pontuações: qualidade subjetiva do sono, latência do sono, duração do sono, eficácia habitual do sono, distúrbios do sono, uso de medicamento para dormir e disfunção diurna. Os autores relataram instruções simples de pontuação e determinaram a nota de corte dos 5 pontos entre "bons" e "maus" dorminhocos. Os autores relataram confiabilidade interna global de .83, confiabilidade teste-reteste de .85 para índice global, e confiabilidade teste-reteste variando de 0.65 a 0.84 para escores dos componentes durante uma média de 28,2 dias (intervalo: 1 a 265 dias). Para determinar a validade, os autores compararam os escores do grupo PSQI com vários problemas (por exemplo, depressão, transtornos de iniciar e manter o sono, transtornos de sonolência excessiva) e um grupo controle, e compararam os escores de PSQI com polissonografia. Concluíram que "a validade do índice está apoiada na habilidade de discriminar pacientes e controles, e, a um grau mais limitado, os achados concorrentes da polissonografia" (p. 201); no entanto, o PSQI não é útil para fazer distinção entre os transtornos do sono. O PSQI tem sido largamente usado nos estudos e clínicas de pesquisa do sono, e é útil para monitorar mudanças na qualidade do sono e para alertar os profissionais sobre possíveis transtornos do sono (Buysee, Reynolds, Monk, Berman & Kupfer, 1989).

Índice da Qualidade do Sono de Pittsburg – Adendo

O Índice da Qualidade do Sono de Pittsburg – Adendo (PSQI-A; Germain et al., 2005) foi desenvolvido como um adendo ao Índice da Qualidade do Sono de Pittsburg (Buysse, Reynolds, Monk, Berman & Kupfer, 1989), discutido acima, para avaliar a frequência dos comportamentos perturbadores noturnos, específicos para TEPT. Os autores sugerem que o PSQI-A poderia ser utilizado como uma ferramenta de triagem para determinar se os indivíduos com queixas de sono precisam ser avaliados para o TEPT. O PSQI-A consiste em sete questões formatadas similarmente aos itens do PSQI, que determinam a "frequência de ondas de calor; nervosismo em geral; memórias ou pesadelos da experiência traumática; ansiedade grave ou de pânico, não relacionadas com as memórias traumáticas; pesadelos não relacionados com memórias traumáticas; episódios de terror ou gritar durante o sono, sem despertar totalmente; e episódios fora dos sonhos, como chutes, socos, correr ou gritar" (Germain et al., 2005, p. 235). O PSQI e o PSQI-A foram administrados a 168 mulheres com TEPT e comportamentos noturnos perturbadores, e a um grupo controle de 63 mulheres saudáveis. Germain e colaboradores relataram confiabilidade interna de 0.85 e validades convergentes de 0.53, com o escore global na CAPS (Blake et al., 1990) e 0.51 com a CAPS com os itens do sono removidos. Reportaram também validades convergentes de 0.56 com o escore global da Escala de Entrevista dos Sintomas de TEPT (PSS-I; Foa, Riggs et al., 1993) e .49 com a PSS-I com os itens do sono removidos. Os autores relataram que a nota de corte diferencia entre os casos de TEPT e os casos de não TEPT, com uma sensibilidade de 94%, uma especificidade de 82% e poder preditivo positivo de 93%.

Com o propósito de avaliar a frequência dos pesadelos, o PSQI-A tem diversas limitações. Primeira, a pergunta relacionada aos pesadelos pós-trauma também é feita para a frequência de memória do trauma. Entretanto, a resposta de um paciente pode refletir a ocorrência de pesadelos, memórias, ou ambos. Segunda, as propriedades psicométricas do PSQI-A têm sido avaliadas apenas com mulheres sobreviventes de agressão sexual. É necessário que se faça pesquisa com outras populações.

Questionário de Avaliação do Sono Global

Roth e colaboradores (2002) desenvolveram o Questionário de Avaliação do Sono Global (GSAQ) para aperfeiçoar as medidas disponíveis. Especificamente, os autores designaram o GSAQ como uma ferramenta confiável e válida para distinguir entre os seguintes transtornos do sono: insônia, insônia associada com transtorno mental, apneia do sono obstrutiva, síndrome da perna inquieta, transtorno periódico do movimento do membro, parassonias e transtorno do sono por turno de trabalho. Um teste-reteste foi dirigido durante uma média de 12,6 dias. Os resultados indicaram que as taxas de confiabilidades do teste-reteste foram de .51 (parassonias) para .92 (transtorno do sono por turno de trabalho) e as sensibilidades e especificidades de 79% e 59% para insônia primária, 83% e 51% para insônia associada com a doença mental, 93% e 58% para apneia do sono obstrutiva, 93% e 52% para transtorno dos movimentos periódicos do membro, e 100% e 49% para parassonias. Vale a pena mencionar as diversas limitações dessa medida. Embora a medida tenha demonstrado avaliação válida de diversos transtornos do sono, não diferencia parassonias (i.é., pesadelos pós-trauma, pesadelos idiopáticos e terrores noturnos), e o grupo de parassonia teve a menor confiabilidade no teste-reteste. Os autores sugerem que essa baixa correlação é devida à variabilidade limitada. Além disso, o tamanho da amostra do grupo com diagnóstico de parassonia foi relativamente menor, comparada com os grupos com outros diagnósticos. Somente poucos participantes saudáveis estavam incluídos nesse estudo, e assim a medida tem validade desconhecida entre as pessoas sem transtornos do sono, além de necessitar de questões relacionadas à narcolepsia (Spoormaker et al., 2005).

Questionário SLEEP-50

O Questionário SLEEP-50 (Spoormaker et al., 2005) foi desenvolvido para avaliar os transtornos do sono, conforme listados no DSM-IV-TR (APA,

2000), para distinguir os transtornos do sono das queixas subclínicas do sono e avaliar outros fatores que influenciam o sono. O SLEEP-50 consiste em 50 itens pontuados em uma escala de Likert de 4 pontos, conforme a seriedade do sintoma (1 = nenhum, 2 = um pouco, 3 = bastante, 4 = muito), para as quatro semanas anteriores à avaliação, e 2 itens adicionais para avaliar a qualidade subjetiva geral do sono e o tempo de sono. Os itens compõem nove subescalas: Apneia do Sono, Insônia, Narcolepsia, Pernas Inquietas/Movimentos Periódicos do Membro, Transtorno do Sono do Ritmo Circadiano, Sonambulismo, Pesadelos, Fatores que Influenciam o Sono e Queixas do Impacto do Sono no Funcionamento Diário. Essa avaliação do sono inclui itens relativos a pesadelos, mas não requer informações suficientes para distinguir entre pesadelos pós-trauma e idiopáticos. Alguns itens (por exemplo, "Lembro-me do conteúdo desses sonhos" e "Consigo me orientar rapidamente depois desses sonhos" [p. 245]) podem ajudar o terapeuta a diferenciar entre pesadelos e terrores noturnos, mas a avaliação não diferencia diretamente as duas parassonias. Os autores relatam uma consistência interna de .85 em uma amostra de estudantes universitários de graduação, um teste-reteste geral de confiabilidade de 7.8 e a escala de teste-reteste de confiabilidade marcando .65 (Escala de Sonambulismo) para 8.9 (Pesadelos), ao longo de um período de três semanas, entre os estudantes de nível de mestrado e pós-graduação. A validade do constructo foi avaliada através de análise dos principais componentes e revelou uma "estrutura de fatores que se assemelhava muito com a estrutura originalmente concebida" (p. 242). Análises preliminares também foram dirigidas para avaliar a validade preditiva. Os componentes psicométricos do SLEEP-50 são introdutórios, mas o SLEEP-50 é uma ferramenta promissora para distinguir e diagnosticar os diferentes transtornos do sono.

Registro das Atividades do Sono Modificadas Diariamente

Davis, Wright e Borntrager (2001) utilizam o Registro das Atividades do Sono Modificadas Diariamente (adaptado de Thompson, Hamilton & West, 1995), que consiste em sete dicótomos (sim/não) e de questões da escala-Likert que se dirigem ao sono e experiência de pesadelo, a cada noite, durante o tratamento. O registro de atividade é simples e curto, o que aumenta a probabilidade de concordância, e é útil para acompanhar de perto a experiência do sono. Davis e colaboradores também relataram validades convergentes de 0.82 pelas noites com pesadelos e 0.81 pelo número de pesadelos com o Estudo do Trauma Relacionado a Pesadelo.

Diário do Sono de Pittsburg

O Diário do Sono de Pittsburg (Monk et al., 1994) é o único diário do sono identificado por Devine e colaboradores (2005) com propriedades adequadas, conforme descritas antes. O Diário do Sono de Pittsburg consiste em componentes a serem completados na hora de dormir (relativos aos eventos do dia) e ao despertar (relativos à noite de sono que passou). O Diário de Sono de Pittsburg é sensível aos padrões de sono, atribuível aos finais de semana, sexo, idade, personalidade e tipo circadiano, e os autores reportam validade adequada com as medidas do actígrafo. O Diário do Sono de Pittsburg é útil na quantificação dos comportamentos do sono e vigília e pode fornecer informações importantes com relação ao tratamento.

Questionário do Transtorno do Sono

O Questionário do Transtorno do Sono (SDQ; Douglas et al., 1994) é uma entrevista administrada por terapeuta, que consiste em 175 itens adaptados do Questionário do Sono da Universidade de Stanford e Avaliação da Vigília (Guilleminault, 1982). As respostas são feitas em uma escala de 5 pontos sobre as quatro semanas anteriores à avaliação. Os autores modificaram o SDQ, a fim de desenvolver quatro escalas de diagnóstico clínico, para avaliarem a apneia do sono, narcolepsia, distúrbio do sono psiquiátrico e distúrbio de movimento periódico do membro. O grupo do transtorno de sono psiquiátrico consistiu em participantes diagnosticados com esquizofrenia e depressão. Não está claro se os participantes foram selecionados com outros diagnósticos, tais como TEPT. Para as escalas de diagnóstico clínico, os autores relatam confiabilidade do teste-reteste de 0.84 para apneia do sono, 0.75 para narcolepsia, 0.85 para transtorno do sono psiquiátrico e 0.82 para o transtorno dos movimentos periódicos do membro, ao longo de quatro meses. O SDQ tem algum suporte como ferramenta de triagem para quatro categorias de transtornos do sono. No entanto, os autores relatam um tempo de administração de 30 minutos, o que pode limitar a praticidade e a utilidade da avaliação (Spoormaker et al., 2005).

Pesadelos

Diversas avaliações de pesadelos têm sido desenvolvidas. Cada uma objetivando características diferentes dos pesadelos. Algumas dizem respeito ao conteúdo dos pesadelos, enquanto outras se concentram na frequência e seriedade dos pesadelos.

Escala de Classificação do Sonho

Esposito, Benitz, Barza e Mellman (1999) desenvolveram a Escala de Classificação do Sonho (DRS) para acompanhar os conteúdos dos sonhos de indivíduos com TEPT, a fim de delinear as características de pesadelos dos veteranos de guerra com TEPT. Depois de ouvirem um relato detalhado do pesadelo, os avaliadores treinados classificaram o sonho em uma escala que vai de 0 a 4 em vários domínios. Especificamente, a avaliação calcula o grau de semelhança entre o pesadelo e a experiência traumática, que diz respeito à configuração do pesadelo, personagens e objetos no pesadelo, grau de ameaça evidente ao sonhador, contemporaneidade (i.é., passado, presente ou futuro), e grau de distorção dos eventos reais ou plausíveis. Embora os autores relatem respeitável confiabilidade (variando de 0.93 a 0.99), as medidas de validade da DRS são inadequadas, e a DRS tem utilidade clínica limitada. A DRS requer treinamento substancial, é demorada e não fornece informações relevantes para avaliar o progresso do tratamento.

Escala de Angústia do Pesadelo

A Escala de Angústia do Pesadelo (Belicki, 1992) avalia a frequência estimada dos pesadelos do ano anterior à avaliação, e o grau de angústia associado com as experiências dos pesadelos. Consiste em 13 itens respondidos na escala de 5 pontos de Likert, com confiabilidade interna variando de 0.83 a 0.88, em quatro amostras de estudantes em graduação. A escala foi desenvolvida para investigar a relação entre a frequência do pesadelo e a angústia associada à experiência de pesadelos. Belicki propôs que a frequência do pesadelo está apenas modestamente associada com a angústia, e a pesquisa e o tratamento deveriam avaliar ambos, a frequência do pesadelo e a angústia, como "constructos separados, embora relacionados" (p. 146). Donovan e colaboradores (2004) sugerem que a Escala de Angústia do Pesadelo pode não ser adequada para as populações clínicas, devido à falta de avaliação psicométrica. Da mesma forma, a escala focaliza somente a angústia associada com os pesadelos e os interesses da terapia, mas não inclui outros aspectos do distúrbio do sono. Donovan e colaboradores sugerem também que a escala é muito pequena para medir adequadamente a angústia do pesadelo. Além disso, Spoormaker e colaboradores (2006) observaram que a medida é classificada em uma escala de frequência. Finalmente, a Escala de Angústia do Pesadelo avalia a frequência do pesadelo e a angústia em relação ao ano anterior. Esse é um período de tempo muito longo para se obter relatórios precisos.

Pesquisa de Pesadelo Relacionado ao Trauma

Em 2001, Davis e colaboradores desenvolveram a Pesquisa de Pesadelo Relacionado ao Trauma (TRNS), para avaliar os resultados de seus ensaios de ERRT. A TRNS é uma medida de autorrelato que utiliza questões em aberto, dicotômicas (sim/não) e questões da escala de Likert, para avaliar a frequência e a seriedade dos pesadelos, a similaridade entre os pesadelos e a experiência traumática, o número de diferentes pesadelos vivenciados, o conteúdo dos pesadelos e o período de tempo que o indivíduo tem experienciado pesadelos. A TRNS também se concentra nas cognições, emoções e comportamentos relacionados com os pesadelos. O teste-reteste de confiabilidade de duas semanas para diversos itens foram de 0.63 a 0.77, e a validade convergente com registros diários do comportamento foram 0.82 e 0.81, para as noites com pesadelos e números de pesadelos, respectivamente. A validade convergente, com a frequência de pesadelo e as medidas de seriedade da Escala de Autorrelato dos Sintomas de TEPT Modificados (MPSS-SR; Resick et al., 1991) determinaram 0.64 e 0.45, respectivamente. Embora a TRNS tenha fornecido informações adequadas para a avaliação da ERRT, estamos no processo de modificação da TRNS para adicionar elementos que avaliem pesadelos crônicos e problemas relacionados com o sono.

Questionário de Frequência do Pesadelo

Em 2000, Krakow, Hollifield e colaboradores desenvolveram o Questionário de Frequência do Pesadelo (NFQ), para uso em pesquisas que investigam a terapia de ensaio de imagens (IRT) para os pesadelos. Os examinandos relataram a frequência do pesadelo anual, mensal e semanalmente. Os autores procuraram melhorar as medidas anteriores, fornecendo uma literatura consistente que incluiu perguntas sobre as "noites com pesadelos" e agora o "número de pesadelos". Os autores relatam que a confiabilidade

Avaliação do trauma, pesadelos e problemas do sono

ponderada pelo *kappa* no teste-reteste foi de 0.85 para as noites com pesadelos e 0.90 para o número de pesadelos, ao longo de duas semanas.

Krakow e colaboradores (2002) mediram retrospectivamente a frequência de pesadelo com o NFQ e prospectivamente com registros de sonhos e pesadelos, e relataram correlações da validade de 0.53, para as noites com pesadelos, e 0.63, para o número de pesadelos. O NFQ tem sido utilizado em numerosos estudos. Entretanto, Donovan e colaboradores (2004) apontaram diversas limitações dessa avaliação. O NFQ não avalia a seriedade dos pesadelos e pede aos examinandos que se lembrem do número de pesadelos que experimentaram em uma ampla faixa de tempo. Lembrar os pesadelos do ano anterior não parece muito confiável. As propriedades psicométricas do NFQ têm sido avaliadas apenas com uma população limitada de trauma (sobreviventes de agressões sexuais), o que pode impossibilitar o uso da avaliação com indivíduos que experimentaram diferentes tipos de trauma. Além disso, essa medida não inclui itens que diferenciem entre pesadelos pós-trauma, pesadelos idiopáticos e terrores noturnos.

Intervenção no Pesadelo e Avaliação do Tratamento

Mais recentemente, Donovan e colaboradores (2004) desenvolveram a Intervenção no Pesadelo e Avaliação do Tratamento (NITE) para considerar sofrimentos subjetivos relacionados aos pesadelos, entre indivíduos com TEPT. A avaliação consiste em 32 itens, 6 dos quais são itens válidos (para detectar respostas com tendências incomuns) e 2 deles são itens de frequência. A análise fatorial foi realizada para identificar constructos latentes e foram extraídos dois fatores, para classificar o Domínio do Pesadelo e a Impotência do Pesadelo. A Escala de Domínio do Pesadelo consiste em 11 questões que refletem um senso de domínio sobre os pesadelos, tal como "Recentemente, algumas partes do pesadelo mudaram para melhor" e "Não fico mais chateado com os pesadelos" (p. 54). A escala de Impotência do Pesadelo é composta de 10 itens que refletem tanto as emoções quanto os distúrbios do sono relacionados ao pesadelo, tal como "Estou com medo de ir dormir, porque tenho medo de ter esse pesadelo" ou "Esse pesadelo me impede de dormir bem" (p. 54). Em uma amostra com veteranos, em sua maioria do sexo masculino, as análises revelaram confiabilidade do teste-reteste, de 0.69 e 0.80, para as escalas de Domínio e Impotência, respectivamente, ao longo de um período de tempo variando de um a três meses. Até o momento, a utilidade dessa escala para avaliar o progresso do tratamento é desconhecida, e os valores psicométricos estão disponíveis apenas para uma amostra de veteranos, a maioria do sexo masculino.

Conclusão

Concluindo, embora existam vários métodos disponíveis para avaliar o sono e os distúrbios relacionados, cada um desses métodos tem seus pontos fortes e suas limitações. Há de existir um meio de avaliação mais abrangente que focalize as múltiplas questões relacionadas aos distúrbios do sono. Tal como acontece com a maioria das estratégias de avaliação, múltiplas fontes de informação são necessárias para desenvolver uma conceitualização mais aprofundada das questões que estão à mão e, posteriormente, um roteiro de tratamento. Por exemplo, o alcance das medidas que avaliam a diferença entre os pesadelos e os terrores noturnos não está claro. O *SLEEP*-50 inclui itens para diferenciar os dois. Para outras medidas (por exemplo, Escala de Angústia do Pesadelo, NFQ), os pesquisadores forneceram descrições das características dos pesadelos, anteriores à realização da avaliação dos examinandos. Na prática clínica, a distinção entre os dois é necessária para o desenvolvimento de um plano adequado de tratamento. A seguir, vamos voltar a examinar os tratamentos disponíveis para o pesadelo e o desenvolvimento da ERRT.

CAPÍTULO 5

INTRODUÇÃO AO TRATAMENTO DE EXPOSIÇÃO, RELAXAMENTO E REELABORAÇÃO

Abordagens baseadas em evidências para tratamentos de pesadelos

Os tratamentos apoiados em fundamentação empírica para as dificuldades pós-trauma cresceram substancialmente nas duas últimas décadas. Atualmente, existem inúmeros tratamentos disponíveis, provados empiricamente, para aliviar os sintomas do TEPT (Falsetti, Resnick & Davis, 2005; Foa et al., 1999; Foa, Rothbaum, Riggs & Murdock, 1991; Keane, Fairbank, Caddell, Zimering, 1989; Resick & Schnicke, 1993; para revisões, veja Foa, Keane & Friedman, 2000; Foa & Meadows, 1997). Embora esses tratamentos sejam muito bem-sucedidos na melhora dos sintomas do TEPT, uma crescente literatura sugere que os distúrbios do sono, incluindo pesadelos, podem ser resistentes a tratamentos psicológicos que, geralmente, têm como alvo os sintomas do TEPT (Davis, DeArellano, Falsetti & Resnick, 2003; Forbes, Creamer & Biddle, 2001; Johnson et al., 1996; Keane, Fairbank, Caddell, Zimering, 1989; Schreuder, van Egmond, Kleijn & Visser, 1998; Scurfield, Kenderdine & Pollard, 1990; Zayfert & DeViva, 2004). Por exemplo, Forbes, Creamer e colaboradores (2001) avaliaram 97 veteranos do Vietnã inicialmente, e nove meses após terem-se submetido a um programa de três meses de tratamento para o TEPT. Anterior ao tratamento, 88% da amostra relatou experiências com pesadelos e 99%, dificuldades para dormir, comparados a 77% e 84%, respectivamente, no acompanhamento. A inextirpável natureza dos pesadelos pós-trauma também foi encontrada nas culturas não ocidentais, usando métodos tradicionais de cura (Schreuder, Igreja, van Dijk & Kleijn, 2001). Não está claro por que os pesadelos e os distúrbios do sono não produzem efeito com tratamentos tão abrangentes; entretanto, tais achados sugerem a necessidade de uma abordagem mais direta no tratamento dos pesadelos.

Estudos farmacológicos

Os médicos têm testado, com pouco sucesso, a eficácia de numerosos medicamentos para a melhora dos pesadelos. As pesquisas, até o momento, consistem basicamente em estudos de casos ou investigações não controladas. Análise recente sugere que não há dados metodologicamente sólidos; existem estudos controlados para estabelecer diretrizes baseadas em evidências farmacoterapêuticas (van Liempt, Vermetten, Geuze & Westenberg, 2006). Estudos que avaliam o impacto dos medicamentos para o sono e pesadelos descobriram que alguns medicamentos não causam efeito ou pioram o sono e os pesadelos (Clark et al., 1999; Jacobs-Rebhun et al., 2000). Outros estudos acharam que certos medicamentos podem ajudar na melhora de outros sintomas do TEPT, mas não afetam o sono ou pesadelos (Davidson et al., 2002).

Há alguns medicamentos com "evidência limitada, mas promissora" no alívio dos pesadelos pós-trauma e problemas de sono (van Liempt e colaboradores, 2006, p. 504). Alguns antipsicóticos associados a SSRI reduziram pesadelos, insônia, sintomas do TEPT e depressão nos veteranos de guerra (Stein, Kline & Matloff, 2002), mas sozinhos não tiveram impacto no sono ou nos sintomas do TEPT em vítimas de agressão sexual (Butterfield et al., 2001).

A medicação mais encorajadora atualmente é um anti-hipertensivo bloqueador alfa1-adrenérgico, usado na prevenção da hipertensão e que parece impactar a atividade noradrenergética, diminuindo, assim, a interrupção do sono REM (Mellman & Hipolito, 2006; Raskin et al., 2003), embora as conclusões dos estudos com animais se mostrem ainda inconsistentes (Krystal & Davidson, 2007). Muitos estudos de caso, estudos não controlados, e um estudo de revisão dos prontuários (Peskind, Bonner, Hoff & Raskind, 2003; Raskind et al., 2002; Taylor & Raskind, 2002) sugerem que é promissor na redução de pesadelos pós-trauma. Estudos de tratamentos cruzados (Raskind et al., 2003), comparando tal medicamento e um placebo, indicaram efeito positivo na frequência do pesadelo e em outros sintomas do TEPT, conforme medido pela CAPS (Blake et al., 1990) e pela Impressão

Clínica Global de Mudança (Guy, 1976). Os participantes que inicialmente responderam ao medicamento, mas depois mudaram para o placebo, "quase sempre retornaram à intensidade de pré-tratamento de seu pesadelo, um ou dois dias após a descontinuação dele (ou seja, não houve 'transferência' do efeito terapêutico)" (p. 372).

Um segundo estudo placebo-controle (Raskind et al., 2007) atribuiu aleatoriamente esse mesmo medicamento ou placebo para 40 veteranos do Vietnã. A medicação ou o placebo foram iniciados e aumentados (se necessário) por quatro semanas; os participantes, então, foram mantidos com dosagem máxima, por oito semanas (fase de manutenção). As avaliações ocorreram de quatro a oito semanas da fase de manutenção. Trinta e quatro participantes completaram o estudo. Não foram encontradas diferenças para os sonhos perturbadores ou qualidade de sono, na semana 4 da fase de manutenção (oito semanas do início). Os resultados indicaram uma redução estatisticamente significativa nos pesadelos pós-trauma e melhora na qualidade do sono na semana 8 da fase de manutenção (doze semanas do início), comparados com o grupo placebo, e melhora, de leve a modera, do estado clínico global. O TEPT e sintomas depressivos, no entanto, não melhoraram em relação ao placebo. Os pesadelos não militares e os sonhos desagradáveis não tiveram mudança estatisticamente significativa, em nenhum grupo, ao longo do tempo.

Infelizmente, embora tal medicamento pareça reduzir os pesadelos enquanto em uso, seu efeito pode ser meramente paliativo. Quando descontinuado, o pesadelo volta para muitos indivíduos (Daly, Doyle, Rakind, Raskind & Daniels, 2005; Raskind et al., 2003). Parece que ele interrompe, mas não repara, os mecanismos subjacentes dos pesadelos pós-trauma. Os pesadelos podem ficar suprimidos com o uso, mas permanecem indeléveis. Hartmann (1984) adverte: "embora o medicamento possa reduzir a ansiedade e a intensidade imediata dos pesadelos, ele pode tornar mais difícil o processo de conexão, talvez por reduzir o sono REM, levando assim os pesadelos traumáticos mais propensos a tornarem-se crônicos" (p. 239). O impacto específico dos medicamentos no sono REM e a natureza resultante da experiência de pesadelo, entretanto, ainda precisam ser determinados.

› Capítulo 5

Abordagens psicoterapêuticas

Enquanto a maioria dos tratamentos psicoterapêuticos de primeira linha do TEPT baseados em evidências inclui técnicas de exposição, nenhum deles, atualmente, inclui exposição ao conteúdo do pesadelo. Há crescentes evidências sugerindo que as psicoterapias diretas para pesadelos, a pessoas expostas a trauma, têm mais sucesso do que a farmacoterapia para pesadelos e psicoterapia dirigida aos sintomas do TEPT em geral (Coalson, 1995; Halliday, 1987). Curiosamente, as pessoas nem sempre se apresentam com a queixa primária de pesadelos, mesmo quando são frequentes e angustiantes. Krakow (2006) observa, e temos observado em nossos próprios estudos, que os pacientes são sempre muito céticos sobre a possibilidade de os pesadelos serem tratáveis.

Uma série de abordagens de tratamento tem sido vista como promissora para os pesadelos, como o sonho lúcido (Brylowski, 1990; Spoormaker, van den Bout & Meijer, 2003; Zadra & Phil, 1997), a terapia de ensaio de imagens (Kellner, Neidhardt, Krakow, Pathak, 1992; Krakow, Kellner, Neidhardt, Pathak & Lambert, 1993) e numerosas técnicas de exposição (veja Marks, 1987). A maioria desses estudos são relatos de casos e não avaliam ou esclarecem se os pesadelos foram pós-trauma, idiopáticos, ou uma combinação de ambos. Além disso, enquanto muitas abordagens foram bem-sucedidas na redução da frequência do pesadelo, outras sintomatologias, incluindo os sintomas do TEPT, ficaram muitas vezes inalteradas (Spoormaker et al., 2003). Uma abordagem do tratamento cognitivo-comportamental para pesadelos crônicos, a Terapia de Ensaio de Imagem, tem atraído maior atenção na última década e parece bem promissora na redução de pesadelos crônicos. A literatura da IRT é vista, brevemente, abaixo.

Terapia de Ensaio de Imagem

Em geral, a IRT envolve algum grau de exposição do conteúdo do pesadelo, por meio de anotação ou verbalização do pesadelo, na sessão, bem como reescreve e reelabora os componentes do pesadelo de um participante. Um dos primeiros exemplos da combinação dos ensaios repetidos do pesadelo original, e das versões escritas do pesadelo modificado para incluir um final triunfante, foi descrito por Marks (1978). Usando essa abordagem, ele tratou com sucesso de uma mulher com um pesadelo recorrente, que não era replicativo de nenhum evento de sua vida, mas retratava uma sinopse sugestiva do difícil relacionamento com sua mãe. Marks sugeriu três possibilidades para o sucesso desse caso, e para casos similares descritos por outros estudiosos, incluindo exposição, catarse e controle. Esses possíveis mecanismos de mudança são explorados no capítulo 10.

Diversos grupos de pesquisa têm avaliado as variações da IRT. Existem, entretanto, diferenças em procedimentos específicos, dentre os vários grupos de pesquisa. Alguns protocolos envolvem ensaios repetidos do pesadelo original (Marks, 1978), enquanto a maioria dos outros envolve ensaios repetidos da versão modificada do pesadelo (Davis & Wright, 2007; Forbes, Phelps & McHugh, 2001; Krakow, Hollifield et al., 2001). O grau de exposição para o pesadelo original também varia consideravelmente, com alguns grupos de pesquisa que minimizam o grau de exposição empregado (Krakow, Hollifield et al., 2001), e outros que o reforçam (Davis & Wright, 2005; 2007). Alguns grupos também incorporam técnicas adicionais, incluindo a imagem positiva (Krakow, Hollifield et al., 2001), relaxamento e várias técnicas para melhorar o sono (Davis & Wright, 2005; 2007). Finalmente, o número e a duração das sessões têm variado consideravelmente. Não está claro, até agora, se há eficácia diferencial para os diversos protocolos. Uma revisão dos estudos que comparou os elementos está incluída no capítulo 10.

IRT para os pesadelos pós-trauma agudos

A autora tem ciência de apenas um estudo não controlado, que examinou o uso da IRT para os pesadelos agudos (dentro de trinta dias do evento traumático; Moore & Krakow, 2007). Onze soldados participaram de quatro sessões da IRT e foram acompanhados por um mês após o tratamento. Os resultados indicaram que 7 participantes melhoraram quanto à frequência do pesadelo, sintomas do TEPT e insônia. O estudo é obviamente limitado pelo pequeno tamanho da amostra, falta de grupo controle e curto período de acompanhamento, mas os resultados parecem promissores.

IRT para pesadelos crônicos

Em geral, uma série de estudos tem avaliado o uso das variações da IRT com pesadelos idiopáticos crônicos ou inespecíficos, e foram descobertos resultados positivos (Bishay, 1985; Marks, 1978; Kellner et al., 1992; Krakow, Kellner, Neidhardt, Pathak & Lambert, 1993; Krakow, Kellner, Pathak & Lambert, 1996; Neidhardt et al., 1992; Germain & Nielsen, 2003b). Thompson,

Hamilton e West (1995) estavam entre os primeiros que descreveram sobre o uso da IRT com veteranos de guerra. O artigo escrito por eles descreve principalmente o tratamento, não o estudo do tratamento, e os autores relatam que um terço dos participantes teve sucesso em eliminar seus pesadelos, nas quatro semanas após a intervenção.

Estudos não controlados utilizando a IRT com indivíduos com sintomas pós-traumáticos, de modo geral, encontraram resultados positivos para as consequências do pesadelo e do sono (Forber, Phelps & McHugh, 2001; Forbes et al., 2003; Germain & Nielsen, 2003b). Por exemplo, Forbes, Phelps e McHugh, (2001) conduziram uma experiência não controlada de IRT com 12 veteranos do Vietnã. O tratamento começou com um formato de grupo de uma hora e meia, durante seis semanas. Os participantes escolheram um pesadelo, escreveram-no em detalhes e leram em voz alta para o grupo. Os membros do grupo discutiram as possíveis mudanças para o pesadelo de cada um; os participantes, então, escreveram seus pesadelos reelaborados e leram em voz alta para o grupo. Eles foram instruídos a mudar os pesadelos para que estes refletissem maior domínio ou controle. Nos três meses de acompanhamento, foram achadas melhoras estatisticamente significativas para a frequência e intensidade do pesadelo-alvo, e intensidade dos pesadelos em geral (a média de frequência dos pesadelos em geral foi reduzida pela metade, mas essa diferença não atingiu significância). As melhoras também foram relatadas para os sintomas do TEPT, depressão e sintomas em geral. Não foi achada diferença no resultado do tratamento para pesadelos replicativos *versus* similares ao trauma. Os investigadores acompanharam os participantes por doze meses pós-tratamento e relataram progressos na manutenção do tratamento, relativos às reduções da frequência e seriedade do pesadelo-alvo, e reduções nos sintomas de TEPT, depressão e ansiedade. Além disso, os participantes continuaram a melhorar em termos de seus pesadelos em geral, apesar de apenas um dos pesadelos ter sido abordado no tratamento (Forbes et al., 2003).

Foi realizado um estudo randomizado controlado, com 58 participantes que reportaram tanto pesadelos pós-trauma quanto idiopáticos (Krakow, Kellner, Pathak & Lambert, 1995). Aproximadamente 68% dos participantes relataram um evento traumático ou um estressor significativo precedendo o início dos pesadelos. Os participantes foram designados aleatoriamente para uma das duas condições de tratamento, ou para a lista de espera do

Introdução ao tratamento de exposição, relaxamento e reelaboração

grupo controle. As condições de tratamento eram as mesmas, com exceção das instruções dadas para a reelaboração. Uma condição do tratamento seria "mudar o pesadelo da forma que desejasse", e a outra seria "mudar o final". O tratamento consistiu em uma sessão de duas horas e meia. Para esse estudo, o protocolo de tratamento consistiu em treinamento com imagens positivas, anotação do pesadelo, alteração de acordo com as instruções para aquele grupo, escrever a versão alterada, ensaio da nova versão e compartilhamento do pesadelo original e do modificado, com o grupo. Os participantes foram incentivados a trabalhar de dois a três pesadelos por semana. Nos três meses de acompanhamento, os resultados não revelaram diferença entre os dois grupos de tratamento. Foram encontradas melhoras significativas nos grupos de tratamento, para a frequência dos pesadelos e qualidade de sono para ambos, pré, pós e entre as comparações do grupo. Dentro do grupo, as mudanças pré e pós da ansiedade, depressão e somatização foram significativas para o grupo tratado, a hostilidade não foi alterada e não há interação significativa para o grupo, nem foi encontrada mudança ao longo do tempo. Embora esses resultados sejam bem promissores, os participantes continuaram a relatar uma média de aproximadamente dois pesadelos por semana.

Os participantes do estudo que acabamos de descrever foram avaliados posteriormente no 18º mês de acompanhamento. Os indivíduos que estiveram no grupo controle foram, então, tratados com a IRT, em um total de 53 indivíduos. Quarenta e uma pessoas participaram no estudo de acompanhamento. Os resultados indicaram manutenção dos progressos com o tratamento no 18º mês de acompanhamento, com melhoras contínuas na frequência do pesadelo (Krakow, Kellner, Pathak & Lambert, 1996). Foram relatados decréscimos em todas as medidas de sofrimento (i.é., ansiedade, depressão, somatização e hostilidade), embora apenas a ansiedade tenha sido significativa.

Krakow, Hollifield e colaboradores (2001) avaliaram a eficácia da IRT com 168 mulheres adultas que tinham sido agredidas sexualmente e tinham TEPT ou sintomas do TEPT, pesadelos pelo menos uma vez por semana, por mais de seis meses, e insônia. As participantes foram designadas aleatoriamente para o tratamento, ou para a lista de espera do grupo controle. A IRT foi realizada em duas sessões de três horas e uma sessão de uma hora. Para minimizar o elemento exposição, foi solicitado às participantes que escolhessem o pesadelo menos intenso para começar, e para não escolherem aquele que replicasse o evento traumático. Esse protocolo envolveu também a instrução de como lidar com imagens desagradáveis enquanto acordado. Os resultados indicaram que o tratamento foi efetivo na melhora da qualidade do sono e na redução da frequência dos pesadelos por semana, noites de pesadelos por semana e sintomas do TEPT. Os sintomas, no entanto, permaneceram na esfera de moderadamente severo a severo, em aproximadamente 30% a 40% (dependendo da medida) da amostra tratada. Os progressos com o tratamento foram mantidos durante os seis meses de acompanhamento.

Krakow, Sandoval e colaboradores (2001) avaliaram a versão da IRT de uma sessão de seis horas em um estudo não randomizado, com 19 garotas adolescentes vinculadas (9 no grupo de tratamento, 10 no grupo controle). Os autores não indicam se seus pesadelos estavam relacionados a trauma. O protocolo foi similar ao de Krakow, Hollifield e colaboradores (2001). Três meses após o tratamento, foram encontradas reduções da frequência de pesadelo e angústia, mas não houve diferenças para os sintomas de estresse pós-trauma ou qualidade de sono.

Germain e Nielsen (2003b) examinaram a eficácia das sessões de três horas da IRT, com 12 indivíduos (6 com pesadelos pós-trauma e 6 com pesadelos idiopáticos), com avaliações subjetivas e objetivas do sono e dificuldades psicológicas autorrelatadas. O protocolo incluiu psicoeducação sobre pesadelos, escolher e escrever o pesadelo (não o pior pesadelo nem replicativo), escolher uma versão revisada e escrevê-la, e ensaiar o sonho revisado. Em geral, quando os grupos de pesadelo foram reunidos, encontraram resultados estatisticamente significativos para redução da frequência do pesadelo, avaliado retrospectivamente, mas não prospectivamente, e escores de ansiedade. Quando os grupos de pesadelo foram avaliados separadamente, não encontraram diferenças estatisticamente significativas para os pesadelos, sonhos ruins ou terrores noturnos (embora a maioria do tamanho do efeito tenha sido de moderada à grande). Os indivíduos com pesadelos pós-trauma tiveram reduções estatisticamente significativas na ansiedade e seriedade do TEPT. Os indivíduos com pesadelos idiopáticos tiveram reduções significativas na depressão.

Germain, Shear, Hall e Buysse (2007) avaliaram a eficácia de uma sessão variante da IRT, de 90 minutos, com 7 participantes adultos expostos a trauma, que preenchiam os critérios para o TEPT. O protocolo consistiu

Introdução ao tratamento de exposição, relaxamento e reelaboração

em psicoeducação sobre o sono e pesadelos, reelaboração da imagem (escolha um pesadelo e mude-o como quiser; ensaie um ou dois novos sonhos imaginariamente, pelo menos três vezes por semana por, no mínimo, cinco minutos), controle de estímulos e restrição do sono. Os participantes utilizaram um caderno, mas não ficou claro se eles escreveram o pesadelo ou o sonho reelaborado. Os indivíduos participaram do tratamento de uma sessão e foi solicitado a eles que se envolvessem nas técnicas por seis semanas. Os resultados, em seis a oito semanas de acompanhamento, revelaram melhoras estatisticamente significativas nas intrusões diurnas e nos sintomas de hiperexcitabilidade do TEPT. Dados os resultados da qualidade das versões mais longas da IRT, Germain e colaboradores (2007) concluem que uma sessão pode não ser a melhor duração para esse tratamento. Essa controvérsia também foi apoiada pelos achados de Krakow, Sandoval e colaboradores (2001).

Assim, estudos controlados e não controlados acham os resultados promissores para a eficácia da IRT sobre os pesadelos crônicos em pessoas expostas e não expostas a eventos traumáticos. Os protocolos parecem variar, entretanto, nas áreas específicas do sofrimento que eles afetam. Mais pesquisa é necessária para determinar a dosagem mais apropriada e o método de realização desse tratamento. Outra abordagem que utiliza a IRT tem sido combinada com outras técnicas para tratar de questões mais amplas do sono. Essa literatura é comentada a seguir.

Pesadelos e insônia

Um estudo não controlado combinou a IRT e técnicas para insônia, e avaliou a eficácia dessa abordagem em uma amostra de 62 vítimas de crime com TEPT (Krakow, Johnston et al., 2001). As sessões foram realizadas durante dez horas, por três semanas. Nos três meses de acompanhamento, achados revelaram melhoras na frequência de pesadelo, qualidade de sono, sintomas do TEPT e sintomas de ansiedade e depressão, embora os sintomas permaneçam com taxas de limite moderado a severo para todas as medidas. Os participantes relataram uma média de 2,10 noites por semana com pesadelos, e 2,65 pesadelos por semana, no acompanhamento. Além disso, 11% da amostra reporta piora nos sintomas de TEPT e 35% não reporta mudança nos sintomas do TEPT. A comparação dos resultados para aqueles com pesadelos principalmente pós-trauma (n = 38) e aqueles com pesadelos não pós-trauma (n = 24) revelou que, embora aqueles com pesadelos pós--trauma tivessem relatado maiores sintomas como base de referência, não houve diferença no resultado do tratamento entre os grupos. Como esse foi um estudo não controlado, não está claro se o aumento do sintoma ou a piora estaria relacionada ao tratamento.

Um segundo estudo examinou um tratamento combinado para insônia e pesadelos, com uma amostra de indivíduos que escaparam do incêndio de Cerro Grande, dez meses antes (Krakow, Melendrez, Johnston, Clark et al., 2002). O tratamento foi administrado em um grande grupo (N = 66) por seis sessões de duas horas. Os participantes tiveram um acompanhamento de doze semanas após a avaliação do tratamento. Aproximadamente 80% dos participantes relataram melhoras nos sintomas, incluindo os sintomas do TEPT, seriedade da insônia, ansiedade, depressão e seriedade do pesadelo. Todos os tamanhos dos efeitos foram de pequeno a médio, com exceção da seriedade do pesadelo, que teve um tamanho de efeito grande. Um adicional de 17% relatou piora na insônia, e 15% relatou piora nos sintomas do TEPT. Como esse foi um estudo não controlado, não está claro se a piora do sintoma estava relacionada ao tratamento. Os autores também não especificam como determinaram a piora.

Assim, existem diversos estudos indicando resultados promissores no uso da variação da IRT para reduzir a frequência e a seriedade do pesadelo, melhorar a qualidade do sono e as áreas relacionadas ao sofrimento. O significado clínico é menos claro, uma vez que os sintomas sempre permanecem na faixa anormal, e alguns estudos relatam piora dos sintomas em 11% a 17% dos participantes (Krakow, Johnston et al., 2001; Krakow, Melendrez, Johnston, Clark et al., 2002). Não está claro se o aumento da exposição ao pesadelo e a incorporação de outras técnicas como as do sono, ansiedade e terapia para trauma podem aumentar os efeitos do tratamento. O fato de diversos sintomas avaliados permanecerem na esfera moderada de sintomatologia pode sugerir que, para alguns, um tratamento, tendo como alvo os pesadelos, pode ser parte do quebra-cabeça clínico, mas pode não ser o suficiente para permitir que pessoas expostas a trauma atinjam um funcionamento mais favorável. Muitas outras pesquisas são necessárias para determinar quem se beneficia mais com essa breve intervenção, e em que condições. Assuntos relacionados serão discutidos em detalhes nos capítulos 9 e 10.

Os estudos comentados antes abordam, em parte, uma questão levantada no capítulo 2, sobre se os pesadelos e os distúrbios do sono poderiam ser considerados problemas primários ou secundários das pessoas expostas a trauma. Conforme observado por Harvey, Jones e Schmidt (2003), os achados de que as intervenções que visam aos pesadelos também reduzem os sintomas do TEPT, "não podem ser considerados como evidência de que o sono é um mecanismo primário no TEPT. Eles sugerem, entretanto, que a suposição de que os sintomas do sono são secundários ao TEPT deveria ser revista" (p. 400). Mais do que citar a prioridade do TEPT, em causa estão os achados sobre os contínuos problemas do sono e do pesadelo, enquanto os sintomas do TEPT, em geral, são reduzidos depois que a abrangência dos tratamentos de TEPT é implementada (Davis, DeArellano, Falsetti & Resnick, 2003; Forbes, Creamer et al., 2001; Johnson et al., 1996; Keane, Fairbank, Caddell & Zimering, 1989; Schreuder et al., 1998; Scurfield et al., 1990; Zayfert & DeViva, 2004).

Terapia de Exposição, Relaxamento e Reelaboração

Desenvolvendo a Terapia de Exposição, Relaxamento e Reelaboração

A ERRT foi desenvolvida entre 1999 e 2000. A autora estava trabalhando em uma clínica especializada em vítimas de trauma e tratava de uma jovem mulher que apresentava TEPT, transtorno do pânico e depressão maior. A autora administrou um tratamento de três meses de Terapia de Exposição de Múltiplos Canais (MCET; Falsetti & Resnick, 1997; Falsetti, Resnick & Davis, 2005) nessa paciente, especificamente centrado no TEPT e no transtorno do pânico. Na avaliação pós-tratamento, ela deixou de atender aos critérios do TEPT, do transtorno do pânico ou da depressão maior, mas continuou sofrendo com os pesadelos relacionados à experiência de estupro. Uma revisão da literatura sobre tratamento de pesadelos, embora esparso em termos de ensaio controlado com pesadelos pós-trauma, levou-me à IRT. Com essa paciente em especial, a autora aproveitou diversas técnicas que já havia aprendido com a MCET e incluiu componentes específicos do sono, assim como na IRT. Na terceira sessão, ela continuou a relatar problemas com pesadelos e, embora fizesse uma revisão de como estava implementando cada um dos elementos, ficou claro que ao invés de ensaiar o sonho reelaborado, ela havia se envolvido em uma imagem prazerosa antes de dormir. Conforme indicado no relatório de caso (Davis et al., 2003):

> Ela relatou ter feito isso porque "não quis nem pensar sobre ele [o perpetrador]". A terapeuta explicou a necessidade de ela se envolver na rede do medo, para o procedimento funcionar, assim como com os procedimentos de exposição, conduzidos durante a MCET. Revimos novamente seu sonho alterado, e Ana optou por mudá-lo, e assim ela ficou mais ativa no sonho, sentiu-se mais poderosa e mais apoiada (p. 290).

A autora viu a paciente novamente nas sessões de reforço, um mês e três meses depois. Após esses meses, ela não teve mais pesadelos replicativos e recorrentes; relatou que teve três sonhos com o perpetrador, mas logo perdeu o medo ao sonhar com ele. Ela também contou que seu sono estava significativamente melhor (Davis et al., 2003).

Na sequência desse caso, a autora determinou que ela continuasse explorando essa forma de condução dos pesadelos pós-trauma. Durante o ano seguinte, a autora escreveu o manual do paciente, incorporando diversas técnicas usadas no estudo de caso, assim como algumas técnicas adicionais, baseadas em fatores que possivelmente mantêm os pesadelos ao longo do tempo. O desenvolvimento da ERRT foi influenciado por diversos tratamentos baseados em evidência, para a ansiedade e dificuldades pós-trauma, incluindo *Mastery of Your Anxiety and Panic* (Barlow & Craske, 1989; 1994), Terapia de Processamento Cognitivo (Resick & Schnicke, 1993), Terapia de Exposição de Múltiplos Canais (Falsetti & Resnick, 1997) e Terapia de Ensaio de Imagens (Krakow, Kellner, Pathak & Lambert, 1996; Thompson et al., 1995). Adicionalmente, foi notificado dos tratamentos cognitivo-comportamentais para insônia (Morin, 1993).

Os pesadelos pós-trauma foram conceitualizados como sendo um trauma iniciado ou exacerbado e perpetuado por numerosos fatores complicadores. A ERRT foi elaborada para atingir três sistemas nos quais a ansiedade pode se manifestar, conforme proposto no modelo dos três fatores, apresentado no capítulo 3: fisiológico (por exemplo, aumento da excitação próximo ao momento em que o indivíduo costuma ir dormir), comportamental (por exemplo, uso de substâncias para adormecer) e cognitivo (por exemplo, a

Introdução ao tratamento de exposição, relaxamento e reelaboração

crença de que terá pesadelo se adormecer). Conforme mencionado, algumas variações da IRT minimizaram propositadamente a quantidade de exposição ao pesadelo, o que é curioso, devido à vasta literatura empírica que apoia seu uso com indivíduos expostos a trauma. A autora decidiu utilizar um elemento de exposição para acentuar potencialmente o impacto do tratamento, envolvendo mais plenamente a rede do medo, a qual a autora conclui, por hipótese, que o pesadelo seja uma parte dela.

Com o manual de tratamento completo, a autora então conduziu uma série de casos, tratando quatro indivíduos com várias histórias de trauma (Davis & Wright, 2005). O tratamento pareceu funcionar bem para esses participantes, e minha pesquisa de laboratório, então, elaborou um ensaio clínico randomizado para avaliar ainda mais sua eficácia. Os resultados do RCT original e os resultados preliminares do segundo RCT estão relatados no capítulo 10. A seguir temos uma visão global do protocolo de tratamento.

Cenário

O trabalho que meu grupo de pesquisa tem conduzido sobre a ERRT está sendo feito no laboratório da universidade (com exceção do início do estudo de caso). Como minha formação é especialmente de terapeuta e pesquisadora de trauma, e não de especialista na medicina do sono, o laboratório não está configurado para a realização de estudos objetivos do sono, o que não seria mesmo necessário para realizar esse tratamento. A realização de estudos do sono, como elemento determinante do resultado do tratamento, é caro, demorado e, obviamente, não é uma boa opção para muitos terapeutas. No entanto, para entender o possível impacto do tratamento sobre a estrutura do sono e identificar quaisquer problemas adicionais de sono que possam continuar interferindo no funcionamento do paciente, os próximos passos nessa área são muito importantes e seria benéfico para os terapeutas se estabelecessem uma relação profissional com um especialista da área da medicina do sono. Os terapeutas também podem considerar o uso do actígrafo (veja capítulo 4), em consulta com um especialista na medicina do sono.

A ERRT funcionará muito bem em níveis ambulatoriais, em consultório particular ou clínicas de Assuntos de Veteranos. Embora a ERRT seja utilizada em pacientes internados, existem alguns fatores limitativos para essa abordagem. Primeiro, muitos indivíduos que têm problemas significativos de sono e pesadelo em casa tendem a não experimentar essas dificuldades, ou as experimentam menos, quando recebem tratamento no hospital. Isso pode ser devido a maior senso de segurança, ou por estarem fora do ambiente de seus quartos, que provavelmente servem de indícios para um sono ruim. De forma semelhante, os pacientes podem ter algumas dificuldades para generalizar essas técnicas fora do hospital, devido aos indícios em sua casa. Se essa for a questão, o terapeuta pode preparar o paciente para isso e incluir algumas técnicas adicionais para ajudar na generalização (veja capítulo 8 para informação adicional). Os terapeutas também poderiam considerar uma sessão de reforço, depois que o paciente receber alta, para acompanhar e resolver qualquer problema remanescente.

Formato

A ERRT pode ser realizada no formato individual ou em grupo, dependendo das necessidades e dos recursos do terapeuta. Meu laboratório de pesquisa tem realizado a ERRT de ambas as formas, individualmente e em grupos. Isso, em grande parte, tem sido baseado no *timing* dos pacientes que entram no estudo do tratamento, bem como na disponibilidade do terapeuta. Ainda não realizamos uma análise comparativa por modalidade. Com base na observação clínica, os pacientes que temos visto em grupo parecem ganhar perspectiva, apoio e incentivo dos membros do grupo. Se esses fatores levam a um resultado diferenciado de tratamento, isso ainda precisa ser determinado. A ERRT é realizada normalmente uma vez por semana, durante três semanas, e as sessões são de aproximadamente duas horas cada. Ainda não investigamos se essa estrutura e o *timing* são ideais, entretanto, os achados positivos dos resultados de nossos estudos sugerem que, pelo menos para a maioria das pessoas, esse formato é adequado.

Embora a grande maioria das pesquisas sobre a ERRT tenha sido realizada com adultos (Davis & Wright, 2007), ela tem sido usada com sucesso em adolescentes (Davis, DeArellano, Falsetti & Resnick, 2003). A IRT também foi utilizada com sucesso em adolescentes (Krakow, Sandoval et al., 2001) e numerosos estudos de caso descrevem o uso de técnicas similares com crianças (veja Halliday, 1987). Estamos neste momento avaliando a eficácia de uma versão modificada da ERRT com crianças em idade escolar – Terapia de Exposição, Relaxamento e Reelaboração para Crianças (ERRT-C), que também inclui os elementos paternos.

Introdução ao tratamento de exposição, relaxamento e reelaboração

Tabela 5.1

ESQUEMAS DAS AVALIAÇÕES

AVALIAÇÃO	MEDIDA
Base de referência	**Domínio 1: Informação do *background*** Informação Demográfica Avaliação de Trauma para Adultos (Resnick, Best, Kilpatrick, Freedy & Falsetti, 1993) **Domínio 2: *Status* da saúde mental** Escala de TEPT Administrada pelo Clínico (Blake et al., 1990) Escala Modificada dos Sintomas TEPT (Resick, Falsetti, Resnick & Kilpatrick, 1991) Inventário de Depressão de Beck II (Beck, Steer & Brown, 1996) Inventário de Ansiedade de Beck (Beck & Steer, 1993) Teste de Triagem do Abuso de Drogas (Skinner, 1982) Teste de Identificação dos Transtornos pelo Uso do Álcool (Babor, Biddle-Higgins, Saunders & Monteiro, 2001) **Domínio 3: Pesadelos e sono** Pesquisa de Pesadelos Relacionados a Trauma (Davis, Wright & Borntrager, 2001) Índice da Qualidade do Sono de Pittsburg (Buysse, Reynolds, Monk, Berman & Kupfer, 1989) Registro das Atividades Diárias do Sono (Thompson et al., 1995) Questionário de Avaliação do Sono Global (Roth et al., 2002) Índice da Higiene do Sono (Mastin, Bryson & Corwyn, 2006) **Domínio 4: Qualidade de vida** Rand 36 Medida de Saúde (Ware & Sherbourne, 1992) Trabalho e Escala de Ajustamento Social (Mundt, Marks, Shear & Greist, 2002)
Sessão 1, 2, 3	Escala Modificada dos Sintomas TEPT (Resick et al., 1991) Inventário de Depressão de Beck II (Beck, Steer & Brown, 1996) Inventário de Ansiedade de Beck (Beck & Steer, 1993) Pesquisa de Pesadelos Relacionados a Trauma (Davis et al., 2001) Índice da Qualidade do Sono de Pittsburg (Buysse, Reynolds, Monk, Berman & Kupfer, 1989) Registro das Atividades Diárias do Sono (Thompson et al., 1995)
Trabalho de casa	Registro das Atividades Diárias do Sono (Thompson et al., 1995) *Checklist* dos Sintomas Diários do TEPT (Falsetti & Resnick, 1997). Formas de Monitoramento – Incluídas no Manual (veja Apêndice)
Pós e acompanhamento	Todas as medidas de base avaliadas, exceto a Informação Demográfica; Avaliação do Trauma para Adultos só é completada se o indivíduo afirmar um novo evento traumático desde a última avaliação. Escala de Significado Clínico de Pós-Tratamento (Davis, Wright, Byrd & Rhudy, 2006) é usada na última avaliação de acompanhamento.

Capítulo 5

Avaliação

Conforme discutido no capítulo 4, é vital uma avaliação abrangente antes do início do tratamento. É importante desenvolver uma formulação do caso e determinar as áreas específicas de necessidade. As áreas que acreditamos ser importante considerar encaixam-se em quatro domínios: informação do *background, status* da saúde mental, pesadelos e sono, e qualidade de vida. Um exemplo das várias medidas a serem consideradas está incluído na Tabela 5.1.

A informação do *background* geralmente inclui dados demográficos e avaliação da história do trauma. Para o *status* da saúde mental, recomendamos medidas que avaliem o TEPT, depressão, ansiedade e uso de droga e álcool. A experiência com pesadelo poderia incluir uma medida que diferencie os pesadelos de outras parassonias, e uma avaliação da frequência, seriedade e impacto dos pesadelos. Embora pareça não interferir no resultado do tratamento, pode ser útil incluir questões, tais como: se os pesadelos começaram antes ou depois do evento estressor e se eles são similares ao evento estressor. A avaliação do sono deveria incluir medidas da qualidade e quantidade do sono e dos transtornos do sono. A qualidade de vida inclui medidas da saúde física e funcionamento em geral (por exemplo, trabalho, escola, relacionamentos). Para fins de pesquisa, usamos as mesmas medidas nas avaliações de pós-tratamento e de acompanhamento, para comparação. As duas exceções são a forma demográfica e a história do trauma (perguntamos somente se houve mais algum trauma desde a primeira avaliação). Para fins clínicos, também é útil fazer isso, assim o terapeuta e o paciente podem notar o progresso feito, bem como algumas áreas que ainda precisam ser abordadas. Na última avaliação do acompanhamento, usamos também a Escala de Significado Clínico de Pós-Tratamento (veja Apêndice B), para determinar mudanças em áreas particulares relacionadas ao tratamento e também a percepção do paciente quanto ao tratamento.

Além das avaliações da base de referência e do acompanhamento pós-tratamento, também pedimos aos participantes que completem as medidas no início de cada sessão. Isso é feito por algumas razões. Primeira, nos possibilita fazer uma checagem rápida para determinar se o participante está mostrando mudança rápida e significativa, tanto melhor quanto pior. Se o funcionamento for pior, o terapeuta precisará fazer uma avaliação mais completa, determinando a natureza e a possível causa da piora. Se a

140

Introdução ao tratamento de exposição, relaxamento e reelaboração

piora no funcionamento estiver relacionada com o tratamento, o terapeuta precisará considerar modificação do protocolo ou interrompê-lo totalmente. Em nossa experiência clínica, essa ocorrência é bastante incomum. Se a piora estiver relacionada com um estressor ou alguma crise fora do tratamento, o terapeuta pode ter que interromper temporariamente o tratamento dos pesadelos, para focar no problema atual, até que esteja resolvido. Mais informações serão fornecidas nas questões levantadas durante o tratamento, no capítulo 9. Segunda, as avaliações semanais nos permitem determinar em que ponto do protocolo ocorrem mudanças específicas.

Finalmente, pedimos também aos pacientes que completem os formulários de monitoramento, entre as sessões. Isso inclui formulários para monitorar os níveis de ansiedade, antes e depois do relaxamento muscular progressivo e respiração diafragmática, a escala de sintomas diários do TEPT, um formulário para documentar mudanças nos hábitos de dormir e um registro diário do sono para avaliar sono e pesadelos. Em geral, os participantes têm sido bastante complacentes na realização desses formulários, que fornecem um bom ponto de partida para a revisão semanal de progresso e dos possíveis pontos de conflito. Por exemplo, sempre somos capazes de apontar padrões relacionados aos níveis de estresse, ou aos hábitos inadequados de sono ou de pesadelos, consultando sobre o que aconteceu em noites específicas, em que relatam terem dormido mal ou terem tido mais pesadelos. Embora eles completem os formulários a cada manhã, muitos deles não reconhecem esses padrões até que sejam apontados, pois já sofrem com esses problemas há muito tempo.

Dependendo da natureza de sua prática clínica, grande parte da informação de base que recomendamos que seja avaliada pode ser recolhida alguns momentos antes, se o paciente apresentar outro problema. Se for esse o caso, você pode inclusive pedir aos participantes que o preencham novamente, um pouco antes do início do tratamento para pesadelo. E também, se você suspeitar que algum deles tenha distúrbio do sono, além dos pesadelos, recomendamos que o encaminhe a um especialista do sono, pois isso pode complicar o tratamento.

Componentes do tratamento

A maior parte das informações dos componentes do tratamento que vem a seguir foi publicada em *The Journal of Trauma and Dissociation*

(Davis & Wright, 2006). Os resultados das sessões do tratamento estão nas Tabelas 5.2, 5.3 e 5.4.

Componentes educacionais. A educação em relação ao trauma e pesadelos é explicada de uma perspectiva generalista, assim como o tipo de exposição a trauma não é limitado para esse protocolo. As informações desta secção foram derivadas da literatura atual de trauma (Falsetti & Resnick, 2000; Foa, Davidson & Frances, 1999; Foa & Rothbaum, 1998; Resick & Schnicke, 1993), literatura do sono (Morin, 1993; Perlis & Lichstein, 2003) e literatura da ansiedade (Barlow, 1988; Lang, 1968).

Componentes da exposição. Os exercícios de exposição são adaptados e modificados de Falsetti e Resnick (1997), Resick e Schnicke (1993) e Foa e Rothbaum (1998) e envolvem exposições escritas e orais ao conteúdo do pesadelo, visando acessar o canal cognitivo da ansiedade decorrente do pesadelo. Na sessão, os participantes são expostos ao conteúdo do pesadelo ao escreverem sobre ele no tempo presente, como se o pesadelo estivesse ocorrendo naquele instante, em todos os detalhes, utilizando todos os sentidos. Depois que os participantes escrevem sobre o pesadelo na sessão, eles têm a oportunidade de ler em voz alta seu pesadelo para o grupo. Essa exposição ajuda a identificar os significados dos processos e estruturas cognitivo-afetivos não resolvidos (i.é., temas; Lebowitz & Newman, 1996; Resick & Schnike, 1993), que se manifestam nos pesadelos dos participantes. A identificação e os temas têm várias vantagens no tratamento do trauma. De acordo com Lebowitz e Newman, a identificação de temas traumáticos não resolvidos ajuda no tratamento, aumentando o *insight* do participante, mostrando como seus planos são organizados por influências do passado (por exemplo, trauma) e que, ao se concentrar nos temas, o trabalho pode prosseguir, mesmo se o participante tiver lembranças fragmentadas, ou por ser mais confortável abordar essas questões indiretamente, por meio das consequências associadas, ao invés de diretamente, por meio de rápidos lampejos do trauma ou *flashbacks*. Adicionalmente, os autores observam que o constructo de temas reside em maior constructo do *self* e, através da identificação e resolução dessas grandes estruturas de significado subjacente, múltiplas áreas de funcionamento devem ser afetadas positivamente.

TABELA 5.2

TRATAMENTO: SESSÃO 1

1. Visão global do tratamento
2. Explicação da manifestação da ansiedade específica para os pesadelos
   a. Fisiológico
   b. Comportamental
   c. Cognitivo
3. Psicoeducação
   a. Trauma
   1. Prevalência
   2. Impacto
   3. Sintomas do TEPT
   b. Pesadelos
   1. Prevalência
   2. Teorias do desenvolvimento
   3. Impacto
   c. Hábitos do sono
   1. Impacto do sono e funcionamento do despertar
   2. Sim e não
   3. Identificação dos hábitos úteis e inúteis
4. Relaxamento
   a. Base racional
   b. Relaxamento progressivo do músculo
5. Trabalho de casa
   a. Prática de relaxamento muscular progressivo
   b. Modificação do hábito de sono
   c. Formas de monitoramento

Capítulo 5

Tabela 5.3

TRATAMENTO: SESSÃO 2

1. Revisão do trabalho de casa
   a. Avaliar a conclusão e dificuldades:
   1. Relaxamento muscular progressivo
   2. Modificação do hábito do sono
   b. Formas de monitoramento
   c. Perguntas sobre mudanças:
   1. Pesadelos
   2. Sono
   3. Sintomas do TEPT
2. Revisão da relação entre evento traumático e pesadelo
3. Exposição ao pesadelo
   a. Base racional para a exposição
   b. Regras para escrever o pesadelo
   c. Exemplos do pesadelo escrito
   d. O participante escreve o pesadelo
   e. O participante lê em voz alta o pesadelo
4. Identificar os temas no pesadelo
5. Reelaborando
   a. Regras para reelaborar
   b. O participante escreve a reelaboração
   c. O participante lê em voz alta a reelaboração
6. Respiração diafragmática
7. Atribuir um trabalho de casa
   a. Prática de relaxamento muscular progressivo
   b. Modificação do hábito do sono
   c. Ensaio do sono reelaborado
   d. Prática da respiração diafragmática
   e. Formas de monitoramento

Introdução ao tratamento de exposição, relaxamento e reelaboração

TABELA 5.4

TRATAMENTO: SESSÃO 3
1. Revisão do trabalho de casa
a. Avaliar a conclusão e dificuldades:
1. Relaxamento muscular progressivo
2. Modificação do hábito do sono
3. Formas de monitoramento
4. Respiração diafragmática
5. Ensaio do sono reelaborado
b. Perguntas sobre mudanças:
1. Pesadelos
2. Sono
3. Sintomas do TEPT
2. Respiração lenta
3. Revisão dos progressos nos tratamentos
4. Manutenção e prevenção de recaída

Reelaborando. Dentro da ERRT, a reelaboração do pesadelo inclui a incorporação dos temas traumáticos previamente identificados. Por exemplo, se o participante sente-se inseguro no pesadelo, ele é encorajado a mudar o pesadelo para que este reflita o sentimento de muita segurança e proteção. A ideia da reelaboração é a de que ela não só aumente o senso de poder e controle do participante sobre o pesadelo (domínio), como também promova uma resolução final e diminua o sintoma e a frequência dos pesadelos, incorporando temas para o pesadelo reelaborado. Embora os participantes reelaborem seus pesadelos, é necessário que se faça uma distinção clara entre o pesadelo como um aspecto associado à experiência de trauma, e o trauma propriamente dito, para garantir que os participantes entendam que essa reelaboração diz respeito somente ao primeiro. Depois que os participantes reelaboram o pesadelo e leem a versão alterada em voz alta, eles recebem o trabalho de casa, em que são orientados a ensaiar imaginariamente o pesadelo reelaborado, a cada noite, antes de dormir.

Relaxamento. Três procedimentos separados de relaxamento (veja Craske, Barlow & Meadows, 2000; Falsetti & Resnick, 1997) são empregados nesse breve tratamento, em que os participantes aprendem um tipo por sessão. Durante a primeira sessão, os participantes aprendem o relaxamento muscular progressivo (PMR). O PMR é explicado como um procedimento durante o qual os participantes relaxam e retesam, alternadamente, diferentes grupos musculares em seus corpos, para aprenderem a diferenciar entre a sensação de tensão e de relaxamento. Os efeitos da respiração inadequada são explicados em relação à segunda técnica de relaxamento, de respiração diafragmática. Essa técnica fornece instrução explícita na mecânica da respiração adequada e sinais verbais para uma condição clássica de um estado de maior relaxamento. O último procedimento de relaxamento ensinado aos participantes é a respiração desacelerada, que aumenta a sensação de relaxamento. Os próximos três capítulos resumem o tratamento, sessão por sessão. O manual do tratamento é fornecido no Apêndice A.

CAPÍTULO 6

SESSÃO 1

A Sessão 1 foi delineada para fornecer as instruções básicas para o tratamento e para começar a abordar os elementos do círculo vicioso que mantém os pesadelos. São fornecidas aos pacientes informações sobre os eventos potencialmente traumáticos, TEPT, e pesadelos. As teorias de iniciação e manutenção do pesadelo são brevemente comentadas. As informações sobre o hábito do sono são, então, fornecidas e o PMR ensinado.

Introdução

Antes de iniciar as instruções, os pacientes recebem uma visão geral básica do tratamento e uma introdução das formas como a ansiedade pode se manifestar em indivíduos expostos a eventos potencialmente traumáticos. Essas informações são amplamente baseadas em vastas literaturas sobre trauma e ansiedade (Barlow e Craske, 1989; Falsetti & Resnick, 1997; Lang, 1968; Resick & Schnike, 1993). Essencialmente, os pesadelos são vistos, pelo menos inicialmente, como uma manifestação da ansiedade e parte da constelação de sintomas do estresse pós-traumático. Os pesadelos, por sua vez, causam ansiedade adicional. A ansiedade não é retratada como negativa, mas sim essencial à sobrevivência; entretanto, para os indivíduos com problemas crônicos, o sistema da ansiedade pode ser falho. Pode haver questões sobre a intensidade, direção ou o momento da resposta de ansiedade, que resultem em problemas. Descrevemos a maneira pela qual a ansiedade torna-se evidente através dos canais fisiológico, comportamental e cognitivo, específica para a experiência de pesadelos (Lang, 1968).

A seguir, uma parte do manual do paciente, específico para as informações acima. Durante toda parte da psicoeducação os clínicos são incentivados a apresentar as informações de modo interativo. Por exemplo, na seção a seguir, discutimos, de forma típica, a primeira parte da informação (canal psicológico) e, então, perguntamos aos pacientes se e como eles experimentam os sintomas no canal psicológico. Depois, fazemos o mesmo

Capítulo 6

para os canais comportamental e cognitivo. Para tornar a parte da psico-educação menos didática e mais relevante pessoalmente, incentivamos os clínicos a fazerem sempre assim. No manual do paciente incluímos questões, em negrito, para eles considerarem e para o clínico perguntar.

O tratamento tem como meta três sistemas nos quais a ansiedade se manifesta: psicológico, comportamental e cognitivo. As reações psicológicas para os pesadelos podem incluir aumento de excitação próximo à hora habitual de ir para a cama, sintomas de ataque de pânico ao despertar do pesadelo (por exemplo, coração acelerado, sudorese, sufocação), sintomas de privação do sono durante as horas do dia (por exemplo, confusão, perda de memória, irritabilidade ou altos e baixos emocionais, exacerbação de outras dificuldades emocionais), e aumento de excitação durante o dia. As reações comportamentais aos pesadelos podem incluir o uso de substâncias (por exemplo, álcool, pílulas para dormir) de noite para ajudar a dormir; assistir à televisão na cama para tentar esquecer os pesadelos; e situações de evitação, lugares ou pessoas que lembrem os pesadelos e o evento traumático (evitação até de dormir!). As reações cognitivas para o pesadelo podem incluir dizer a si mesmo que nunca será capaz de dormir, sentir-se com muito medo de dormir porque tem medo de ter outro pesadelo, ou acreditar que nunca vai "superar" o trauma, porque ele continua sendo destruidor, mesmo quando você está dormindo. Esse tratamento foi delineado para abordar cada um desses sistemas. [Veja apêndice A.]

A introdução ao tratamento também busca enquadrar as expectativas dos pacientes. A brevidade do tratamento, embora atrativa para muitos deles, pode também causar dúvida em outros. Uma quantidade considerável de literatura apoia a noção de que as suas expectativas, quanto ao sucesso do tratamento, preveem resultado significativamente favorável (Lambert & Barley, 2001). Tentamos estabelecer metas realísticas para o tratamento, discutimos a importância de fazer o trabalho de casa e os exercícios fora do tratamento e instilamos esperança nos pacientes, para servir como motivação para a realização e cumprimento do tratamento. Especificamente, informamos a eles que, embora seja comum que outras manifestações de sofrimento melhorem com o tratamento, o objetivo principal é reduzir a frequência e a seriedade dos pesadelos. Informamos a eles que o tratamento não foi delineado para se ajustar a um tipo de evento traumático, ou para pessoa que tenha experimentado trauma apenas uma vez. Na verdade, os participantes em nossos estudos do tratamento relataram uma ampla

Sessão 1

variedade de experiências traumáticas e em média havia aproximadamente cinco eventos traumáticos em suas vidas.

A ERRT é um tratamento de três sessões. Talvez você ache difícil imaginar que três sessões sejam suficientes para livrá-lo dos pesadelos. O propósito desse tratamento é tentar reduzir a frequência e a intensidade de seus pesadelos. Ele pode reduzir também seu nível de sofrimento durante o dia, com a melhora do sono, e você começa a entender as maneiras como o trauma e os pesadelos estão afetando você. O tratamento requer que você venha nas três sessões. Os trabalhos de casa serão atribuídos no final das duas primeiras sessões. A realização do trabalho de casa indicado é muito importante para o sucesso do seu tratamento. Vamos comentar o trabalho de casa no início de cada sessão. Pediremos também a você que complete as medidas adicionais, no início de cada sessão. As sessões do tratamento e este manual fornecerão um guia para trabalhar com os pesadelos, mas vai depender de você fazer esse trabalho. O manual do tratamento é seu, pode mantê-lo, assim você poderá rever o material entre as sessões. [Veja Apêndice A.]

Confidencialidade

A confidencialidade é então comentada. Embora essa informação esteja presente nos formulários de consentimento, que todos os participantes assinam e recebem uma cópia, comentamos a informação verbalmente. Isso é particularmente importante, quando o tratamento é feito em grupo.

Como você sabe, cada pessoa envolvida neste tratamento tem um evento traumático ocorrendo em sua vida. Em uma situação de terapia individual, todas as informações seriam confidenciais com algumas exceções, conforme listadas na cópia do formulário de consentimento que você recebeu. Em uma situação de grupo, o terapeuta não pode garantir total confidencialidade, porque os membros do grupo irão ouvir as histórias e preocupações do outro membro do grupo durante o tratamento. É muito importante que cada membro do grupo proteja e respeite as informações que ouve no tratamento. Ninguém deve discutir qualquer informação levantada no contexto do tratamento, ou contar quem está no grupo, para qualquer pessoa fora do grupo. Para que o tratamento funcione, cada um precisa sentir-se livre para discutir assuntos delicados, abertamente, sem medo de que as informações sejam divulgadas fora do grupo. [Veja Apêndice A.]

149

Educação

Os pacientes serão apresentados ao material psicoeducacional básico sobre o trauma e seus efeitos. A meta para essa sessão do tratamento é normalizar as respostas aos eventos traumáticos. Fazemos isso através do fornecimento de taxas de prevalência de experiências do trauma, e discutimos respostas comuns ao trauma. Destacamos várias maneiras com que as pessoas lidam com os eventos estressores, para refletir a natureza individual do impacto e recuperação do trauma. Os sintomas do TEPT estão descritos em detalhe.

O elemento psicoeducativo é conduzido de forma interativa, com o terapeuta consultando os pacientes sobre os sintomas, dentro de cada grupo e, especificamente, como os sintomas se manifestam, bem como sua intensidade, frequência e duração. É claro que, se eles não sofrerem com os sintomas do TEPT, tal elemento pode ser tirado. No entanto, os clínicos não devem presumir que, por que os pacientes não atendem aos critérios para o TEPT, eles não sofram de sintomas subclínicos.

Exemplo de caso

Terapeuta: Antes de falarmos sobre os pesadelos, especificamente, gostaria de falar sobre como as pessoas respondem ao trauma, de forma geral.

Paciente: Certo.

T: As pessoas respondem aos eventos traumáticos de diversas maneiras. Alguns indivíduos sentem um sofrimento intenso, quase imediatamente; para outros, ele vai se dissipando com o tempo, e outros ainda continuarão passando por significativo sofrimento. Alguns podem sentir um pouco de angústia primeiro, ou ficar em estado de choque, e assim experimentam dificuldades mais tarde, até mesmo anos depois do evento. Outros, porém, relatam experimentar poucas dificuldades. A maneira com que um evento traumático impacta a vida da pessoa é bastante variada. Como você responde ao trauma?

P: Eu mal me lembro dos poucos dias que se passaram depois do estupro – estava tão por fora. Foi logo depois que eu saí do hospital que isso começou a me perturbar.

T: Parece que você ficou meio em choque logo depois – porque, enquanto você estava no hospital, você deve ter-se sentido um pouco mais segura.

P: É, foi bom não ter pensado nisso, porque eu estava centrada em ficar bem fisicamente.

T: Como as coisas ficaram depois que você saiu do hospital?

P: Tudo mudou – parecia que eu estava em perigo, não importava onde estivesse. E não conseguia ficar longe do lugar onde tudo aconteceu – que é onde eu trabalho. Então isso ficava na minha mente o tempo todo.

T: A experiência de você ter que ficar perto do lugar onde o estupro aconteceu mudou com o tempo?

P: É, ficou pior – muito pior. Comecei estacionando alguns quarteirões de distância e andando por caminhos diferentes para chegar até o escritório.

T: Está parecendo que você experimentou algumas reações comuns que as pessoas têm quando sofrem um evento traumático. Talvez tenha ouvido falar em um grupo de sintomas que é conhecido como transtorno de estresse pós-traumático.

P: É o que os soldados têm.

T: Sim, os soldados podem desenvolver o transtorno de estresse pós-traumático – ou TEPT, resumindo. Realmente, as pessoas que passam por esse tipo de evento traumático podem desenvolver o TEPT – incluindo desastres naturais, acidentes de carro, agressões físicas e sexuais. Na verdade, aproximadamente um terço dos indivíduos que experimentam o trauma desenvolvem o TEPT.

O terapeuta explica, então, o que ocorre com cada uma das três categorias do TEPT, emitindo exemplos de como os pacientes poderiam vivenciar cada uma delas, caso essas categorias estejam ocorrendo. Segue um trecho do texto, incluindo todas as questões colocadas para eles. Questões específicas são incluídas em destaque, e os pacientes são estimulados a se estenderem nessas áreas.

O TEPT inclui três categorias diferentes de sintomas. A primeira categoria inclui os sintomas que envolvem, de alguma forma, a revivência do evento traumático, sentindo como se o evento estivesse ocorrendo novamente, tendo pesadelos sobre o evento e pensando sobre o evento, mesmo quando não se quer. (*Seus pesadelos costumam ser sobre o trauma? Você já teve quaisquer outros sintomas de revivência?*) A segunda categoria inclui as formas com que as pessoas tentam evitar pessoas, lugares, situações e coisas que as lembrem do evento traumático. As maneiras mais comuns com que as pessoas tentam fazer isso incluem tirar da cabeça os pensamentos sobre o evento, não interagir com alguém que possa lembrar o perpetrador e usar substâncias para tentar esquecer o que aconteceu. (*Você já se pegou tentando evitar pensamentos ou lembranças do trauma?*) A segunda categoria também inclui respostas insensíveis, como um sentimento destacado dos de outras pessoas, ou incapacidade de ter sentimentos amorosos. (*Você tem experimentado emoções tão fortes quanto costumava ter?*) A terceira categoria dos sintomas envolve um estado de excitação aumentada. Os indivíduos podem experimentar sensações físicas quando se lembram do trauma, incluindo aumento do batimento cardíaco, respiração acelerada e sudorese. As pessoas também se podem sentir como se estivessem sempre de sobreaviso, tentando ficar longe de possíveis perigos em seu ambiente, e tendo dificuldade para iniciar e manter o sono. (*Você sente que sua excitação aumenta se alguma coisa faz você se lembrar do trauma?*) [Veja Apêndice A.]

Antes de passar para uma discussão específica dos pesadelos, é útil fornecer aos pacientes uma compreensão contextual do desenvolvimento dos sintomas do TEPT. Pode ser personalizada, com referência às experiências particulares de cada um, ou pode ser explicada independentemente de suas experiências. Zayfert e Becker (2007) examinam vários potenciais obstáculos relacionados com a discussão de informações pessoais do trauma, nessa fase inicial. Isso inclui eliciar memórias, aumentar a excitação e diminuir a concentração – o que pode aumentar a chance de os pacientes não se lembrarem muito bem do componente psicoeducação. Por esses motivos, assim como para realçar o componente educação, é útil fornecer-lhes informações por escrito, como parte do manual ou como uma anotação que eles levem para casa. Foa e Rothbaum (1998) e Zayfert e Becker (2007) incluem exemplos das anotações em seus trabalhos. As anotações também estão disponíveis *on-line* em: (http://academicdepartments.musc.edu/ncvc/resources_public/victim_reactions_general_trauma.pdf). Em geral, os terapeutas conceitualizam os sintomas do TEPT como uma resposta normal a uma situação inesperada e aterrorizante.

Se você pensar sobre esses sintomas, eles realmente fazem sentido e podem ser úteis, ao menos inicialmente. O motivo para você reviver os sintomas é para que o seu corpo permaneça em alerta. Sua mente pode continuar enviando sinais de perigo em resposta à ameaça percebida. Fazer você se lembrar do trauma, através de pensamentos intrusivos e das lembranças, pode ser um meio de manter você em alerta e seguro, a princípio. A evitação dos sinais de informações relacionadas ao trauma também fazem sentido – é bom ficar longe de coisas que são perigosas! Faz sentido também que seu corpo fique em estado de alta excitação ou prontidão, no caso do perigo reaparecer – você estará pronto para reagir, se isso ocorrer. Então, como mudamos de uma resposta normal para um problema em curso? Parte do que acontece pode ser porque seu sistema não se ajusta ao fato de que o evento traumático acabou. O evento não é processado ou resolvido como outras experiências que temos. Quando alguma coisa não está resolvida, nossa tendência é ficar pensando naquilo, mesmo que não queiramos. (*Você recorda um exemplo [que não seja do trauma] de algo que você continuou pensando porque ainda não estava bem resolvido?*) Outro problema é que essas respostas do medo se generalizam para estímulos que, de alguma forma, se associam ao evento traumático, mas que em si mesmos não são perigosos. Por exemplo, um veterano de guerra pode começar a responder com o medo às visões ou aos sons que o lembrem da experiência da guerra, incluindo escapamento de carro, andar por entre as árvores ou ouvir fogos de artifício. Uma vítima de estupro pode começar a sentir medo de homens que lembrem o estuprador, carros que sejam similares àquele em que ela foi estuprada, o aroma da colônia que o estuprador estava usando etc. Esses estímulos, que não têm nada de perigoso, tornam-se sinais ou desencadeadores do evento traumático. Se está respondendo com medo a esses sinais, você começará a evitá-los. Fugir dos sentimentos de medo e evitar os sinais do trauma fará com que você se sinta aliviado, mas a longo prazo servem apenas para manter o problema. Você não teve a oportunidade de aprender que coisas como carro e colônia não são perigosas. (*Você está ciente de qualquer coisa que seja um sinal do evento traumático?*) [Veja Apêndice A.]

O terapeuta também deve fornecer informações sobre outras áreas que podem ser afetadas pelo evento traumático.

Outras consequências negativas do trauma incluem ataques de pânico, aumento do uso de substâncias, sentimentos de tristeza ou depressão, ansiedade, problemas relacionados a outras pessoas e distúrbio do sono. A forma como pensamos sobre nós mesmos, sobre o outro e sobre o mundo também pode mudar depois do trauma, especialmente nas áreas da impotência, autoestima, segurança, intimidade e confiança. (*Você notou mudança na forma de pensar em você mesmo? Nas pessoas à sua volta? Você vê o mundo de maneira diferente?*) Embora essas dificuldades não sejam incomuns em indivíduos que relatam ter experimentado um trauma, a boa notícia é que alguns desses problemas podem desaparecer com o tempo, por si sós. E também existem tratamentos disponíveis que se têm mostrado eficazes a respeito dessas dificuldades. Finalmente, muitas pessoas mostram resiliência quando enfrentam um trauma e conseguem encontrar sentido naquilo que experimentaram. [Veja Apêndice A.]

Pesadelos

Durante essa discussão, os pesadelos são identificados com um dos diversos sintomas da reexperiência, e o terapeuta reitera aos pacientes que a experiência com pesadelos não é necessariamente um indicador de que o indivíduo atende aos critérios para o TEPT. As informações específicas que seguem são fornecidas e, como acima, esse processo é interativo, com informações adicionais que eles buscam sobre suas experiências particulares de pesadelos.

Estudos de pesquisa sugerem que aproximadamente 5% da população sofre de pesadelos em algum momento, e as taxas são muito altas, cerca de 50% a 88% para os que experimentaram um trauma e têm o TEPT. Os pesadelos e distúrbios do sono são considerados a marca do TEPT, e as pessoas com o TEPT reportam mais pesadelos do que aquelas sem o TEPT. Experimentar um evento traumático pode iniciar ou exacerbar a ocorrência de pesadelos. (*Você tinha pesadelo antes do evento traumático? Se tinha, os pesadelos mudaram de frequência, seriedade ou conteúdo, após o evento traumático?*) O aumento da variabilidade da frequência cardíaca e da frequência respiratória, que sempre acompanha os pesadelos, é compatível com a excitação fisiológica a estímulos vistos no TEPT, bem como os sintomas de excitação psicológica do ataque de pânico. Essas respostas, juntamente com o conteúdo do sonho associado ao evento traumático, podem também servir como sinais do trauma que elevam o nível de excitação e angústia em indivíduos com o TEPT. Os pesadelos podem causar considerável interrupção do sono, o que talvez leve à angústia durante o dia, aumentando potencialmente a oportunidade para mais pesadelos e rupturas no funcionamento.

Uma série de teorias fornece possíveis explicações para a ocorrência dos pesadelos. Conforme discutido antes, ter pesadelos é um dos sintomas de reexperiência do TEPT. Acredita-se que as lembranças do evento traumático não sejam processadas ou armazenadas adequadamente no cérebro, por causa do impacto do alto nível de angústia e excitação experimentado no momento do trauma, resultando em impacto no cérebro. Pode ser que a mente esteja tentando processar a informação durante o dia, através de *flashbacks* e pensamentos intrusivos, e à noite através dos pesadelos. De fato, alguns pesquisadores acreditam que os pesadelos crônicos podem refletir aspectos cognitivos ou emocionais específicos do trauma, que permanecem não resolvidos. A experiência contínua de pesadelos pode ser a tentativa da mente para conseguir dominar aqueles aspectos particulares do evento traumático ou suas consequências.

Outra teoria sugere que o sistema de imagem do indivíduo é inicialmente interrompido pela natureza esmagadora do evento traumático. Os indivíduos podem, então, ficar particularmente desconfortáveis com as imagens por causa do que passaram. Eles podem ter aprendido, através das lembranças intrusivas, *flashbacks* e pesadelos, a ajustar o pensamento, principalmente verbal, e tentar evitar as imagens a todo momento (incluindo devaneios e imaginação de soluções para o problema), já que não sabem quando um *flashback* ou uma intrusão pode ocorrer. Os pesadelos têm, tipicamente, uma capacidade natural e inclinação à mudança – muitas pessoas que experimentaram traumas terão pesadelos, inicialmente, depois esses pesadelos mudam e desaparecem com o tempo. Esse processo ocorre também com pesadelos não relacionados a trauma – podemos ter pesadelo e, durante a noite, as imagens e a história mudam e se transformam em alguma outra coisa, em outros sonhos; no entanto, se a pessoa estiver evitando a imagem e acordar do pesadelo com significativo sofrimento, ela não tem oportunidade de se autocorrigir ou mudar, e o pesadelo continua.

Sonhos e pesadelos também são conceitualizados como metáforas visuais para as emoções primárias (por exemplo, medo, terror, culpa). Se sua emoção primária for medo, então sua mente irá criar uma sinopse para aquela emoção. Sua mente também pode associar o pesadelo a outros momentos em que você sentiu medo, mas que as coisas deram certo. Acredita-se que seja assim que os pesadelos acabam mudando com o tempo, tornando-se menos assustadores e menos perturbadores, e a informação é integrada com os outros pensamentos e lembranças. Entretanto, isso não parece acontecer com os pesadelos crônicos, especialmente aqueles que repetem o evento traumático. Alguma coisa parece manter o pesadelo isolado, por isso aquelas outras conexões não são feitas, e o pesadelo não muda. É possível que, como as pessoas acordam dos pesadelos, elas não vivenciam a habituação – a diminuição do medo que normalmente acompanha a exposição a um estímulo temido – e podem até se tornar mais sensíveis aos sinais do medo e mais propensas à evitação de sinais do trauma e do pesadelo, incluindo a evitação do sono.

Finalmente, embora os pesadelos possam começar a partir de um evento traumático, eles podem ficar separados do trauma por um tempo e tornarem-se um problema em si ou de si mesmos. Acreditamos que eles sejam úteis inicialmente, por tentarem nos ajudar no processo do trauma ou nos manter vigilantes, até um ponto em que não pareça mais que seja o caso. Por que os pesadelos continuam por muito tempo? Para algumas pessoas, os pesadelos podem se tornar algo para se ter medo, ao invés, ou em adição ao trauma. [Veja Apêndice A.]

A informação acima pode ser esmagadora para os pacientes; é importante para o terapeuta perguntar a eles e verificar o quanto estão assimilando, como ilustrado abaixo, no exemplo de caso.

Exemplo de caso

Terapeuta: Então, existem muitas maneiras que os terapeutas e pesquisadores pensam sobre como e por que os pesadelos se desenvolvem. Ainda não temos certeza de como tudo isso funciona. O que você pensa a respeito das diferentes ideias de como os pesadelos se desenvolvem?

Paciente: Não tenho certeza – há tantas formas de pensar sobre isso...

T: É verdade. Pode ser que cada teoria esteja correta, em algum grau.

P: É, acredito nisso. Parecem seguir juntas. Teorias diferentes poderiam ser mais pontuais para diferentes pessoas?

T: Certamente! É improvável que exista apenas um caminho para todos. Existe uma série de fatores que podem deixar-nos mais vulneráveis para desenvolver pesadelos após o trauma.

P: É verdade – e se eles não servirem, então alguma outra coisa deve estar acontecendo.

T: Certo. E mesmo entre as pessoas que desenvolvem pesadelos, os pesadelos relacionados a trauma não são os mesmos para todos, e com o tempo podem não ser o mesmo para qualquer indivíduo. Os pesadelos, no início, podem ser iguais ao evento traumático, quase uma reconstituição do trauma. Como são os seus pesadelos? Eles repetem o evento traumático, têm alguma similaridade com o trauma, ou não têm nenhuma relação?

P: Bom, no começo – por uns três anos depois do estupro –, pareciam quase exatamente iguais. Claro que alguma coisa pode ter sido diferente, mas pareciam iguais. O jeito como me sentia, tudo parecia ser igual. A voz dele era igual e o que ele disse nunca mudou.

T: Então, foi como se o estupro ocorresse mais e mais vezes?

P: Sim, foi como se eu tivesse sido estuprada todas as noites durante três anos.

T: Então, parece que mudou depois dos três anos. Como tem sido os pesadelos depois disso?

P: Me lembro de que eles começaram a mudar quando me casei. Ficaram até piores – ao invés de ser o cara que me estuprou, parecia que meu marido estava me machucando.

T: Isso deve ter sido muito difícil – sonhar com alguém que você ama como aquele que a machuca.

Não é incomum que os pesadelos mudem com o tempo. Os pacientes sempre relatam que os pesadelos em certo ponto incluem outros aspectos da vida e estressores mais recentes. Podem incluir pessoas, lugares ou situações que não estavam envolvidos no trauma original. Os pesadelos também podem mudar com o tempo para refletir possíveis assuntos não resolvidos, relacionados ao trauma (por exemplo, impotência, autoestima, segurança, intimidade, confiança). Assim, é importante para o terapeuta entender se e como os pesadelos mudam com o tempo, pois isso pode fornecer uma indicação das questões que os pacientes estão enfrentando.

Nesse ponto, o "círculo vicioso" que mantém o pesadelo é introduzido (Davis, 2003; Davis & Wright, 2007), conforme descrito no capítulo 3. Independentemente do mecanismo específico pelo qual o pesadelo se desenvolve, acredita-se que eles são mantidos ao longo do tempo através de vários canais, com a evitação sendo o elemento principal. A própria experiência do pesadelo sempre resulta em um alto nível dos sintomas de excitação, angústia, medo e pânico, ao acordar (incluindo batimento cardíaco acelerado, sudorese, tremor, hiperventilação ou dificuldade para respirar). Os pacientes muitas vezes não conseguem dormir mais, ou ficam um bom tempo acordados, devido ao medo de dormir ("posso ter outro pesadelo"), ou dificuldade para voltar a dormir por causa da alta excitação psicológica e/ou cognitiva. De fato, as respostas fisiológicas, as cognições negativas e o conteúdo do sonho associados com o evento traumático podem servir de sinais do trauma que elevam o nível de excitação e angústia, talvez especialmente para os indivíduos com o TEPT.

Os pesadelos em si e de si mesmos são perturbadores e destruidores. Os pesadelos podem também impactar outras áreas do funcionamento. Por exemplo, como os sobreviventes sentem muito medo com o pesadelo, seus hábitos do sono ficam afetados. Os sobreviventes podem antecipar o pesadelo quando começam a se sentir cansados e prontos para irem para a cama. Eles podem se preocupar em ter pesadelo e tornarem-se ansiosos, excitados e angustiados, aumentando a chance de ter pesadelo. Isso pode também aumentar o tempo entre se aprontar para ir dormir e pegar realmente no sono. (*Você se sente angustiado antes de ir para a cama? O que lhe parece isso?*) Experimentar pesadelos também pode aumentar seu nível de excitação e angústia durante o dia, quando você se lembrar dos aspectos do pesadelo e do trauma. (*Você se sente mais angustiado do que o usual no dia seguinte ao pesadelo? O que lhe parece isso? Como você enfrenta a angústia?*) [Veja Apêndice A.]

Com o tempo, os pesadelos e consequentes distúrbios do sono podem resultar em privação do sono. A privação do sono pode ter efeitos significativos e algumas vezes debilitantes, incluindo confusão, perda de memória, irritabilidade, dificuldades de se envolver em pensamento criativo, resposta de inibição rebaixada e altos e baixos emocionais. Além da manifestação da privação do sono, os pacientes tendem a experimentar excitação diurna aumentada, devido à falta de sono, lembranças do conteúdo do pesadelo e possíveis lembranças do trauma. Eles sempre respondem à angústia através do aumento da evitação. Especialmente em relação ao pesadelo, muitos deles nunca contaram a ninguém o conteúdo de seus pesadelos, antes de se envolverem em nossos estudos.

Com a aproximação da noite e, portanto, da hora de ir dormir, alguns podem experimentar ansiedade preventiva. A ansiedade aumentada pelo medo de ir dormir pode levar ao aumento de excitação (de fato, alguns acreditam que essa pode ser a parte principal da manutenção dos pesadelos). A excitação aumentada pode ser exacerbada pelas cognições distorcidas e pelas falas negativas com si mesmos (por exemplo, "Por que não consigo me livrar disso?"; "Nunca serei capaz de dormir em paz"; "Por que sou impotente para acabar com isso?").

Os pacientes sempre se envolvem em hábitos de sono inadequados, ou para conseguir dormir ou para evitar o sono. Isso pode incluir o uso de substâncias (por exemplo, álcool, pílulas para dormir) à noite, para promover o sono, assistir à televisão ou ler na cama para tentar esquecer do pesadelo e ficar ativo até tarde para retardar o sono e aumentar a chance de dormir rapidamente. Embora essas atividades sejam úteis a curto prazo, o uso contínuo servirá para manter o problema por mais tempo. Mais informação sobre o impacto dos hábitos de sono inadequados é fornecida a seguir.

Finalmente, parece ser um componente cognitivo muito potente para a manutenção dos pesadelos – um sentido de profunda impotência. A maioria das pessoas acredita que tem um pequeno controle sobre o que acontece durante o sono, e os sobreviventes do trauma sempre acreditam que têm um pequeno controle sobre suas vidas em geral. Não é de surpreender, então, que apenas poucos acreditem que possam fazer alguma coisa a respeito de seus pesadelos. Não podem mencioná-los ou buscar tratamento, porque realmente acreditam que nada pode ser feito. Outros creem que os pesadelos não irão embora até que eles consigam processar o trauma como um todo (Krakow, 2004) – em outras palavras, "Uma vez que eu entendo o que aconteceu comigo, os pesadelos e outros sofrimentos vão embora". Isso pode ser verdade para muitas pessoas, mas mostramos aos pacientes que os resultados do tratamento sugerem que trabalhar com o componente do pesadelo tem um impacto positivo sobre os sintomas da angústia.

Os terapeutas podem querer incorporar essa descrição mais detalhada de manutenção do pesadelo, ou podem optar por simplificar a explicação.

Não é de admirar que os sobreviventes relatem tanto sofrimento! Em meio aos próprios pesadelos, distúrbio do sono, excitação aumentada e angústia durante o dia, por causa dos pesadelos, assim como ter dificuldade para conseguir dormir por causa do medo e da preocupação de ter pesadelos, seria muito difícil não ter o funcionamento prejudicado. O que você está experimentando é um círculo vicioso de experiências intrusivas, angústia e aumento de excitação, criando mais experiências intrusivas. Esse tratamento ajudará você a quebrar o círculo e esperamos que resulte em aumento do funcionamento nas diferentes áreas. [Apêndice A.]

Hábitos do sono

A ideia de mudar os hábitos do sono relacionados à ansiedade preventiva é então desenvolvida.

Um dos principais caminhos pelos quais os pesadelos podem impactar seu funcionamento é afetando a qualidade e quantidade do sono que você consegue por noite. Conforme comentado antes, você pode em geral dormir menos, obtendo uma qualidade pior do sono, sentir-se ansioso quando chega a hora de ir dormir e ter privação de sono durante o dia. Por causa desses problemas, muitas pessoas que sofrem de pesadelos alteram seus hábitos para tentar melhorar o sono. (*Pense em sua própria situação – o que você faz quando não consegue dormir? Quando você tem pesadelo, o que você faz para voltar a dormir?*)

Alguns comportamentos que as pessoas têm para melhorar o sono podem servir por algum tempo, mas não são úteis a longo prazo. Esses comportamentos do sono, ou hábitos, eventualmente confundem seu ciclo do sono e podem criar problemas significativos, em termos de aumento de angústia, contribuindo para outros problemas do sono, e na verdade aumentam os problemas relativos à privação do sono e a chance de ter pesadelo. A seguir comentaremos a lista do "sim e não" relacionada ao sono. Conforme a lista vai se completando, identificamos aqueles comportamentos com os quais você se envolveu que podem ser úteis e os que podem não ser úteis. [Veja Apêndice A.]

Apresentamos, então, informações sobre os hábitos de sono, úteis e inúteis (a lista é fornecida no Apêndice A), que incorporam aspectos da higiene do sono e do controle dos estímulos, e explicam por que eles são úteis ou inúteis. Pedimos aos pacientes que identifiquem três hábitos do sono úteis e três inúteis, com os quais estão comprometidos atualmente. Pedimos a eles, então, que escolham um hábito de sono não útil, que será trabalhado durante a semana que segue. Embora alguns aceitem rapidamente nossa explicação e envolvam-se no planejamento da mudança dos hábitos de sono, outros ficam mais relutantes. Muitas vezes, são muito apegados aos seus hábitos de sono, acreditando, erroneamente, que eles os ajudarão durante muito tempo e que o medo vai acabar desistindo deles. Assim como qualquer outra mudança que o paciente tenha pedido para fazer na terapia, é importante não sobrecarregá-lo com a quantidade de alterações solicitada, em um curto período de tempo. Uma forma de acalmá-lo, em relação à mudança, é desenvolvendo uma hierarquia de passos que levam ao comportamento modificado. Esse método passo a passo dilui a mudança em metas, pequenas e mais tangíveis, para que o paciente consiga completá-la. Por exemplo, se o paciente escolher mudar o hábito de fumar pouco antes de ir para a cama, o terapeuta pode incentivá-lo a ficar sem fumar dez minutos antes de ir dormir, nas primeiras duas noites, quinze minutos nas duas noites seguintes, e assim por diante. Quando consideramos alterar os hábitos de sono, é importante lembrar que o controle dos estímulos parece muito útil para restaurar apropriadamente o sono (Morin, Culbert & Schwartz, 1994; veja também Broomfield, Gumley & Espie, 2005, para discussão); assim os terapeutas podem incentivar as mudanças usando esse princípio. O controle dos estímulos refere-se especificamente ao estabelecimento de estímulos discriminativos para o ambiente de dormir, incluindo o uso da cama apenas para dormir e para a atividade sexual, despertando na mesma hora todos os dias, deitando-se apenas quando estiver com sono, saindo da cama se não conseguir dormir dentro de quinze a vinte minutos e retornando somente quando estiver com sono (Bootzin & Epstein, 2000). Todos os participantes são incentivados a envolver-se nessas estratégias.

Exemplo de caso[1]

Terapeuta: Alguns comportamentos que as pessoas têm para melhorar o sono podem ser úteis a curto prazo, mas são sempre inúteis a longo prazo. Esses comportamentos ou hábitos do sono eventualmente atrapalham o seu ciclo do sono e podem criar problemas significativos em termos de angústia, contribuindo para outros problemas do sono e realmente aumentando as dificuldades relacionadas à privação do sono e a chance de você ter pesadelo. Então, revisando a lista do sim e não, quais os hábitos de sono que você tem que são saudáveis?

---

[1] Agradecimentos a Patrícia Byrd por este exemplo de caso.

Paciente: Bem, eu leio antes de dormir, mas na verdade não leio na cama – leio no quarto em frente, até ficar cansada, e daí vou para a cama.

T: Você acha que a leitura deixa você relaxada antes de ir para a cama?

P: Ah, sim, eu leio não só quando vou para a cama, como também quando acordo no meio da noite, quando tenho pesadelo, o que me ajuda a voltar para a cama.

T: Muito bem, parece que você já tem comportamentos saudáveis de sono. Que tipo de livros lê antes de ir para a cama?

P: Bom, meus livros favoritos para leitura são os livros de Stephen King.

T: Hummm. O lado saudável de ler antes de ir para a cama é para relaxar, mas não sei se ler novelas de terror atingiria esse propósito.

P: É, é verdade, porque sempre que eu leio um desses livros preciso deixar as luzes acesas do quarto para conseguir dormir!

T: Bem, que tal se substituirmos os livros de Stephen King por alguma outra coisa mais calma. Você conseguiria fazer isso?

P: Sim, conseguiria.

T: Bom. Há outros comportamentos saudáveis da lista que você também tem feito?

P: Bem, não tomo café à noite nem como nada pesado depois das 20 horas.

T: São coisas muito boas. Agora, olhe para os hábitos não tão saudáveis. Você costuma ter algum?

P: Durmo com a televisão ligada no meu quarto, mas isso não vou mudar, porque não consigo dormir sem a televisão ligada.

T: Certo, porém, o que acontece é que a nossa mente fica preparada e ligada, sempre que ela precisa prestar atenção em algo, ao invés de começar a desligar para você poder dormir.

P: Já me disseram que eu não deveria dormir com a televisão ligada, e eu já tentei, mas foi horrível. Tive a pior noite da minha vida. Vou contar uma coisa, sou diferente, a televisão me ajuda a dormir.

T: Quando você tentou dormir sem televisão ligada, o que aconteceu?

P: Bem, eu fiquei ali deitada, preocupada; preciso da televisão para me distrair.

T: Você ficou preocupada com alguma coisa em especial?

P: Não me lembro – bom, na verdade, eu estava com medo que tivesse mais alguém no quarto comigo, como no *closet* ou sei lá, e fiquei apavorada!

T: Então, quando a televisão está ligada, você não se preocupa com coisas como essas?

P: Não, porque, quando a televisão está ligada, consigo ver bem o meu quarto, não fica tão escuro a ponto de que alguém possa se esconder.

T: Então talvez a televisão ajude você a dormir porque seu quarto não fica totalmente escuro.

P: É, acho que sim. Eu nunca tinha pensado nisso antes, mas é isso, a luz da televisão é o que me relaxa.

T: O que você acha de tentar não assistir à televisão na cama e, ao invés disso, deixar uma luzinha acesa? Assim você ficaria confortável com o quarto mais claro.

P: Certo, acho que posso tentar isso, não me parece muito ruim.

T: Bem, há outros comportamentos não saudáveis que você identifica na lista?

P: Eu fumo antes de ir para a cama, e também tomo muita água.

T: Muito bem, talvez esses sejam outros hábitos que trabalharemos durante o tratamento. O que acha de nesta semana ler somente livros relaxantes, ao invés dessas novelas de terror, e deixar uma luzinha acessa, assim na próxima semana você pode tentar dormir em sua cama sem a televisão ligada.

P: Está certo, parece boa ideia.

Algumas vezes os pacientes acham difícil ir para a cama, porque eles se preocupam com várias coisas (por exemplo, com o que precisam fazer no dia seguinte, como enfrentar algum estressor). Incentivamos esses indivíduos a manterem uma folha de papel perto da cama à noite, para escreverem suas preocupações; assim, eles não se esquecerão delas na manhã seguinte. Incentivamos algumas pessoas a separarem um tempo durante o dia para as preocupações, assim elas não precisam fazer isso na hora de ir dormir.

Relaxamento Muscular Progressivo

Embora seus eventos traumáticos específicos não tenham sido discutidos em detalhes na Sessão 1, os pacientes podem ficar emocionalmente excitados ao falarem do trauma e dos sintomas em geral. É importante reduzir a excitação e a angústia, antes de eles deixarem a sessão. Assim, a Sessão 1 termina com a instrução e prática de PMR. Uma variedade de roteiros de PMR está disponível para uso, e muitas livrarias vendem áudio, fitas e CDs para relaxamento. Usamos um roteiro completo, que incorpora tensão muscular e relaxamento, respiração profunda, associação da respiração com palavras calmas e imagens orientadas.

Antes de iniciar o relaxamento, explicamos o uso das unidades subjetivas de angústia (SUDs). O terapeuta descreve as SUDs em uma escala de 0 a 100 pontos, na qual o escore 0 significa que os pacientes estão completamente calmos e relaxados, 50 indica que estão moderadamente ansiosos e 100 representa um nível intolerável de ansiedade. Depois da explicação, o terapeuta pede a eles que classifiquem suas SUDs antes de demonstrar o processo de relaxamento, para que tenham uma forma de comparar como se sentiam antes e depois.

Muitas pessoas acham difícil relaxar, principalmente aquelas que estão passando por uma grande dose de estresse ou lutando com alguns problemas emocionais. Neste tratamento, você irá aprender diferentes tipos de procedimentos de relaxamento que têm sido usados em numerosos tratamentos para ansiedade e outros tipos de dificuldades. A primeira coisa que você vai aprender hoje se chama Relaxamento Muscular Progressivo, ou PMR. O PMR refere-se à tensão e ao relaxamento, alternados, de diferentes grupos musculares de seu corpo. Essa técnica ajuda as pessoas a aprenderem as diferentes sensações entre tensão e relaxamento. Vamos realizar o procedimento juntos durante esta sessão, e depois vocês ganharão um CD do PMR para usarem em casa. Assim como em qualquer comportamento novo, é preciso que vocês façam os exercícios algumas vezes para terem todos os benefícios. Uma das coisas que precisarão fazer na próxima semana é classificar seu nível de ansiedade antes e depois do PMR, assim vocês e o terapeuta poderão avaliar como isso está os ajudando. Algumas pessoas têm bastante dificuldade para relaxar, e envolver-se nesses procedimentos de relaxamento pode realmente deixá-las ainda mais tensas. Se esse for o seu caso, avise seu terapeuta. [Veja Apêndice A.]

Nós conduzimos todo o roteiro do PMR por diversas razões. Primeira, isso permite que os pacientes perguntem sobre o procedimento. Segunda, alguns indivíduos têm tanta dificuldade para relaxar que podem experimentar ansiedade com o relaxamento induzido (Adler, Craske & Barlow, 1987), especialmente aqueles propensos a ataques de pânico (Cohen, Barlow & Blanchard, 1985). Conduzir o PMR na sessão nos permite verificar se o PMR realmente aumenta os níveis de ansiedade, ao invés de diminuir. Finalmente, usamos o PMR para iniciar a crença nos pacientes sobre suas habilidades de ter algum controle sobre as emoções. Eles quase sempre relatam diminuição nas taxas SUDs depois do PMR. Embora não seja comum, algumas vezes dá-se apenas uma leve diminuição. Independentemente de quanto as taxas SUDs mudaram, é importante apontar-lhes que houve mudança. Fazemos questão disso, para introduzir a noção de que eles têm muito mais controle sobre a angústia do que provavelmente acreditam.

Exemplo de caso

Terapeuta: Agora que terminamos o relaxamento, você pode me dizer sua taxa das SUDs?

Paciente: Estou nos 45.

T: Uau! Isso é ótimo! Algumas vezes vivemos a vida achando que não temos controle sobre nossas emoções, e ficamos angustiados ou ansiosos, achando que não podemos fazer nada a respeito. Mas você acabou de mostrar quanto controle tem! Em apenas vinte minutos, foi capaz de levar sua ansiedade de 75 para 45... Isso é muito bom!!

P: Sim, parece que diminuiu muito. Eu estava até começando a ficar sonolenta!

T: Essa é uma das coisas mais importantes que você aprende neste tratamento – quanto controle você tem de fato sobre suas emoções e sobre seus pesadelos!

Trabalho de casa

Antes de passar para o trabalho de casa, o terapeuta deve enfatizar novamente a importância de completá-lo. Fazemos isso enfatizando que o que acontece fora da sessão pode gerar maior melhora: "Você sai do tratamento levando aquilo que colocou nele". Incentivamos também os pacientes a contatarem o terapeuta, se tiverem qualquer questão ou preocupação sobre como completar as tarefas.

Para o trabalho de casa, pedimos que eles pratiquem o PMR com o CD (que fornecemos) todas as noites antes de irem dormir, monitorando as SUDs antes e depois do exercício. Explicamos que usaremos a escala de avaliação para determinar quão bem o PMR está funcionando para eles. Pedimos que completem também o Registro das Atividades Diárias do Sono (Thompson, Hamilton & West, 1995) todas as manhãs, ao acordarem. Isso permite, novamente, que os pacientes e o terapeuta avaliem as mudanças na frequência e intensidade dos pesadelos, assim como a qualidade e quantidade de sono que estão tendo. Conforme comentado antes, eles escolhem um hábito inútil de sono, o alteram durante a semana e usam o Registro de Hábito do Sono para monitorar quais deles estão tentando mudar e quais já foram mudados. Por último, completam o Registro Diário de Sintomas do TEPT (Falsetti & Resnick, 2000). Embora nem todos que fazem esse tratamento atendam aos critérios do TEPT, muitos terão sintomas do TEPT. Completar o Registro de Sintomas do TEPT vai ajudar os pacientes e o terapeuta a determinarem se a terapia está ajudando a reduzir esses sintomas.

Nessa sessão inicial, vem um pacote com várias informações; talvez seja mais factível dividir esse material em duas sessões. Isso poderia ser realizado com uma sessão dedicada estritamente à psicoeducação das reações do trauma e a segunda, à educação relativa aos pesadelos e à higiene do sono. Entretanto, se as informações forem distribuídas entre as sessões, recomendamos firmemente que a sessão inicial encerre com procedimentos de relaxamento, devido ao possível aumento da angústia. A modificação do

Sessão 1

protocolo de tratamento é discutida no capítulo 9, e fornecemos um esboço da amostra do tratamento estendido.

Muitos pacientes consideram as informações da primeira sessão bastante importantes e úteis. Muitos se sentem isolados e sozinhos em suas experiências de trauma e pesadelos. Após a primeira sessão, esse senso de isolamento fica bem menor, o que é um passo em direção ao enfrentamento do pesadelo. É claro que nem todos terão progresso ao mesmo tempo, e é importante para o terapeuta checar os níveis de angústia antes de os pacientes saírem e concluir se têm alguma dúvida sobre a sessão. Os incentivamos a ler sobre a Sessão 1 em seus manuais e trazer qualquer dúvida na próxima sessão. Eles devem também contatar o terapeuta entre as sessões, se tiverem perguntas ou qualquer dúvida, ou dificuldades com o trabalho de casa designado.

CAPÍTULO 7

SESSÃO 2

A segunda sessão é a mais longa e a mais intensa das três sessões. A Sessão 2 começa com a conclusão das medidas da semana, revisão dos trabalhos da semana anterior, solução de qualquer questão relacionada com o trabalho de casa, estipulação de uma base racional para a exposição ao pesadelo e instruções para a exposição ao pesadelo. A exposição ao pesadelo é feita primeiro por escrito e, após, oralmente. Depois que os pacientes completam a versão escrita do pesadelo e a leem em voz alta, o terapeuta os ajuda a identificar, no pesadelo, temas latentes do trauma. É apresentado, então, o princípio da reelaboração do pesadelo, e cada um reescreve o pesadelo. A reelaboração é feita por escrito e oralmente. A sessão termina com instrução e prática da respiração diafragmática e a designação do trabalho de casa para a próxima semana.

Revisão do trabalho de casa

A Sessão 2 começa com uma revisão do trabalho de casa indicado. O terapeuta deve analisar visualmente cada elemento do trabalho de casa, os formulários de monitoramento do relaxamento, os registros do hábito de sono, checklist do TEPT e registros diários do sono. É importante, especialmente, determinar se os pacientes fizeram o PMR usando o CD, se eles tiveram algum problema com isso e se suas taxas SUDs diminuíram após os procedimentos do relaxamento. A necessidade de avaliar a instalação de sintomas do pânico (panicogênico), em resposta ao processo de relaxamento, é salientada pelos resultados da pesquisa de que tais respostas estão associadas a um início insatisfatório do tratamento (Borkovec et al., 1987). Alguns estudos sugerem que a ansiedade induzida pelo relaxamento pode estar relacionada ao medo da perda de controle, o que não é incomum entre os sobreviventes de trauma, ou à sensibilidade aos efeitos sensoriais do relaxamento (Brown, O'Leary & Barlow, 2001; Heide & Borkovec, 1983, 1984). Isso pode ser especialmente verdade para os pacientes com pesadelos, uma vez que eles devem estar condicionados a perceberem a sensação física do relaxamento como uma ameaça ou sinal de desconforto devido às terríveis experiências com pesadelos, durante o estado de relaxamento do sono.

Exemplo de caso

Terapeuta: Estou vendo pelo seu registro de relaxamento que nos primeiros dois dias você conseguiu fazer só uma parte do relaxamento, e que sua ansiedade aumentou, ao invés de diminuir.

Paciente: Sim... não consegui terminar...

T: Me diga o que você estava sentindo durante o procedimento de relaxamento.

P: Bom, senti meu corpo ficando mais pesado e mais fraco, e fui ficando muito desconfortável, até que não aguentei mais.

T: Tinha algum pensamento em especial na sua cabeça enquanto isso estava acontecendo?

P: Hum, não sei bem... só sei que não me senti seguro nem confortável. Me senti melhor quando parei o CD, me levantei e fiquei andando por lá.

T: Gostaria de saber se sua mente está fazendo conexão entre sentir--se relaxado e ir dormir. Talvez, quando começou a relaxar, ouvindo o CD, tenha se sentido ansioso – da mesma forma como sua ansiedade aumenta antes de ir dormir, porque você fica preocupado em ter pesadelo.

P: Não sei, não tinha pensando nisso.

T: Bem, as sensações fisiológicas são muito similares – seu corpo se sente mais pesado, sua mente começa a derivar, você pode se sentir meio confuso. Essas sensações ficam mais pronunciadas ou surgem mais rápido para alguém com privação de sono.

P: É, acho que são similares.

T: Falamos na semana passada sobre algumas coisas que você faz quando começa a adormecer... você se lembra?

P: Eu me levanto e me ocupo com algum trabalho pela casa, geralmente até ficar totalmente exausto e cair morto.

T: Por que você acha que faz isso?

P: Porque não quero dormir... e só a sensação de ficar desorientado já me dá medo. Não quero ter pesadelo, então tento ficar acordado.

T: Certo, então. Tentando evitar o sono e esperar até que esteja completamente exausto para ir para a cama, você pode evitar as sensações de adormecer, porque elas acontecem muito rapidamente quando você está esgotado. Infelizmente, continuar evitando essas sensações de relaxamento, no momento em que vai dormir, vai fazer com que mantenha o medo dessas sensações. É como as outras coisas que você disse que estava evitando, porque eram desconfortáveis – coisas relacionadas ao trauma. Você costuma evitar o relaxamento em algum outro momento?

P: Bom, muita gente que me conhece diz que eu não relaxo – não está em mim.

T: Muito bem, o que precisamos fazer agora é ajudar você a conseguir ficar relaxado e se sentir seguro assim.

Se os pacientes relatam que o PMR inicia respostas panicogênicas, Brown e colaboradores (2001) recomendam que o terapeuta os informe de que essa impressão é transitória e que vai diminuir com o uso contínuo da técnica. Se continuarem tendo dificuldades, o procedimento pode ser modificado – inclusive os mantendo com os olhos abertos durante o relaxamento. Também se podem beneficiar com a exposição gradual para as sensações de relaxamento. Comparável à exposição interoceptiva, que busca reduzir o medo dos sintomas fisiológicos similares àqueles vivenciados durante o ataque de pânico, através da exposição àqueles sintomas (Craske & Barlow, 2001), a exposição gradual para as sensações de relaxamento pode ajudar a fazer com que os indivíduos se habituem a essas sensações. Como na maioria das técnicas de exposição, é muito importante que os pacientes envolvam-se de forma consistente, repetindo e praticando as técnicas, e permaneçam com suas emoções desconfortáveis até que a ansiedade tenha diminuído significativamente.

O terapeuta também pode avaliar o progresso que eles têm feito na modificação de seus hábitos de sono. Se têm tido dificuldades com a modificação, o terapeuta examinará as etapas desenvolvidas para determinar se tentaram fazer muita coisa antes do momento certo. A criação de "minietapas" pode reduzir um pouco a ansiedade relacionada com essas mudanças. Os pacientes deverão dar muito valor a cada etapa vencida, para modificar seu comportamento. É sempre útil lembrá-los de que eles têm esse comportamento há algum tempo, possivelmente anos; entretanto, pode levar tempo para que se acostumem com essa outra forma e comecem a sentir os benefícios. Em nossa experiência, embora uma minoria relate dificuldade para modificar os hábitos de sono, a maioria considera muito mais fácil do que pensava, e progride nas etapas mais rapidamente do que o previsto.

A qualidade e quantidade do sono dos pacientes serão observadas nos registros diários do sono, assim como em alguma mudança na frequência, seriedade ou conteúdo do pesadelo. Curiosamente, nesse ponto do tratamento – depois de apenas uma sessão –, vários pacientes relatam que ocorreu alguma mudança. Por exemplo, uma participante estava muito feliz no início da segunda sessão e disse: "Tive diversos pesadelos durante a semana, mas não tive o pesadelo". Ela continuou a contar que não se lembrava de ter tido uma só noite, muito menos uma semana, sem ter sonhado sobre o trauma. Outro participante relatou ter tido menos pesadelos e disse que, pela primeira vez em muito tempo, teve um sonho que não foi pesadelo. Os sintomas do TEPT também devem ser comentados; particularmente, se houver um padrão entre a frequência dos sintomas do TEPT e os problemas relacionados ao sono e pesadelos, o terapeuta pode perguntar a respeito do contexto dessa associação e reforçar discussões anteriores, apontando os padrões dos eventos da vida, sintomas de angústia e sono insatisfatório.

Exemplo de caso

Terapeuta: Estou percebendo que você teve problema para dormir na terça e quarta-feira.

Paciente: É, demorou uma eternidade para eu dormir, e tive pesadelos nas duas noites. Na quarta-feira, não consegui mais dormir.

T: Parece que você indicou uma série de sintomas do TEPT naqueles dias. Pode me dizer o que estava acontecendo?

P: Fui jantar com uma amiga da faculdade que estava na cidade. Começamos a falar dos velhos amigos e... não sei... muitas lembranças voltaram.

T: Lembranças do assalto?

P: É, e tudo o que aconteceu depois. Eu não pensava mais nisso já fazia muito tempo.

T: Então você teve bastante lembrança naqueles dias, e sua ansiedade ficou muito alta. Por isso você achou difícil dormir naquela noite.

P: É, quer dizer, tenho problema para dormir, normalmente, mas nesse foi pior. Eu não tinha realmente ligado isso ao fato de ter visto a Lia. Acho que faz sentido.

Exposição ao pesadelo

A ideia de ficar cara a cara com um estímulo temido, que um indivíduo esteja evitando, é um desafio para os pacientes e para o terapeuta. Embora o fato de estarem em tratamento sugira que estejam cientes de que o enfrentamento através da evitação não dá resultado a longo prazo, eles podem continuar tendo esse reforço negativo a curto prazo, por fornecer alguma tranquilidade e conforto. Esse conforto, embora ineficaz e de curta duração, é muito difícil de ser abandonado e pode ser percebido como sendo melhor do que o desconhecido. O terapeuta pode fazer algumas coisas para ajudar nesse processo. Primeira, pode recorrer à motivação que trouxe os pacientes para o tratamento, em primeiro lugar comentando suas queixas iniciais e usando-as para reforçar as metas do tratamento. Segunda, deve fornecer uma base racional clara e abrangente para o uso de técnicas de exposição e tranquilizá-los sobre sua eficácia. As sugestões para o princípio do enquadramento dessa exposição são apresentadas a seguir. Terceira, a confiança e o apoio do terapeuta desempenham papel significativo na disponibilidade do paciente, para que ele confie no terapeuta o suficiente para lidar com uma atividade que provoca ansiedade (Zayfert & Backer, 2007). Os terapeutas precisam ter consciência e controle sobre suas próprias emoções. Embora essa questão esteja colocada mais detalhadamente no capítulo 9, é importante observar aqui que trabalhar com sobreviventes de trauma pode ser um desafio. O terapeuta precisa suportar testemunhar informações muito difíceis ao ouvir a respeito de eventos traumáticos, na presença dos pacientes que devem estar muito angustiados. É essencial que o terapeuta esteja presente e calmo para poder ajudá-los com suas ansiedades.

Finalmente, alguns terapeutas ficam relutantes para "induzir a angústia" em seus pacientes e se assustam com as técnicas de exposição. No entanto, os aumentos da angústia na terapia, durante um tempo, são provavelmente mais regra do que exceção. Sempre que o terapeuta toca em questões sensíveis na sessão, a ansiedade e angústia dos pacientes tendem a aumentar; esse fenômeno não é específico de trauma. Veja o capítulo 9 para mais informações a respeito das técnicas de exposição.

Princípio para a exposição

É importante fornecer aos pacientes uma base racional compreensível para o envolvimento no trabalho de exposição, acentuando suas motivações e permitindo que tomem suas decisões para continuarem bem informados sobre o tratamento. Essa base racional deve incorporar as informações fornecidas, na primeira sessão, sobre as reações ao trauma e teorias do desenvolvimento e manutenção dos pesadelos, conforme demonstrado no exemplo de caso abaixo. Geralmente, perguntamos se eles têm comentado sobre os pesadelos com mais alguém, se ficam visualizando ou pensando nos pesadelos, ou se, em algum momento, guardaram um registro do sonho ou um diário com seus pesadelos. A maioria de nossos pacientes não fala ou escreve sobre seus pesadelos, e eles relatam que evitam pensar sobre isso no dia seguinte. Assim, se uma imagem visual do pesadelo entra em sua mente durante o dia, eles tentam desligá-la imediatamente.

Exemplo de caso

Terapeuta: Como discutimos na primeira sessão, existe uma série de razões de por que você está vivenciando pesadelos. Sua mente deve estar tentando processar o evento traumático, você deve ter desenvolvido hábitos de sono que promovem sonos agitados e pesadelos, ou sua mente pode criar sinopses para combinar com o seu estado emocional. Independentemente do motivo de seus pesadelos, você está constantemente em um círculo vicioso de vivências de pesadelos, aumento de angústia diurna relacionada aos pesadelos, ansiedade preventiva sobre os pesadelos e mais pesadelos. Como os pesadelos causam grande sofrimento, muitas pessoas evitam pensar neles ou falar a respeito. Você já contou para alguém sobre seus pesadelos?

Paciente: Bom, minha esposa sabe que eu os tenho, porque falo e grito muito durante o pesadelo, mas nunca contei a ela sobre eles.

T: O que o impediu de contar a ela?

P: Acho que um dos motivos é que não quero falar sobre isso... tenho receio de que ela comece a me fazer perguntas sobre o abuso. Quer dizer, ela sabe que aconteceu, mas não sabe os detalhes. Não quero passar por isso.

T: Você pensa sobre os pesadelos durante o dia?

P: Não... bom, quer dizer, algumas cenas do pesadelos vêm como *flashes* na minha mente no dia seguinte, mas procuro ficar ocupado quando isso acontece, para tirar da minha cabeça.

T: Você já visualizou ou escreveu sobre o pesadelo, do começo ao fim, durante o dia?

P: Não... já é ruim o suficiente de noite, não quero tratar disso durante o dia.

T: Parece, então, que você está empenhado em tentar evitar pensar ou falar sobre os pesadelos durante o dia... apenas visualizar ou escrever pode ser desconfortável.

P: Com certeza... é simplesmente horrível, eu quero mais é esquecer.

T: Isso faz sentido! Quando alguma coisa é muito angustiante, é normal tentar evitar. Quando vêm os *flashes* do pesadelo na sua cabeça, como você se sente?

P: Horrível... sujo.

T: E quando se ocupa e consegue tirar isso da sua cabeça, como você se sente?

P: Aliviado... melhor. Bem, por um tempo, de qualquer modo. O desconforto parece ficar em mim o dia todo, mesmo quando eu não estou pensando sobre ele. É uma sensação de estar cansado, como se alguma coisa tivesse se desligado.

T: Infelizmente, é assim que a evitação tende a funcionar. Como falamos na sessão anterior, a evitação aos pesadelos pode ser útil a curto prazo, por permitir o decréscimo da angústia, algum alívio, mas a evitação na verdade mantém o problema ao longo do tempo. Da mesma forma acontece com o TEPT, se você continuar evitando as lembranças do trauma, não se permitirá trabalhar seus pensamentos e sentimentos relacionados ao trauma, e não se recuperará totalmente.

P: É verdade. Quando chego do trabalho, já começo a pensar sobre a hora de ir dormir e me sinto apavorado.

T: Esse é o círculo vicioso dos pesadelos. O que você está vivenciando é na verdade comum para muitos tipos de medos e ansiedades. A boa notícia é que tem jeito de quebrar esse círculo. De fato, os pesquisadores descobriram que um dos caminhos mais úteis para lidar com tantos tipos diferentes de medo é enfrentando-os.

A próxima etapa é fornecer a base racional para o uso das técnicas de exposição. O princípio para a exposição deverá incluir diversos pontos importantes. Primeiro, sabe-se que os pesadelos, assim como outros sintomas do TEPT, se desenvolvem em parte porque o evento traumático não está processado do mesmo jeito que nos outros tipos de experiências. O processamento ineficaz pode resultar em contínua revivência dos sintomas, enquanto a mente continua tentando entender e dar sentido aos eventos traumáticos e pós-trauma. O medo que foi originado com o trauma vai se generalizando cada vez mais, para pessoas, lugares e situações. O pesadelo torna-se a principal fonte de angústia, e essa angústia fica mais generalizada ao estímulo relacionado ao pesadelo (por exemplo, sono, cama, relaxamento). Por causa dessa angústia, os indivíduos começam a se envolver em vários mecanismos de enfrentamento para lidar com a angústia. Um mecanismo é evitar coisas que geram angústia. Assim os indivíduos evitam cada vez mais aquelas pessoas, lugares e situações que produzem o medo. A evitação é mantida ao longo do tempo porque está associada a sentimentos imediatos de alívio e fuga da angústia. Foa e Kozak (1986) sugerem que essa evitação mantém a angústia por não permitir um aprendizado neutralizante em seu lugar. Por exemplo, a mulher no capítulo anterior relata contínua evitação do lugar onde foi estuprada. Ela contou que sua evitação e angústia aumentaram com o tempo, ao invés de diminuir, e ela começou a estacionar longe do local do estupro. Ao não se aproximar do local, ela não pode aprender que o lugar em si não é perigoso, e por isso continuou sendo uma fonte significativa de sofrimento. A evitação do conteúdo do pesadelo pode resultar em processos similares, uma vez que não há chance para pensar nisso e tentar realmente entender o que significa. Sem a oportunidade de assimilar o pesadelo, ele se mantém e torna-se um problema crônico. Na sessão, fornecemos um exemplo específico do processo de habituação não relacionado ao trauma das pessoas.

Exemplo de caso

Terapeuta: Por exemplo, se você fosse mordido por um cão, ficaria com medo daquele cachorro e até mesmo de outros cachorros. Se você nunca se permitir interagir com um cachorro novamente, evitando-os a todo custo, nunca aprenderá que nem todos os cachorros são ruins e mordem. Iria continuar sentindo-se com medo todas as vezes que encontrasse um cachorro. E se, ao invés de evitar cachorros, você interagisse com eles depois daquele evento, como acha que iria sentir-se?

Paciente: No começo acho que ficaria apavorada!

T: Certo, na primeira vez em que você se aproximar de um cachorro, depois de ter sido mordida, vai sentir muito medo. O que você acha que iria sentir se acarinhasse aquele cachorro por trinta minutos?

P: Se nada acontecesse, provavelmente sentiria menos medo. Seria difícil sentir aquele medo por trinta minutos, se não estivesse acontecendo nada.

T: Certo. Então, o que acha que aconteceria com sua ansiedade se você ficasse acariciando outros tipos de cachorros?

P: Eu não sentiria mais medo deles, depois de um tempo.

T: Exatamente. Esse é um processo que se chama habituação – tornar--se menos amedrontada de alguma coisa através de repetidas exposições. Você está aprendendo nova informação – que nem todos os cachorros mordem, e que você não precisa ter medo de todos os cachorros. O mesmo processo funciona com outros tipos de medos. Se você enfrenta aquilo que tem medo, em um ambiente seguro, até sua ansiedade abaixar, seu medo irá diminuir.

A exposição ao pesadelo, escrita e verbal, também pode permitir que a mente processe melhor o pesadelo e aumente o senso do controle que se tem sobre eles (Davis & Wright, 2007; Foa & Rothbaum, 1998). Os indivíduos aprenderão que lembrar não é o mesmo que reviver e que eles podem se lembrar sem sentir a intensidade total do sofrimento associado ao evento traumático. Encarar diretamente o pesadelo vai promover um senso de controle, e os pacientes entenderão que conseguem suportar o sofrimento. Esse processo permite também que comecem a diferenciar aquelas coisas que são seguras, embora não agradáveis (o pesadelo), daquelas que são totalmente perigosas (o evento traumático; Foa & Rothbaum, 1998).

Outra informação importante para oferecer a eles é que, embora o sofrimento possa aumentar durante a exposição, o aumento será temporário, e as exposições repetidas devem fazer com que diminua consideravelmente o nível de seu sofrimento. Embora a lembrança, o pensamento e a visualização do pesadelo continuem a deixá-los desconfortáveis ou tristes de alguma forma, é improvável que gerem tanta angústia quanto a que eles estão sentindo. Finalmente, é sempre útil fornecer informações sobre o amplo suporte empírico para as técnicas de exposição com diferentes problemas de ansiedade, corroborando seu uso para os pesadelos relacionados a trauma.

Instruções para exposição escrita

Depois de apresentar a base racional da exposição, o terapeuta fornece instruções específicas para escrever o pesadelo. Há diversas etapas para esse componente, que é modelado em outras terapias baseadas em exposição (por exemplo, Exposição Prolongada, Terapia de Exposição de Múltiplos Canais e Terapia do Processo Cognitivo). O primeiro passo é escolher qual pesadelo será escrito. Muitas pessoas dizem ter múltiplos tipos de pesadelos, embora a maioria identifique um pesadelo principal, mas perturbador. Há diferentes ideias na literatura sobre com qual pesadelo os pacientes deveriam trabalhar. Por exemplo, Krakow, Hollifield e colaboradores (2001) desencorajam os participantes de seus estudos a trabalhar com um pesadelo muito perturbador, enquanto Forber et al. (2003) permite que os participantes escolham qualquer pesadelo. A ERRT incentiva os pacientes a escolherem o pesadelo mais perturbador, por duas razões principais. Primeira, o tratamento é breve, e acreditamos que seja importante para eles trabalharem com os aspectos mais difíceis durante a terapia e receberem apoio formal. Segunda, se trabalharem com outro pesadelo no tratamento – mesmo que seja bem-sucedido –, eles podem optar por continuar evitando o pior pesadelo, uma vez que o tratamento acabou e continuam tendo problemas. Descobrimos que a maioria dos pacientes não precisa fazer a exposição e

Sessão 2

reelaborar cada pesadelo que tem – lidar com o pesadelo mais perturbador pode generalizar o impacto sobre os outros.

O segundo passo na exposição é ser verdadeiro ao pesadelo. É importante que os pacientes escrevam contando sobre os pesadelos da forma mais fiel possível, a fim de envolvê-los totalmente na tarefa, emocional e cognitivamente. Isso abrange a escrita no tempo presente, como se o pesadelo estivesse acontecendo naquele instante; incluindo o máximo possível de informações sensoriais, tais como o que estão vendo, cheirando, ouvindo, sentindo, provando; e incluir tantos detalhes sobre os pesadelos quanto se lembrarem.

Nesta sessão, vocês vão dar um grande passo em direção ao confrontamento dos pesadelos. Vamos começar a trabalhar nisso, escrevendo sobre o pesadelo. Vocês vão fazer isso nesta sessão, por isso estaremos aqui se vocês perceberem que estão ficando entristecidos. Ao começarem a escrever, lembrem-se de algumas coisas. Primeira, lembrem-se de que, embora possa parecer que o pesadelo seja real ou que o evento traumático esteja ocorrendo novamente, isso é somente um sonho – não é real nem vai machucá-los. Dizer para si mesmos que não é real e que vocês estão seguros pode ajudar a sentir certo controle sobre suas emoções relacionadas ao pesadelo e ao trauma. Segunda, é importante fazer o relato do pesadelo por escrito, relatando o pesadelo o mais fielmente possível. Para isso, devem descrever o pesadelo no tempo presente, como se estivesse acontecendo agora. E também, procurem usar todos os sentidos ao escreverem – inclusive a descrição do que veem, sentem o cheiro, ouvem, sentem e provam. [Veja Apêndice A.]

Oferecemos também a eles exemplos do jeito "certo" e "errado" de escrever sobre os pesadelos, ilustrando as diferenças no impacto emocional e o envolvimento nas duas versões.

Por exemplo, ao invés de escrever:
Subi correndo a escada até o quarto e bati a porta. Ele subiu atrás de mim, quebrou a porta, e me disse que agora eu estava em apuros.

Você poderia escrever:
Estou subindo correndo a escada. Sinto o suor escorrendo pelo meu rosto, turvando minha visão. Ouço que ele começou a subir atrás de mim. Meu coração está pulando, e estou sentindo muito medo. Vejo a porta do quarto e

179

desejo conseguir entrar antes que ele me alcance. Entro correndo no quarto, me viro e bato a porta. Sei que isso não vai impedi-lo de entrar, mas me dará um minuto para pensar. As fotos da nossa família na mesinha de cabeceira parecem zombar de mim, apresentando um quadro falso de uma família normal e feliz. Ouço ele correndo pelo corredor, ouço suas botas pisando no chão, ouço sua respiração acelerada. Ele bate na porta e ela se abre. Está na minha frente, olhando para mim e sorrindo ao mesmo tempo. Ele me diz: "Você está em apuros agora". [Veja Apêndice A.]

Antes que os pacientes comecem a escrever, o terapeuta pedirá a eles as taxas SUDs para determinar como está a ansiedade. A maioria vai ter suas taxas bastante altas nesse momento. Damos, então, a eles de dez a vinte minutos para que escrevam sobre o pesadelo. Se tiverem dificuldade durante a exposição, o terapeuta pode incentivá-los (por exemplo, "Isto é muito difícil, mas você está indo muito bem", e assim por diante). O terapeuta também pode instruí-los com técnicas elementares para ajudá-los a descrever o pesadelo. Quando terminarem de escrever, o terapeuta pedirá para checarem outra vez a SUDs. Embora as pessoas reajam de diversas maneiras à exposição por escrito, as taxas da SUDs tendem a permanecer altas se os pacientes estiverem envolvidos. Alguns podem apresentar taxas mais altas do que antes de terem começado, enquanto as dos outros podem ser significativamente mais baixas. É importante que o sofrimento se normalize e que eles se lembrem de que isso se vai dissipar.

Muitos de vocês provavelmente vão se sentir mais ansiosos depois de terem descrito o pesadelo. Isso é esperado – nas primeiras vezes em que vocês enfrentam alguma coisa que causa medo, é natural sentir um pouco de ansiedade e angústia. Não deixem que isso os desencoraje – é normal e não vai durar. Quanto mais vocês se expuserem no pesadelo, escrevendo sobre ele, lendo, pensando a respeito e falando sobre o assunto, menos angústia sentirão. [Veja Apêndice A.]

Identificação dos temas do trauma

Depois que os participantes escreverem sobre o pesadelo, os temas do trauma, que foram mencionados na Sessão 1, são discutidos em maiores detalhes. Esses temas são tirados da teoria de processamento da informação (veja capítulo 1). Essencialmente, a teoria de processamento da informação expressa que indivíduos expostos a trauma algumas vezes desenvolvem um sistema problemático de crenças ou esquema. Esquemas são definidos como formas de pensar sobre si mesmo, sobre os outros e sobre o mundo, que influenciam na maneira de as pessoas pensarem e sentirem, assim como o modo com que elas respondem aos estímulos em seus ambientes (McCann, Sakheim & Abrahamson, 1988; Resick & Schnicke, 1993). Sabe-se que as respostas comuns que seguem o trauma estão parcialmente relacionadas com as dificuldades incorporadas nas experiências de trauma, nos sistemas de crença existentes (Resick & Schnicke, 1993). Quando a experiência do indivíduo encontra um evento com esquema incongruente, que não combina com suas prévias conceitualizações de mundo, a experiência e as emoções que a acompanham podem ser esmagadoras. Nesse ponto, os indivíduos devem alterar a informação para se ajustar ao esquema (assimilação) ou alterar o esquema para encaixar as informações (acomodação; Resick & Schnicke, 1993). Considera-se que o trauma afeta negativamente o esquema relacionado a uma ou mais dessas cinco áreas: segurança, confiança, poder, autoestima e intimidade (McCann et al., 1988; Resick & Schnicke, 1993).

Por exemplo, João costumava acreditar que ele tinha o controle sobre tudo o que acontecia em sua vida, especialmente sobre seu corpo. Era alto e musculoso e raramente se preocupava com sua segurança física. Uma noite, em uma festa na casa de um amigo, ele estava bastante embriagado e foi agredido fisicamente e estuprado por diversos homens. Essa experiência foi diretamente contra o que ele sempre acreditou – que estupro só acontecia com mulheres, que ele poderia se proteger. João poderia *assimilar* ou alterar a informação, convencendo-se de que alguma parte dele talvez tivesse desejado que o estupro acontecesse, porque ele assim o permitiu. Pelo contrário, se João quisesse *acomodar* a informação, ele poderia mudar seu esquema para incorporar as possibilidades de que mesmo um homem pode ser conquistado fisicamente e de que ele nem sempre está no controle. Uma terceira resposta observada por Resick e Schnicke (1993) é a *superacomodação*, um esquema de distorção extrema. Por exemplo, ao invés de mudar o esquema para incluir a possibilidade de que em algumas situações ele não tem controle sobre o que acontece com o seu corpo ou em sua vida, João poderia mudar seu esquema para sugerir que ele nunca está no controle, não tem nenhum poder sobre sua vida e é vulnerável o tempo todo. A superacomodação pode resultar em processos de pensamento dicotomizados e restringir a flexibilidade com a qual os indivíduos interpretam e avaliam as informações futuras.

Domhoff (2000) sugere que os pesadelos relacionados a trauma "lidam, obviamente, com problemas emocionais que têm dominado a pessoa... Em um grau que a experiência seja assimilada gradualmente, para aquele grau que os sonhos diminuem de frequência e tornam-se alterados no conteúdo". A ERRT se atém aos temas anteriormente identificados: poder/controle, segurança, intimidade, confiança e autoestima. Resick e Schnicke (1993) sugerem que as crenças conflitantes, ou crenças fortemente negativas nessas áreas, representam "pontos presos" que podem ser associados com emoções e comportamentos significativamente negativos. Sugerimos que os pontos presos também podem ser evidenciados nos pesadelos.

Após a discussão dos temas e de identificá-los com possíveis pontos presos, os pacientes têm a oportunidade de ler em voz alta seus pesadelos. Ninguém é obrigado a ler em voz alta o pesadelo, embora sejam incentivados a ler na terapia individual ou de grupo. Após a descoberta da ERRT, poucas pessoas deixam de ler em voz alta seus pesadelos; uma delas, mais tarde na sessão, disse que se arrependeu por não ter lido. Fazer a leitura é ainda outra forma de exposição, que também permite que os outros do grupo se conectem com os pacientes e possam ajudar a reduzir sentimentos de isolamento e oferecer perspectiva para outros membros do grupo. Depois da leitura, pedimos a eles que identifiquem alguns temas de trauma relevantes nos pesadelos. Embora seja mais importante e significativo que determinem os temas por eles mesmos, se algum deles tiver dificuldade para identificar os temas, o grupo e o terapeuta podem ajudar. Uma vez identificados, o terapeuta pergunta se conseguem ver conexão entre os temas identificados em seus pesadelos e os eventos traumáticos que vivenciaram. Aproximadamente 30% dos nossos participantes disseram que seus pesadelos foram diferentes do trauma que vivenciaram. Entretanto, descobrimos que, apesar de o conteúdo dos pesadelos não refletir o trauma, os temas ainda assim foram adequados. Também questionamos os pacientes para saber se notaram aqueles temas específicos interferindo em suas vidas de vigília. Eles escrevem sobre os três principais temas e são incentivados a prestarem atenção aos temas para a próxima sessão de tratamento.

Sessão 2

Reelaboração

Após cada um ter identificado os temas principais do trauma em seus pesadelos, introduzimos o processo de reelaboração. Pedimos aos pacientes que vejam suas taxas SUDs antes e depois de escreverem as reelaborações.

Gostaríamos que vocês reescrevessem seus pesadelos. Podem mudar a parte que quiserem – o começo, o meio ou o fim. Para que o tratamento funcione, no entanto, acreditamos ser importante que o relato seja similar ao pesadelo. Por exemplo, se vocês estão tendo pesadelos com um grave acidente de carro, seria melhor escreverem o pesadelo até o ponto do acidente e então mudar, assim o carro não bate e ficam seguros. A forma como vão reescrever é com vocês e dependerá dos pontos presos que identificaram antes. Por exemplo, se o seu pesadelo tem como tema o sentimento de impotência diante de uma situação, vocês podem mudar o sonho de tal forma que atuem de maneira eficiente. [Apêndice A.]

Em nossa experiência, notamos que os indivíduos usam uma ampla variedade de formas de alterar os pesadelos. Alguns utilizam humor, outros incorporam pessoas de apoio ou poderosas para ajudá-los na situação e outros ainda desenvolvem poderes especiais. Mesmo acreditando que seria melhor os pacientes trazerem ideias para suas próprias reelaborações, alguns deles não conseguem. Se isso ocorrer, o grupo ou o terapeuta pode ajudá-los, fornecendo uma série de opções – tomando cuidado para considerar os principais temas do trauma. Por exemplo, Saulo foi agredido fisicamente por diversos homens quando era jovem. Ele vinha tendo o mesmo pesadelo sobre o evento, diversas vezes por semana, durante vinte e três anos. Nesse pesadelo, ele conseguia ver seus corpos, punhos e *flashes* na cena à sua volta, mas não via seus rostos. O principal tema identificado do trauma foi a impotência. O fato de ele não conseguir se lembrar dos rostos das pessoas o deixava aterrorizado, e ele não conseguia reelaborar o pesadelo. O grupo forneceu uma série de ideias; uma delas era que, quando estivesse tendo o pesadelo, ele conseguisse abrir os olhos e colocar neles caras de *cartoon*, transformando-os em pessoas em quem ele confiava, e mudasse a situação de agressão para cócegas; ou ele poderia vestir os homens com roupas de coelhinhas da Playboy, com rabinhos e orelhas de pompons. Quando "As coelhinhas da Playboy" foram mencionadas, Saulo começou a gargalhar. De alguma forma a imagem fez com que ele se lembrasse de algo – ele riu o tempo todo da reelaboração e depois relatou que nunca mais teve o pesadelo. Exemplos de diferentes reelaborações de pesadelo você encontra no final deste capítulo.

Alguns indivíduos podem experimentar o que eles consideram ser pesadelos, mas não conseguem se lembrar do conteúdo dos pesadelos, ou lembram-se apenas de fragmentos. Como escrever sobre as lembranças é essencial para o tratamento, essa situação constitui um considerável obstáculo. Se os indivíduos não se lembram dos pesadelos, o terapeuta deve considerar que eles tiveram, na verdade, terrores noturnos dos quais acordaram desorientados e aterrorizados, mas com pouca ou nenhuma memória do conteúdo de seus sonhos e normalmente pequena lembrança na manhã do incidente. Os terrores noturnos representam um mecanismo diferente no trabalho e podem se beneficiar com um tratamento mais amplo focado no trauma. A ERRT pode ser uma abordagem factível para aqueles que se lembram somente de fragmentos de seus pesadelos. Uma das nossas participantes, Clara, apresentou uma história de abuso sexual quando era criança, e vinha sofrendo com pesadelos desde os cinco anos de idade. Quando ela acordava do pesadelo, era capaz de se lembrar de fragmentos do conteúdo. Por exemplo, ela conseguia se lembrar de mãos grandes vindo em direção a ela ou via luzes se acendendo no corredor do lado de fora de seu quarto. Procedemos com o tratamento conforme estruturado, e ela escreveu sobre os fragmentos de que conseguia se lembrar e reelaborou cada um. Por exemplo, ela reelaborou as grandes mãos vindo em direção a ela como grandes mãos segurando um enorme buquê com suas flores favoritas. Essa abordagem foi bem-sucedida, e seus pesadelos diminuíram consideravelmente na frequência e seriedade.

Finalmente, solicitamos aos participantes que lessem em voz alta as versões reelaboradas dos pesadelos, examinando as taxas SUDs antes e depois da leitura. Quando terminaram as reelaborações, a maioria dos pacientes estava com as taxas de ansiedade bastante baixas. Anotamos esses declínios de ansiedade para maximizar o sentido de controle deles e o domínio sobre suas emoções, como fizemos depois do PMR. Dissemos a eles, também, que tinham acabado de concluir a parte mais difícil do tratamento e que eles não só foram muito bem, como estavam aptos a enfrentar seus pesadelos e reduzir o nível de angústia. O que geralmente acontece durante essa sessão é que os pacientes entendem ser capazes de confrontar uma das coisas mais assustadoras em suas vidas e continuarem bem. Muitos disseram que essa realização é muito poderosa – algumas vezes na hora, outras vezes após reflexão. Acreditamos que é muito importante reconhecer a coragem deles para enfrentar os pesadelos e trabalhar com eles. Conforme observa Briere (1992): "A coragem do terapeuta deveria ser diretamente reconhecida – tal reconhecimento não só tranquiliza o paciente de que o terapeuta está cuidando do árduo processo de terapia para o sobrevivente, como também ajuda o terapeuta a desenvolver e manter o respeito e o apoio requerido daqueles que trabalham com crianças vítimas de abuso" (p. 88).

Respiração diafragmática

Encerrar a sessão com outro exercício de relaxamento ajuda a aliviar qualquer angústia remanescente. Baseado em *Mastery of Your Anxiety and Panic* (Barlow & Craske, 1989) e na Terapia de Exposição de Múltiplos Canais (Falsetti & Resnick, 2000), pedimos aos pacientes que respirem normalmente, com uma das mãos no peito e a outra sobre o estômago, para determinar qual das mãos está se movendo mais. Informamos sobre as maneiras "certas" e "erradas" de respirar, e então os conduzimos a um exercício de respiração profunda, focando no movimento do diafragma, contando ao inspirar, e pensando em "relaxe" ou "calma" ao expirar. Isso é feito geralmente de dez a vinte vezes. A respiração diafragmática também lhes fornece uma técnica alternativa para relaxamento, e pode ser bastante desafiador (e não recomendamos!) fazer o PMR enquanto estiverem dirigindo na hora do *rush*.

Trabalho de casa

O elemento final da Sessão 2 é designar o trabalho de casa. Instruímos os pacientes que ensaiem seus sonhos reelaborados todas as noites antes de ir dormir. Eles devem ler os sonhos e visualizá-los mentalmente, tornando as imagens tão reais e vívidas quanto possível, durante um total de quinze minutos. Depois de ensaiarem imaginariamente as reelaborações, fazem os procedimentos do PMR com seu CD. Pedimos também que eles pratiquem a respiração diafragmática por dez minutos, duas vezes por dia, tirem as taxas da SUDs antes e depois de cada exercício e trabalhem a mudança no hábito do sono. Todos os monitoramentos da semana passada continuarão esta semana.

Exemplos de reelaboração

Pedi a três estudantes que foram treinados no tratamento do pesadelo que escrevessem sobre o pesadelo, de forma independente, no manual e também nas páginas 179-180. O que segue são suas várias reelaborações.

Exemplo de reelaboração #1

Estou subindo correndo a escada. Sinto o suor escorrendo pelo meu rosto, turvando minha visão. Ouço que ele começou a subir atrás de mim, com suas botas batendo contra o chão. Respira com dificuldade, tentando me pegar. Mas consigo uma boa distância entre nós. Meu coração está pulando, e eu me sinto forte. Ao subir a escada, sua cabeça está voltada para baixo, encarando o chão, por isso ele não vê que eu o espero. Ouço sua nova namorada rindo, enquanto o segue pela escada. Logo que ele chega ao topo da escadaria, levanto minha perna, com o meu joelho dobrado para cima, e meu pé o atinge bem o meio do peito dele. Vejo a cara de espanto que ele faz, e isso me faz sorrir. Empurro-o bem forte com o salto da minha bota, fazendo com que ele role a escada, batendo na namorada que também começa a rolar. Dou um "tchauzinho", enquanto ele e sua azarada namorada despencam escada abaixo, rolando pela porta da frente e caindo numa poça de lama. Calmamente, desço a escada e fecho a porta.

Exemplo de reelaboração #2

Estou subindo correndo a escada. Sinto o suor escorrendo pelo meu rosto, turvando minha visão. Ouço que ele começou a subir atrás de mim. Meu coração está pulando, e estou sentindo muito medo. Vejo a porta do quarto e desejo conseguir entrar antes que ele me alcance. Estou entrando no quarto, me viro e bato a porta. Quando bato a porta, vejo uma fechadura dupla que vai de cima à baixo da porta. Tento trancar a primeira, e as duas travam simultaneamente, com a tranca da primeira. Estou segura por algum tempo e isso me dá um minuto para pensar. As fotos da nossa família na mesinha de cabeceira parecem querer me dizer o quanto sou amada por tanta gente. Sinto-me tranquila, forte e me lembro de que as outras áreas da minha vida estão bem e em paz. Isso me faz lembrar que a normalidade está logo ali no canto. Ouço sua namorada subindo a escada, me chamando, preocupada comigo. Ela parece brava com ele e grita que está chamando a polícia. Sua preocupação causa em mim um sentimento de segurança e triunfo. Ouço ele correndo pelo corredor, ouço suas botas pisando no chão e sua respiração difícil. Ele tenta abrir a porta, mas ela nem se move. De repente ouço os cachorros latindo e o ouço gritando. A polícia chegou, e eu ouço quando eles o prendem e dizem "você está em apuros". Destranco e abro a porta, e sou cumprimentada pela sua nova namorada que me abraça e diz: "Vamos sair daqui de uma vez por todas!".

Exemplo de reelaboração #3

Estou subindo correndo a escada. Sinto o suor escorrendo pelo meu rosto, turvando minha visão. Ouço que ele começou a subir atrás de mim. Meu coração está pulando, e estou sentindo muito medo. Vejo a porta do quarto e desejo conseguir entrar antes que ele me alcance. Estou entrando no quarto, me viro e bato a porta. Sei que isso não vai impedi-lo de entrar, mas me dá um minuto para pensar. As fotos da nossa família, na mesinha de cabeceira, parecem zombar de mim, apresentando um quadro falso de uma família normal e feliz. Ouço sua nova namorada rindo e subindo também a escada. Empurro o enorme armário contra a porta para bloquear os dois. Vou até a janela do quarto e subo até o telhado da casa. Grito por socorro o mais alto que posso. O vizinho, de algumas casas abaixo, vem correndo e pergunta o que está acontecendo. Conto a ele, e ele liga para o 190 de seu celular. Meu ex e a namorada dele me ouvem falando com o vizinho, saem correndo de casa, entram no carro e vão embora. A polícia chega logo em seguida, e o meu ex e a namorada dele são presos a poucos quarteirões dali. O charmoso vizinho me ajuda a descer do telhado, ele se parece com o Viggo Mortensen!! Choro de alívio em seus braços e o agradeço. Ele me consola e também pede o meu telefone para sairmos algum dia!

CAPÍTULO 8

SESSÃO 3

A terceira e última sessão consiste em uma revisão das semanas anteriores, identificação de quaisquer mudanças nos sintomas da semana passada, solução de qualquer dificuldade, instrução da respiração desacelerada e discussão do planejamento da manutenção. A sessão termina com a recomendação de trabalho contínuo e com o agendamento para uma avaliação pós-tratamento.

Revisão do trabalho de casa

A revisão do trabalho de casa é feita como a da segunda semana, com a discussão de cada atribuição. Nesta sessão, a revisão também inclui avaliar quão bem os pacientes foram capazes de completar os exercícios respiratórios e a imagem de suas reelaborações. Havíamos pedido que praticassem a respiração diafragmática duas vezes ao dia. Em nossa experiência, a dificuldade de completar o trabalho de respiração está relacionada à separação de um tempo para fazer os exercícios. O terapeuta talvez precise rever a base racional para fazer uma reciclagem da respiração e ajudá-los a encontrarem uma maneira de separar um tempo para esse exercício.

Avaliamos as dificuldades com a reelaboração, assim como as mudanças na qualidade e quantidade de sono; a natureza, frequência e intensidade do pesadelo-alvo e outros pesadelos; a ocorrência de sonhos que não foram pesadelos; mudanças nos sintomas do TEPT; e mudanças nos sentimentos dos pacientes sobre os pesadelos e sobre os próprios traumas. Não esperamos, necessariamente, que o pesadelo-alvo, ou outro pesadelo, tenha melhorado completamente nesse ponto; entretanto, a grande maioria reporta significativa redução na frequência e seriedade não apenas nos pesadelos-alvo, mas em outros pesadelos também. É raro, em nossa experiência, que aludam terem tido sonhos reelaborados; no entanto, alguns indivíduos relataram terem tido sonhos que não seriam pesadelos, os quais eles não haviam tido previamente, ou tinham tido raramente. Parece que, enquanto os pesadelos

Capítulo 8

continuam a decrescer em frequência e seriedade, e os pacientes são capazes de obter qualidade e quantidade melhores de sono de noite, seus sintomas afins também continuam melhorando. Para os indivíduos que não relataram mudança na terceira sessão, é importante avaliar o cumprimento de cada componente do tratamento e as atribuições. Quaisquer dificuldades com o envolvimento nos exercícios indicados ou em como completá-los, devem ser abordadas. Embora não se espere que o tratamento funcione para todos, é importante avaliar os fatores específicos que possam ter contribuído para a falta de resposta ao tratamento.

Solução de problemas

Dificuldades com a reelaboração

Embora a maioria dos pacientes não reporte quaisquer dificuldades com o processo de reelaboração, uma pequena minoria pode solicitar assistência adicional. O terapeuta precisa assegurar-lhes que sejam capazes de se envolver totalmente na imagem de suas reelaborações. Alguns talvez continuem se envolvendo na evitação de qualquer coisa relacionada ao trauma, inclusive os pesadelos. Para esses indivíduos, o terapeuta precisará determinar o que poderá estar mantendo essa evitação. Alguns motivos podem ser o medo relacionado ao sofrimento, perda do controle emocional ou a crença de que imaginar a reelaboração poderá aumentar a chance de que terão pesadelos.

Dependendo do motivo da evitação, o terapeuta tem diversas opções de intervenção; ele pode rever a base racional que faz com que as reelaborações se aproximem, de alguma forma, dos pesadelos, e assim a mente fica ciente de que estão relacionados e podem processar as reelaborações (nova informação) em relação aos pesadelos (parte da rede do medo). O terapeuta também pode reafirmar que nenhum paciente experimentou o agravamento dos pesadelos por ter feito as reelaborações; pelo contrário, a maioria experimentou diminuição da frequência ou intensidade de seus pesadelos. Será importante que o terapeuta ofereça-lhes contínuo apoio e empatia e reafirme que estão em um ambiente seguro. Por exemplo, o terapeuta pode tratar da imagem da reelaboração em seu consultório e declarar o seu apoio (por exemplo, "Você está indo muito bem", ou "Sei que isso é difícil, mas você está no meu consultório e está seguro"). Os pacientes podem se autoafirmar quando estiverem fazendo isso em casa. Conduzir as imagens do imaginário na sessão também permitirá que o terapeuta determine se há partes específicas de reelaborações particularmente desafiadoras e contemplá-las diretamente.

Também é muito útil ensinar-lhes técnicas elementares para aumentar o senso de controle, quando forem fazer o exercício em casa. Uma forma de conseguir isso é focar em outra informação sensorial para mantê-los motivados. Por exemplo, quando estiverem em casa fazendo as reelaborações antes de dormir, eles podem ser instruídos a segurar seu travesseiro favorito ou cobertor; se começarem a se sentir muito angustiados durante a reelaboração, podem se concentrar rapidamente na sensação de segurar aqueles objetos, que irão fazer com que se lembrem de que estão em um lugar seguro, que são apenas histórias que inventaram e que não irão prejudicá-los e que os pesadelos ou os eventos traumáticos não estão ocorrendo novamente. Finalmente, pode ser útil analisar as razões para usar as técnicas de exposição, incluindo a segurança da técnica e o uso da evidência.

Algumas vezes as reelaborações originais não atingem os temas importantes do trauma, ou não os atingem suficientemente, e assim elas podem não ser úteis para os pacientes.

Exemplo de caso

Sandra foi abusada física e sexualmente por seu marido na maior parte do tempo, nos seis anos em que estiveram casados. Ele se divorciou dela e se casou com outra mulher com quem já tinha um caso. Sandra entrou no tratamento 1 ano após o divórcio. Embora ela não ouvisse falar nem tivesse contato com seu ex-marido, continuou tendo pesadelos três a quatro noites por semana. Ela descreveu seus pesadelos como retratos bastante precisos do abuso. Em um pesadelo típico, Sandra, sentada na cozinha, ouvia o barulho do carro de seu marido entrando na garagem. Ficava muito ansiosa, por não saber nunca como ele estaria quando chegasse em casa. Ela ouvia seu carro entrando, seu coração acelerava e ela começava a tremer. Seu marido entrava na cozinha e começava imediatamente a censurá-la por alguma coisa. O abuso verbal se tornava abuso físico e depois sexual. Quando ele a jogava na cama e ela começava a gritar, Sandra olhava pela janela e via a sombra da vizinha sendo projetada. Ela se sentia muito envergonhada, assustada e sozinha, e acreditava que nunca poderia escapar desse homem ou do abuso.

Sandra identificou o tema principal de seu pesadelo como se sentindo insegura. Em sua reelaboração inicial, ela está sentada na cozinha, esperando pelo marido. Ele entra em casa e começa a abusar dela verbal e fisicamente. Ela corre até o telefone, chama a polícia e, então, vai para o quarto e tranca a porta antes que ele a alcance. Ele está batendo na porta do quarto, quando a polícia chega. Os policiais o prendem e saem com ele. Na terceira sessão, Sandra relatou que, mesmo que seus pesadelos parecessem de alguma forma menos intensos, eles continuavam assustadores e com a mesma frequência.

Exemplo de caso

Terapeuta: Na última semana você identificou a falta de segurança como sendo o tema principal de seu pesadelo. Gostaria de saber se acha que a reelaboração aborda essa sensação de perigo constante.

Sandra: Eu achei que sim, quando estava escrevendo, mas, durante a semana toda, ficava pensando naquelas histórias que ouvi sobre os aproveitadores sendo presos, ficando a noite toda na cadeia, e depois voltando no dia seguinte mais violentos ainda com a mulher.

T: Então, mesmo ele tendo sido preso, você continuava certa de que ele voltaria?

S: Sim, claro. Aquilo me deixou com medo novamente.

T: Gostaria de saber se existe um jeito de mudar isso, de forma que você ache que ele não vai voltar ou, quem sabe, que ele mude e não abuse mais de você?

S: Ah! Mudar? Ele? Não acredito... Sinto pena de sua nova esposa – se ele ainda não começou, logo vai começar... Ele fez sua primeira esposa ir para o hospital por uma semana, porque ela ameaçou contar à polícia que ele estava negociando drogas.

T: Certo, então, fazer com que ele mude parece um grande esforço.

S: Sim, mas, talvez, quando for preso, descubram sobre sua primeira esposa e as drogas, e ele fique preso por um bom tempo.

T: Como você acha que se sentiria imaginando isso?

Sessão 3

S: Muito bem, eu acho!

T: Também quero saber o que acha de estar sozinha, de não ter ninguém com quem contar. Em seu pesadelo, sua vizinha só aparece em sombra e, assim, ela não consegue ver ou ouvir o que está acontecendo.

S: É. Ninguém nunca nem chamou a polícia... e eu sei que devem ter ouvido o que estava acontecendo. Nunca contei para a minha família... eles moram muito longe, não poderiam fazer nada, e não queria preocupá-los.

T: Tem algum jeito de você incorporar alguma coisa na sua reelaboração para abordar a sensação de estar sozinha?

S: Tenho algumas ideias.

Na revisão da reelaboração de Sandra, ela está sentada na cozinha, tentando ouvir o barulho do carro de seu marido entrando na garagem. Está muito ansiosa, porque ela nunca sabe como ele chegará em casa. Ela ouve o carro entrando e seu coração acelera. A polícia já está lá – ela tinha apanhado na noite anterior, e sua vizinha a levou até a delegacia, enquanto o marido estava trabalhando, e relatou o incidente. Seu pai e irmão tinham viajado a noite toda e também estavam com ela na cozinha. Seu marido entrou na cozinha e começou a reclamar, imediatamente, por algum motivo. Então, ele percebeu que a família e a polícia estavam lá. Antes de levá-lo, os policiais disseram a ela que seu marido estava sendo procurado por diversas outras questões, e que não sairia mais da prisão... nunca!

Para Sandra, isso foi importante em sua reelaboração, não apenas por ela poder sair daquela situação imediatamente, mas também para sentir--se segura por um bom tempo. Foi muito importante, também, abordar o senso de isolamento e o sentimento de não poder contar com ninguém. Essa reelaboração provou ser bem mais efetiva na melhora dos pesadelos de Sandra. Na sessão seguinte, ela contou que, embora houvesse sempre a chance de seu ex-marido voltar e prejudicá-la, ela era capaz de lidar melhor com essa possibilidade durante o dia, e que não estava mais atormentada desde a noite passada.

Alguns pacientes podem não conseguir se envolver totalmente no trabalho de casa, devido às dificuldades de sustentar as imagens da reelaboração por quinze minutos completos. Novamente, isso se deve a muitos fatores. Alguns deles podem evitar as imagens devido às experiências negativas com os *flashbacks* e pesadelos, engajando-se principalmente em pensamentos verbais, e podem ter dificuldade de se reengajar no sistema de imagem (Krakow, 2004). Os terapeutas talvez precisem caminhar juntos com os pacientes em suas reelaborações, passo a passo, para determinar se há algum aspecto da imaginação, em particular, que seja mais problemático. Se essa parte problemática for definida, o terapeuta pode ajudá-los a determinar o tema presente na parte do sonho que não foi adequadamente tratada na nova narrativa. Também podem ajudar a incluir detalhes adicionais nas reelaborações, para melhorar a nitidez da narrativa. Além disso, os pacientes podem ser estimulados a ler as reelaborações repetidamente e a tentar incorporar a imagem gradualmente.

Algumas vezes, achamos que os pacientes têm dificuldade de se colocar fora das situações reais. Por exemplo, nos relacionamentos de violência doméstica as mulheres podem ter mais dificuldade para reelaborar seus pesadelos, porque não conseguem imaginar seus maridos ou as situações diferentes de alguma forma. Thompson, Hamilton e West (1995) sugerem que a resistência pode representar um sentimento subjacente de culpa, relacionado às experiências do trauma. Pode ser também que os pesadelos representem fontes de proteção que servem para manter os pacientes vigilantes ao perigo. Se estiverem hesitantes ou em algum momento de vida mais difícil, é importante lembrá-los de que não estamos tentando alterar a realidade – seus pesadelos não são a realidade, são experiências de sonho. Frequentemente, o grupo fará isso espontaneamente. Se continuarem na incerteza, pode-se pedir aos participantes do grupo que deem ideias adicionais para a reelaboração dos pesadelos, para ver se algo mais plausível atinge-os, ainda que abordando os mesmos temas. Finalmente, pode-se pedir que tentem, mesmo que não aceitem as reelaborações. É importante reconhecer que a técnica pode ou não funcionar para eles, mas podemos abordá-la como um experimento a ser testado. Enfim, pode ser mais factível pedir que os pacientes comecem mudando um pequeno aspecto do pesadelo (por exemplo, a cor da camiseta que eles estavam usando, a direção que estavam indo, o tipo de veículo que dirigiam). Fazer essas pequenas mudanças pode ser suficiente para iniciar o processo da imagem natural dos pesadelos, mudando e metamorfoseando com o tempo.

Outra forma de resistência que encontramos foi com uma mulher em tratamento contra o uso de substâncias. Jane tinha vivido um trauma significativo na vida e tinha tido pesadelos recorrentes durante anos. Quando conseguia ficar sóbria, seus pesadelos mudavam e ela "usava" os pesadelos, nos quais ela sonhava que voltava a usar cocaína e sofria as consequências física, psicológica e social, por usar novamente. Jane, inicialmente, procurou ajuda para os pesadelos, no entanto, após a avaliação e antes do tratamento ter começado, ela reconheceu que na verdade não queria se livrar deles, porque tinham uma função importante, que era a de ajudá-la a permanecer sóbria. Ela acordava dos pesadelos com grande determinação para continuar no tratamento contra as drogas e não tornar a usá-las mais.

Para alguns indivíduos, é preciso que se faça um trabalho adicional, subjacente às questões, antes de os pacientes estarem prontos para encarar seus pesadelos e fazerem as devidas mudanças. É importante que o terapeuta não assuma que eles são "difíceis" ou que a terapia precisa ser abandonada, mas que, ao invés disso, precise ir mais devagar e aguardar o momento para verificar o que pode estar ocorrendo, e trabalhar na abordagem de algum assunto mais delicado. Por exemplo, Marco era um veterano do Vietnã que experienciava pesadelos de duas a três vezes por semana, desde que voltou do Vietnã, três décadas atrás. Ele relatou que, ocasionalmente, conseguia alguns meses de adiamento, durante os quais não tinha pesadelos, mas que eventualmente poderiam voltar. No início da guerra no Iraque, os pesadelos voltaram, e ele os experimentou muitas vezes por semana, desde 2003. Seus principais pesadelos envolviam a perda de diversos amigos na guerra. Marco inicialmente estava desconfortável ao se envolver na reelaboração, porque sentia que seria desleal com seus amigos, e, em última análise, não queria dizer adeus a eles. Estava com medo de não conseguir sonhar mais com eles, pois isso significaria tê-los perdido para sempre, outra vez. Trabalhamos com Marco de maneira a buscar caminhos que lembrassem e honrassem seus amigos. Assim, ele conseguiu com sucesso ser capaz de reelaborar seus pesadelos, descrevendo lembranças positivas de seus amigos, e os pesadelos cessaram.

Uma última questão que alguns pacientes têm trazido é o tédio com as reelaborações. Algumas pessoas acham que algumas noites de imagens sejam suficientes para diminuir a ansiedade relacionada aos pesadelos e, subsequentemente, a frequência e seriedade dos pesadelos, e por isso acabam se desinteressando de continuar com a reelaboração. Acreditamos que sejam eles que realçam suas reelaborações para que sejam narrativas mais poderosas, ou que adicionem outros detalhes para suplementar as reelaborações originais, especialmente se ainda estiverem experimentando pesadelos. As reelaborações mais acentuadas devem continuar focalizadas nos temas relevantes. Se os indivíduos não estiverem mais tendo pesadelos, o trabalho que fizeram deve ser suficiente, e não precisam continuar. Nesse ponto, entretanto, a dose ideal da imagem é desconhecida e é provável que seja diferente de pessoa para pessoa. Na verdade, algumas pessoas podem não precisar da reelaboração, se o elemento de exposição for suficiente para reduzir as frequências e seriedades de seus pesadelos. Embora o mecanismo específico de mudança na ERRT seja desconhecido, as possibilidades são abordadas no capítulo 10.

Respiração lenta

Depois da revisão do trabalho de casa e das dificuldades com a solução dos problemas em curso, instruímos os pacientes para que desacelerem sua respiração. Essencialmente, isso está relacionado à respiração diafragmática profunda que aprenderam na Sessão 2 e, também, a estender o tempo entre cada respiração, expirando duas vezes mais longamente, assim como inspirando, para aumentar a sensação de relaxamento. Também são incentivados a usarem a técnica da respiração em várias situações e lugares para aumentar os benefícios do relaxamento.

Planejamento de manutenção

A Sessão Final termina com o planejamento da manutenção e prevenção de recaída. Como o tratamento é muito curto, esse elemento é considerado particularmente importante. Alguns pacientes podem achar que, por ser um tratamento curto, não deve fazer efeito por muito tempo, e têm medo de que os sintomas e hábitos anteriores acabem voltando. Discutimos os achados de nossa pesquisa, os quais sugerem que a maioria das pessoas tende não só a manter, por muito tempo, os progressos adquiridos com o tratamento, como também realmente melhoram quando continuam aplicando as habilidades que aprenderam de novas e diferentes maneiras.

Sessão 3

O planejamento da manutenção envolve diversos passos, incluindo revisão das mudanças ocorridas com o tratamento, identificação das técnicas que foram especialmente eficazes ou ineficazes, discussão do uso contínuo das habilidades aprendidas no tratamento, antecipação dos momentos de alto risco e solução dos problemas. Pedimos aos pacientes que descrevam como eles são diferentes em termos de seu sono e pesadelos – não apenas comportamentalmente, mas também quanto ao que pensam do sono e dos pesadelos.

Exemplo de caso

Terapeuta: Gostaria que pensasse a respeito de alguma coisa que tenha mudado nessas três semanas que passaram. Como você é agora, comparado com quando começou?

Paciente: Não dá para acreditar que tenham sido só três sessões... me senti em um turbilhão.

T: Sim, esse é um tratamento curto, e parece que conseguimos nos abastecer de muitas informações nessas três sessões.

P: Com certeza! Bem, não tenho tido pesadelos há oito dias... essa foi uma grande mudança!

T: Quando foi a última vez que você ficou tanto tempo sem ter pesadelo?

P: Estava tendo todas as noites, ou quase todas as noites, que eu me lembre.

T: Então foi mesmo uma grande mudança! Seu sono também mudou?

P: Sim, agora consigo dormir a noite inteira, pelo menos até agora. Isso é, na verdade, até meio estranho.

T: Até mesmo para as boas mudanças precisamos de certo tempo para nos acostumar. Você agora pensa de maneira diferente sobre sono e sobre seus pesadelos?

P: Hum, bom, na primeira noite que tive que fazer a reelaboração, me lembro de que fui para a cama mais cedo do que o normal... eu não estava com muito medo, porque estava focado em fazer a reelaboração. Acho que a cada noite sinto menos medo, mas ele ainda não foi embora totalmente... tem uma parte de mim que espera que o pesadelo volte.

T: Como você está lidando com essa parte sua?

P: Bem, acho que vou levando um dia por vez. Me sinto sortudo cada manhã que acordo e não tive pesadelo. E também não me sinto da mesma forma que antes, quando tenho pesadelo. Eu costumava ficar ansioso e aborrecido quando uma imagem do pesadelo aparecia na minha cabeça durante o dia, mas agora, quando isso acontece, me vejo pensando naquilo que conversamos na semana passada... como me sinto fora de controle, e que isso se dá através do meu pesadelo.

T: Isso mudou sua forma de pensar e sentir o pesadelo?

P: Sim, agora penso no pesadelo como se fosse uma lembrança, em que preciso prestar atenção em certas coisas que acontecem na minha vida, ao invés de pensar nisso como se fosse uma coisa terrível. Estou começando a pensar naquilo que acontece nas horas de vigília.

T: Então você já percebeu algumas mudanças nas horas de sono e de vigília. Nem todos estão no lugar que você está no final do tratamento; alguns podem notar pequenas mudanças, outros notam grandes mudanças, e alguns se sentem iguais a quando começaram. Um aspecto importante desse tratamento é que você deve continuar melhorando em termos de como se sente, sua qualidade de sono e de pesadelos, com o passar do tempo, enquanto você continuar praticando o que aprendeu. Para algumas pessoas, isso simplesmente demora um pouco mais do que para outras. Algumas pessoas acreditam que assim que saem do tratamento, especialmente de um tratamento com tempo limitado, começarão a ter frequentes pesadelos e pouca qualidade de sono. No entanto, os relatos de antigos pacientes sugerem que isso não ocorre normalmente. As habilidades que você aprendeu podem ser aplicadas em outras áreas da vida, e vão ajudar a identificar e ajustar o que você faz, para estimular como se sente. Das diferentes partes do tratamento, quais acha que foram mais úteis e menos úteis para você?

P: Não penso em alguma coisa que tenha sido menos útil... acho que ouvir todas as informações sobre o TEPT e o trauma, no início, foi um pouco difícil. Tive que voltar para o manual e reler as informações várias vezes. Fico contente de ter o material para o caso de precisar dar uma olhada. A parte mais útil, eu acho, foi ter escrito o pesadelo e falado a respeito. Eu pensava que não fosse capaz... foi difícil. Mas depois que consegui, e que falamos sobre a perda de controle e impotência, não sei, parece que fez sentido.

T: Estou achando que você não reage mais tão emotivamente ao pesadelo, e sim tem pensado sobre isso, considerando-o mais em nível cognitivo.

P: É, agora posso sentar e pensar nisso. Nunca tinha feito isso.

T: Você disse que tem pensado mais nas horas de vigília.

P: Sim, estou começando a ver como as questões que se desenrolam durante o dia são similares, especialmente no meu trabalho e nos meus relacionamentos.

Discutimos, então, como continuar usando as habilidades aprendidas no tratamento. Os pacientes ficam com o manual, assim, a qualquer hora, eles podem olhar e rever as informações e as técnicas que aprenderam. Sugerimos também que as técnicas podem ser úteis para outras situações em suas vidas, particularmente nas horas de dificuldade e aumento de estresse.

As habilidades que aprendeu podem ser aplicadas em outras áreas de sua vida e irão ajudar a identificar e ajustar o que você faz, para estimular como se sente. Continue usando as habilidades que aprendeu e tente evitar voltar para trás nos padrões inadequados (hábitos do sono, evitação de situações temerosas etc.). Existem momentos e situações, no entanto, nos quais você pode correr mais risco de voltar para suas velhas rotinas, sentindo grande tristeza, inclusive tendo pesadelos novamente. Esses momentos de risco podem surgir quando você está muito estressado ou passando por outro evento traumático. Se se sentir angustiado, ou se tiver outro pesadelo, é importante manter essa perspectiva. Se estiver passando por momentos difíceis, procure olhar novamente o manual e aumente a quantidade de tempo que você pratica as atividades respiratórias e o PMR. Se tiver outro pesadelo, repita o procedimento que usamos com o nosso pesadelo original – exposição através da escrita, leitura e reelaboração. É muito importante tentar não regredir a hábitos de sono inadequados e estratégias de enfrentamento. [Veja Apêndice A.]

Encerramos a sessão discutindo a possibilidade de os pacientes quererem buscar ajuda adicional no futuro. Isso inclui sessão de reforço para focar no sono e nos pesadelos, ou podem escolher trabalhar com outros problemas.

Embora a revisão do material neste manual e a prática dos procedimentos que você aprendeu possam ajudar significativamente em seu nível de angústia e na experiência com pesadelos, pode chegar o momento em que você procure tratamento adicional. Lembre-se de que, embora você esteja angustiado em uma série de áreas – TEPT, pesadelos, depressão –, este tratamento foi elaborado para diminuir a frequência e a intensidade dos seus pesadelos. Mesmo esperando que seu nível de angústia abaixe e que a qualidade do seu sono aumente, é improvável que todos os sintomas sejam aliviados. Uma procura por tratamento adicional não deve ser vista como fracasso, e sim como oportunidade para processar eventos mais importantes em sua vida e melhorar seu nível de funcionamento. [Veja Apêndice A.]

CAPÍTULO 9

CONSIDERAÇÕES DO TRATAMENTO

Agora que você já está mais familiarizado com o tratamento, vamos voltar a várias questões que devem ser consideradas, quando se pensa em usar a ERRT. Como em qualquer tratamento, a ERRT pode não ser a abordagem mais adequada para todos. A seguir, vamos rever o que conhecemos atualmente a respeito da implementação de tratamentos similares com vários pacientes – quando é indicado e quando é contraindicado. Mas, antes, iniciaremos com diversas questões específicas para os terapeutas.

Considerações do terapeuta

Treinamento adequado

Embora os procedimentos utilizados na ERRT possam parecer simples e de fácil compreensão, acreditamos que os profissionais, sem um treinamento apropriado, não deveriam tentar implementar esse tratamento. Como já observamos anteriormente:

> Recomendamos que os terapeutas que desejam utilizar este protocolo tenham formação acadêmica em teoria e técnicas cognitivo-comportamentais, trauma e distúrbios do sono, bem como treinamento específico, incluindo experiência supervisionada na avaliação e tratamento do trauma (veja também Foa, Keane & Friedman, 2000, para orientações práticas para o tratamento do TEPT) (Davis & Wright, 2006, p. 14).

A ERRT está envolvida principalmente com a abordagem dos pesadelos crônicos, mas é provável que outras questões relacionadas com a experiência do trauma possam surgir durante o tratamento. Entretanto, os terapeutas precisam entender bem todos os aspectos do tratamento do trauma.

Outra forma de se manter atualizado sobre os tratamentos do sono e do trauma, receber treinamento adicional e consultar os *experts* é através da participação em conferências profissionais. Diversas conferências incluem tratamento relacionado a trauma, problemas do tratamento do sono e, em especial, o uso das técnicas cognitivo-comportamentais.

Trauma vicário

Como a maioria dos terapeutas sabe, é muito difícil conseguir deixar o trabalho no consultório. Se for um paciente especial ou uma área problemática específica, algumas vezes é muito difícil não nos envolvermos nas histórias que ouvimos e nas lutas que testemunhamos. Isso pode se destacar especialmente para os terapeutas de trauma, que estão expostos de forma consistente às histórias e descrições do que há de pior na humanidade. Quando nosso trabalho começa a influenciar negativamente nossas crenças, percepções e interações com os outros, provavelmente estamos vivenciando o que se refere à *traumatização vicária*. Saakvitne e Pearlman (1996) fornecem a seguinte definição:

> Traumatização vicária é a transformação das experiências internas do terapeuta ou do assistente, que surge como resultado de uma ligação empática com o material traumático dos pacientes sobreviventes. Simplificando, quando abrimos nosso coração para ouvir a história de devastação ou de traição de alguém, as nossas crenças mais caras são desafiadas e alteradas (p. 25).

Durante o primeiro processo clínico, estávamos no meio de um recrutamento pesado e difícil para os participantes. O anúncio havia sido feito pela rádio local *National Public* e estávamos conseguindo inúmeras consultas. Como era verão, meus alunos ainda não haviam retornado à escola, e eu estava filtrando todos os telefonemas. Atendi cerca de 60 pessoas durante duas semanas, perguntando a elas sobre seus pesadelos e histórias de trauma. Depois dessas duas semanas, eu me dei conta de que estava muito irritada e entristecida. Por um tempo não relacionei o que eu estava sentindo com todas as histórias que tinha ouvido. Assim que percebi a relação, fui procurar colegas que têm um trabalho semelhante ao meu, o que foi imensamente útil. Existem diversas maneiras de lidar com o trauma vicário, mas o primeiro passo é identificá-lo. Falar é mais fácil do que fazer, porque às vezes, mesmo quando sabemos o que está acontecendo, fica difícil admitir. Os terapeutas que trabalham com pacientes expostos a trauma devem instituir uma rede de colegas com quem possam se consultar. Frequentemente, compartilhar as lutas comuns pode ser o suficiente para colocar o terapeuta no prumo. Se for necessário, no entanto, os terapeutas devem procurar uma supervisão formal, com alguém que tenha muita experiência com grupo similar. Outras estratégias incluem aquelas que incentivamos nossos pacientes a usar – cuidar bem de nós mesmos, ter um sono adequado e deixar um pouco o trabalho de lado, a fim de ter atividades prazerosas, para citar algumas.

Briere (1992) aborda outras questões que os terapeutas devem enfrentar quando trabalham com os sobreviventes do trauma, que incluem superidentificação, confusão de limite, projeção e contratransferência. Haverá menos possibilidade de ocorrerem problemas, se os terapeutas escolherem uma terapia breve, focada, como a ERRT. No entanto, incentivamos os terapeutas que estão usando a ERRT, como um componente mais amplo do tratamento de trauma, a consultarem recursos adicionais para obterem informações sobre como lidar com essas questões.

Inquietações sobre o uso da exposição

O essencial para o uso da terapia de exposição – ou, realmente, de qualquer terapia – é o conforto e a confiança em suas aptidões para administrar o tratamento (Foy et al., 1996; Zayfert & Becker, 2007). Se o terapeuta parecer nervoso ou inseguro sobre o que está acontecendo, é improvável que os pacientes tenham grandes expectativas na técnica ou, na verdade, confiança na competência do terapeuta. Imagine, por um momento, que você vai esquiar pela primeira vez, sentindo-se muito apreensivo, e então percebe que seu instrutor parece tão nervoso quanto você. Isso seria o suficiente para manter a maioria de nós com os pés firmemente no chão! Conforme Zayfert e Backer (2007) apontam, existem inúmeras maneiras de melhorar sua confiança e aptidão, inclusive obtendo treinamento adicional, sendo coterapeuta com um colega mais experiente e tendo um bom sistema de apoio profissional.

Assim como em qualquer tipo de terapia, as técnicas de exposição direta não são adequadas para todos (Litz, Blake, Gerardi & Keane, 1990). Entretanto, as decisões clínicas são sempre baseadas em evidências incompletas ou não existentes (por exemplo, a terapia de exposição deixa a pessoa pior; Feeny, Hembree & Zoellner, 2003). É claro que esse fenômeno não está restrito a terapias baseadas em evidências (Barlow, Levitt & Bufka, 1999). Apesar da riqueza de dados que apoiam o seu uso, por vezes, as inquietações com o uso de técnicas de exposição continuam, mesmo entre os terapeutas altamente treinados. Em um estudo com terapeutas, Becker, Zayfert e Anderson (2004) descobriram que apenas uma minoria do total da amostra tinha recebido treinamento em terapias de exposição. Cerca de metade dos terapeutas treinados e experientes usou as técnicas de exposição com a maioria de seus pacientes TEPT. Os participantes disseram que não queriam usar tratamentos manualizados e que se preocupavam com a exacerbação dos sintomas.

Para abordar as inquietações sobre a tolerabilidade da terapia de exposição, especificamente a questão da exacerbação da angústia, Foa, Zoellner, Feeny, Hembree e Alvarez-Conrad (2002) avaliaram: (1) a deterioração da confiança nos sintomas e (2) se a deterioração estaria associada ao resultado do tratamento. As participantes foram 76 mulheres vítimas de agressão. Os resultados indicaram que uma minoria demonstrou aumento relativamente pequeno nos sintomas depois do início da exposição imaginal (9.2% depressão, 10.5% sintomas do TEPT, 21.1% ansiedade). Entretanto, aquelas que experimentaram exacerbação não diferiram daquelas que não experimentaram exacerbação, ou por terem abandonado o tratamento ou como consequência do tratamento.

Além disso, vale a pena avaliar a premissa de que qualquer sintoma de exacerbação deveria ser evitado, para começar. Os pacientes sempre entram na terapia depois de muito tempo que o problema começou, e quando as estratégias de enfrentamento não são mais eficazes. Embora a meta final do tratamento seja melhorar-lhe a vida, a terapia é um trabalho árduo! Quando questões polêmicas são abordadas e os pacientes se confrontam com significativas inquietações, suas ansiedades e angústias podem aumentar temporariamente, independentemente da técnica específica que está sendo usada. Embora um aumento na angústia não seja necessariamente para melhorar o funcionamento, nem sempre é sinal de descompensação. É claro que o avanço desenfreado em qualquer terapia – incluindo a exposição –, sem considerar o aumento dos sintomas, é melhor ser evitado. Isso levanta a questão de quando considerar um rumo diferente – ou quanto de exacerbação é demais? – Briere (1992) aborda a questão em seu trabalho,

Child Abuse Trauma: Theory and Treatment of the Lasting Effects. Ele sugere que, quando os pacientes não parecem estar melhorando, os terapeutas devem considerar as seguintes hipóteses: "(a) O tratamento *está* causando efeitos negativos, em virtude de erros técnicos ou como consequência das dificuldades da contratransferência; (b) o tratamento está funcionando, mas as inquietações do processo, como o ritmo, controle da intensidade ou consolidação, requerem mais atenção; e/ou (c) a terapia está no processo que deveria, e a exacerbação é um efeito natural e transitório da melhora clínica" (p. 144). As maneiras de lidar com o aumento da angústia são discutidas em mais detalhes a seguir.

Para abordar ainda mais a questão da tolerabilidade da terapia de exposição, Hembree e colaboradores (2003) observam que se os pacientes tivessem dificuldades significativas com a tolerância dos procedimentos de exposição, poderiam ser esperadas taxas significantemente mais altas de desligamento das terapias que usam tal procedimento. Para abordar essa questão, esses investigadores examinaram as taxas de desligamentos em 25 estudos publicados, que avaliaram a eficácia dos tratamentos cognitivo comportamental para o TEPT. As taxas de desligamentos dos tratamentos breves vão de 18.9% a 26.9%. Os resultados indicaram que as terapias de exposição não renderam taxas mais altas de desligamentos, do que as terapias não baseadas na exposição, sugerindo que as técnicas de exposição são bem toleradas. Além disso, os autores citaram taxas de desligamento dos tratamentos para outros tipos de transtornos, e descobriram que as taxas da terapias de exposição para o TEPT foram comparativamente mais baixas. Um estudo que investigou um tratamento de autoexposição, abordando especificamente os pesadelos, reportou um desligamento de aproximadamente 60% do grupo de exposição (Burgess, Gill & Marks, 1998). As taxas de desligamento da Terapia de Ensaio de Imagens (IRT) reportadas, vão de 18% a 44% (Wittman, Schredl & Kramer, 2007). Em muitos casos, no entanto, não está claro como o "desligamento" foi definido. Krakow (2004) relata que um terço dos participantes deixam o tratamento antes mesmo de começar, ou logo no início. Em nosso primeiro processo clínico randomizado (RCT), 26% dos participantes saíram do estudo. Os desligamentos foram definidos com aqueles participantes que não completaram a segunda avaliação (lista de espera grupo controle), ou que assistiram à primeira sessão e não voltaram para completar o tratamento (tratamento em grupo). Até hoje, as razões por não terem iniciado o tratamento ou por terem se desligado do tratamento para os pesadelos, não foram sistematicamente investigadas. Dada a natureza e eficácia dos tratamentos de pesadelos e suas condições crônicas, o próximo passo é muito importante para determinar por que as pessoas preferem não se envolver ou não completam o tratamento, e pesquisar maneiras para aumentar o número de pessoas que completam o tratamento.

Outro mito proeminente é que os pacientes não gostam e são resistentes às técnicas de exposição. Por toda parte, os achados sugerem que as técnicas de exposição são bem toleradas (Foa et al., 2002; Hembree et al., 2003) e vistas como úteis (Davis & Wright, 2007). Por exemplo, nos primeiros seis meses depois da primeira RCT da ERRT, pedimos aos participantes que estimassem os diversos componentes da ERRT, em uma escala de "totalmente inútil" até "muito útil". A parte da exposição escrita foi estimada como "útil" ou "muito útil" por 100% dos participantes (Davis & Wright, 2007). Zoellner, Feeny, Cochran e Pruitt (2003) conduziram um estudo para explorar as escolhas que as pessoas fazem, em termos de tratamento da saúde mental, após um evento traumático. Os investigadores administraram um cenário de agressão sexual e bases racionais para a exposição estendida, e Sertralina (Zoloft), para 273 mulheres graduadas. Pediram que elas estimassem a credibilidade de cada tratamento e escolhessem um em que elas se envolveriam, e que dissessem por que fizeram aquela escolha. Mais da metade da amostra escolheu exposição estendida, 6,9% escolheram Sertralina, e 5,7% optaram por não se tratar. Daquelas que haviam experimentado um evento traumático, 18% atendiam aos critérios para TEPT. Dessas, 74,1% escolheram exposição estendida, 22,2% escolheram Sertralina e 3,1% optaram por não se tratar. No total, as participantes relataram que "os mecanismos percebidos/eficácia" dos tratamentos e os efeitos colaterais influenciaram suas decisões. Naturalmente, as participantes eram graduadas e não buscavam tratamento; seria curioso replicar esse estudo com uma população clínica.

Um outro mito é que "a terapia de exposição é rígida e insensível às necessidades dos pacientes" (Feeny et al., 2003, p. 85). Feeny e colaboradores acreditam que esse mito pode estar relacionado à falta de compreensão dos manuais para o uso do tratamento (Kendal, 1998). Mesmo que as intervenções acompanhem as diretrizes e as etapas do tratamento, não significa que não possam ser feitos ajustes, ou que as habilidades clínicas básicas não sejam utilizadas. Cada paciente é diferente, e alguns ajustes nas intervenções podem ser requisitados ao longo do caminho. Abaixo, abordamos pequenas modificações a serem consideradas com tipos específicos de apresentações para pacientes, e um caso de modificação.

Conforme dito antes, raramente as únicas queixas são de TEPT ou de pesadelos. A maioria dos indivíduos, que passaram por evento traumático, terá múltiplas inquietações em vários graus de seriedade. Uma percepção inadequada sobre as terapias de exposição é que a pesquisa em que são baseadas não se aplicam a pacientes do "mundo real" – aqueles com múltiplas áreas problemáticas que demandam atenção. Além disso, alguns acreditam que as técnicas de exposição não sejam suficientes para tratar problemas múltiplos (Feeny et al., 2003; Kendall, 1998). Embora muitos resultados de estudos anteriores fossem mais restritivos sobre quem estaria apto a participar do estudo, pesquisas eficazes mais recentes estão cada vez mais inclusivas, aproximando populações clínicas gerais (Davis & Wright, 2007; Foa et al., 1999). Além disso, estudos eficazes realizados nas terapias de exposição sugerem que são altamente traduzíveis para as configurações não acadêmicas, assim como os terapeutas da comunidade têm resultados compatíveis com os terapeutas da pesquisa clínica (veja Foa et al., 2005).

O saber clínico sugere que indivíduos com transtornos de comorbidade, Eixo I e Eixo II, seriam menos bem-sucedidos nos tratamentos focando as condições do Eixo I; contudo, há pouca evidência sugerindo que isso seja verdade. Por exemplo, em dois estudos não foi encontrada diferença no *status* do TEPT pós-tratamento entre indivíduos com e sem distúrbios de personalidade, embora aqueles sem o distúrbio de personalidade tenham conseguido atingir bom estado de funcionamento em um escore combinado dos sintomas de pós-trauma, depressão e ansiedade (Feeny, Zoellner & Foa, 2002; Hembree, Cahill & Foa, 2004). Os estudos também encontraram resultados promissores no uso das terapias de exposição, com pacientes com TEPT e transtornos de comorbidade Eixo I (Falsett, Resnick & Davis, 2005). Finalmente, a pesquisa mostra que aumentar a complexidade de apresentar queixas não exige a complexidade crescente das abordagens de tratamento (Feeny et al., 2003; Foa et al., 2005). As técnicas de exposição tendem a impactar mais do que apenas os sintomas do TEPT. Em geral, quando os sintomas do TEPT começam a diminuir, ocorrem melhoras em outras áreas também. Da mesma forma, estudos da IRT e ERRT descobriram que muitos outros índices de sofrimento são afetados favoravelmente, incluindo os sintomas do TEPT, ansiedade, depressão e qualidade e quantidade de sono

(Davis & Wright, 2007; Krakow, Hollifield et al., 2001). Esses achados tratam da importância de proceder a múltiplas avaliações durante o tratamento. Se, até o final do tratamento, outras dificuldades ainda forem proeminentes, então pode ser adequado incorporar abordagens específicas para as dificuldades que restaram, ou indicar outro terapeuta para uma atenção mais aprofundada nessas outras áreas, se estiverem fora de sua especialidade.

A discussão a respeito dos mitos da terapia de exposição não pretende sugerir que as terapias de exposição devam ser usadas com todos. Na verdade, como Becker e colaboradores (2004) apontaram, alguns terapeutas podem usar as técnicas de exposição em casos que são contraindicados. Um comentário da indicação em relação a quem não deve se beneficiar com terapia de exposição será apresentado na próxima seção.

Considerações do paciente

Os terapeutas não podem estar sozinhos em suas inquietudes sobre a utilização das terapias de exposição. Quando o uso das técnicas de exposição é discutido no início, os pacientes podem ficar meio apreensivos. Naturalmente, quaisquer terapias elaboradas para abordar assuntos relacionados a trauma terão necessariamente que abordar o trauma em algum nível, e é provável que eles fiquem apreensivos, independentemente da maneira com que isso é feito. Como Briere (1992) observa, a forma de enfrentamento que a maioria dos sobreviventes de trauma desenvolve incorpora tipicamente tentativas de evitar pensar sobre, ou experimentar, os efeitos negativos associados ao trauma. Tais experiências podem ser saudáveis e adaptam-se em situações nas quais o indivíduo tem um controle limitado, tal como abuso infantil prolongado ainda em curso. Descobrir maneiras de fugir temporariamente pode ser o único jeito que muitas pessoas encontram para ultrapassar circunstâncias horrendas.

Carla, 32 anos, era funcionária de uma loja de autopeças. Ela teve uma extensa história de abusos físico e sexual, perpetrada por uma série de namorados de sua mãe, durante seu crescimento. Sua mãe, embora amasse Carla, era alcoólatra e não estava frequentemente disponível emocionalmente, por causa do álcool e do tempo gasto com os homens. Ela não sabia sobre o abuso que Carla sofria, e Carla nunca o revelou, porque não

Considerações do tratamento

queria sobrecarregar sua mãe. Quando Carla veio para a terapia, ela relatou que estava bebendo mais para lidar com sentimentos de vergonha e raiva em relação aos abusos que passou. Quando criança, durante os abusos, ela conseguia fugir mentalmente, desconectando-se da experiência. No início da adolescência, tentou ficar o máximo de tempo possível longe de casa e acabou desenvolvendo relacionamentos com adolescentes mais velhos, que eram usuários de vários tipos de drogas pesadas e álcool. Carla começou a beber com 13 anos e começou a usar maconha aos 14, chegando rapidamente às substâncias mais pesadas. Ela parou de usar drogas com mais de 20 anos, mas contou com o álcool, cada vez mais, para sobreviver.

A experiência de Carla não é rara. Ela havia tentado uma série de estratégias para lidar com a terrível situação de casa. Em algum momento, no entanto, determinou que as estratégias – o uso de álcool e drogas – não estavam mais sendo suficientes e começavam a interferir demais em seu trabalho e nos relacionamentos. Pessoas como Carla sentem vergonha e culpa pela forma com que escolhem lidar com seus traumas, agravando ainda mais os seus efeitos negativos. É importante que o terapeuta reconheça que os indivíduos fizeram o que tinha de ser feito para suportarem as terríveis situações, ponderando e confirmando o reconhecimento aos pacientes e a necessidade de diferentes estratégias de enfrentamento, a fim de poderem avançar. Embora muitos indivíduos reconheçam, de alguma forma, que suas estratégias de enfrentamento não estão mais funcionando, eles ainda ficam muito relutantes em abandoná-las totalmente e enfrentar os pensamentos negativos, lembranças e emoções, que tentam refrear há tanto tempo. Assim, a maioria fica susceptível a sentir significativa apreensão ao entrar na terapia para resolver seus problemas.

Embora se saiba que a ERRT é eficaz para muitos indivíduos (veja capítulo 10), a pesquisa ainda não progrediu ao ponto de podermos determinar quem pode, ou não, se beneficiar com esse tratamento. Os estudos de tratamento conduzidos em relação à ERRT têm empregado critérios liberais de inclusão, tratando indivíduos com múltiplos tipos de eventos traumáticos, uma série de diagnósticos e diversos níveis de instrução e situações socioeconômicas. Embora ainda não tenhamos feito uma extensa análise para determinar se há fatores especiais, demográfico ou da saúde mental, que possam diminuir a eficácia do tratamento, não temos notado, clinicamente, um padrão identificável, além daqueles fatores que seriam esperados em qualquer tratamento. Particularmente, aqueles indivíduos que continuam evitando os estímulos relacionados ao trauma, faltando nas sessões e não fazendo o trabalho de casa, tendem a não experimentar tantos benefícios com o tratamento.

Considerações de segurança devem ser proeminentes e primordiais no desenvolvimento de planos de tratamentos para os indivíduos com qualquer problema que apresentem, incluindo os pesadelos. Os pacientes com tolerância limitada de afeto, instabilidade emocional significativa, poucos recursos e habilidades de enfrentamento, e pouco apoio, podem precisar de intervenções focadas nessas áreas, antes de atender à ERRT ou às intervenções de outro sintoma específico. A natureza de um estudo de pesquisa clínica restringe naturalmente o grau em que os investigadores clínicos podem desviar do tratamento que está sendo avaliado. Na prática clínica, no entanto, isso talvez não seja motivo para não realização da terapia, mas sim fazer algumas sessões adicionais para estabelecer segurança em primeiro lugar, antes de continuar com a terapia. A seguir, comento a literatura das características de vários pacientes que podem propor desafios adicionais para a condução da ERRT.

Em geral, as terapias cognitivo-comportamentais são consideradas como uma opção menos ideal para indivíduos com deficiências cognitivas significativas, sem modificações substanciais. A IRT, no entanto, foi usada com sucesso com uma criança de 10 anos com pesadelos, comprometimento cognitivo e dificuldades psiquiátricas consideráveis (Peirce, 2006). Este estudo de caso utilizou cinco sessões, ao contrário das três sessões-padrão, e não pareceu incluir a psicoeducação ou reestrutura cognitiva e componentes comportamentais usados na IRT e ERRT. Tais modificações exigem uma pesquisa mais cuidadosa.

Raiva extrema, ansiedade esmagadora e entorpecimento emocional são três condições nas quais a terapia de exposição pode não ser indicada, ser menos eficaz ou requerer modificações nos protocolos típicos, embora existam indicações contraditórias na literatura empírica. As estratégias para lidar com essas situações, especificamente para serem usadas com o tratamento do TEPT, são destacadas por Jaycox e Foa (1996), e detalhadas a seguir.

A base da teoria das técnicas de exposição sugere que, para que a exposição tenha sucesso, o paciente precisa se lembrar do evento traumático ou pesadelo. Independentemente do modo da exposição (por exemplo, escrita, imaginal), as técnicas de exposição requerem que a representação do evento, ou dos estímulos, desperte um efeito semelhante ao experimentado na presença do estímulo real (Foa & Kozak, 1986; Lang, Melamed & Hart, 1970; Wolpe, 1958). Sabe-se que a raiva extrema dificulta o envolvimento com o medo relacionado às memórias do trauma, diminuindo a eficácia ou servindo como contraindicação para terapias de exposição. Atualmente, há indicação para essas duas afirmações (Foa, Riggs, Massie & Yarczower, 1995; Vaughan & Tarrier, 1992), e contra (Stapleton, Taylor & Asmundson, 2006; Cahill, Rauch, Hembree & Foa, 2003; van Minnen, Arntz & Keijsers, 2002). Embora a raiva extrema seja conceitualizada como uma defesa contra sentimentos de vulnerabilidade e impotência, ela pode servir para manter as dificuldades pós-trauma, não permitindo que o indivíduo entre em contato com o medo relacionado ao trauma. Envolver as lembranças do trauma ou pesadelos pode alimentar a raiva, e o terapeuta deve acompanhar o paciente de perto, para evitar danos a ele mesmo ou aos outros. Os terapeutas precisarão determinar a melhor direção, dependendo da natureza da raiva e da maneira como isso afeta o tratamento. Por exemplo, podem tentar criar empatia com os pacientes e recompor a raiva como justificada, apesar de ser um obstáculo para a recuperação. Se forem incapazes de deixar a raiva de lado, o suficiente para poderem entrar em contato com as lembranças do trauma ou pesadelos, o terapeuta pode tentar as técnicas cognitivas de reestruturação, focando primeiro na raiva ou nas habilidades para lidar com ela (Jaycox & Foa, 1996; Zayfert & Becker, 2007). Infelizmente, neste momento há pouca evidência empírica disponível para sugerir um ou outro modo.

Outra forma de não conseguir acessar totalmente as lembranças do trauma ou pesadelos é através do entorpecimento emocional ou dissociação severa. Novamente, isso serve para inibir o envolvimento com as lembranças do trauma ou pesadelos, que interferem no tratamento. O tratamento pode também aumentar o entorpecimento ou a dissociação como mecanismo de enfrentamento (Jaycox & Foa, 1996). De novo, as técnicas cognitivas podem ser úteis, dependendo do problema subjacente à resposta de entorpecimento. Frequentemente, os pacientes revelam medo de não serem capazes de suportar a difícil emoção esperada, se eles entrarem totalmente em contato com as lembranças e pesadelos. Explorar essas inquietações, modificando pensamentos distorcidos, iniciando habilidades adicionais de enfrentamento (por exemplo, relaxamento) e instituindo modificações no protocolo (por exemplo, com a exposição mais gradual), pode aumentar-lhes a confiança em suas habilidades para enfrentar os pesadelos (Jaycox & Foa, 1996).

Embora os estudos mostrem que as maiores reações psicológicas pré-tratamento (Foa, Riggs et al., 1995) e as reações fisiológicas (frequência cardíaca) ao medo (Lang et al., 1970) estão associadas com uma resposta positiva ao tratamento, ainda não está claro em que nível esse não seria o caso. Em que ponto a resposta é muito alta? A pessoa pode estar superenvolvida com as lembranças do trauma e pesadelos, superansiosa durante a exposição, e isso pode interferir na capacidade de completar o processo e conseguir controlar suas lembranças ou pesadelos. Pode também aumentar o envolvimento nas estratégias inadequadas de enfrentamento, incluindo a dissociação, para tentar controlar seu nível de ansiedade (Jaycox & Foa, 1996). Embora o superengajamento seja relativamente incomum em nossa experiência, existem diversas estratégias que recomendamos, caso isso ocorra. Sugerimos uma abordagem gradual, tal como pedir que os pacientes escrevam pequenas partes de seus pesadelos, e que reelaborem esses pequenos segmentos. Os indivíduos podem ser capazes de escrever os pesadelos tomando certa distância deles – como se os olhassem pela televisão –, ao invés de seguirem as instruções do protocolo-padrão, como se os pesadelos estivessem acontecendo naquele momento. O nível de detalhe incluído, atribuído a essa parcela de exposição da sessão, também seria menor ou haveria mais intervalos. Essas estratégias podem dar uma distância tal que possibilite ganho de controle e uma grande sensação de conforto. Se tiverem mais do que um pesadelo, talvez queiram começar com o menos angustiante. Uma vez que eles tenham dominado as técnicas modificadas, terão confiança para abordar seus pesadelos mais diretamente. O treinamento das habilidades na regulação do afeto pode ser implementado antes do trabalho de exposição, para os indivíduos que têm dificuldade de tolerar afeto intenso (veja Cloitre, Koenen, Cohen & Han, 2002).

Existem informações contraditórias na literatura sobre se a exposição sozinha é apropriada para os pacientes que sofrem com culpa e vergonha significativas. Embora alguns estudos sugiram que as terapias baseadas em exposição pioram a culpa (Pitman et al., 1991), outros acham que as terapias de exposição reduzem a culpa e não diferem no resultado de outras abordagens (Stapleton, Taylor et al., 2006; van Minnen et al., 2002). Quanto aos tratamentos específicos para pesadelos, Ziarnowski e Broida (1984) sugerem

Considerações do tratamento

que é mais recomendável para os veteranos com significativos sentimentos de culpa, como "fazer os sonhos irem embora não resolve a questão da culpa" (p. 68). No entanto, essa indicação precisa ser determinada empiricamente e ainda deve haver utilidade clínica para mitigar os pesadelos, pois isso pode permitir mais recursos de enfrentamento para lidar com as questões restantes. Thompson, Hamilton e West (1995) também relataram mais dificuldades no uso da IRT com veteranos que reportaram significativa culpa relacionada às suas experiências de guerra e, consequentemente, seus pesadelos. Essa pode ser outra área a ser considerada, usando a reestruturação cognitiva antes do trabalho de exposição.

Embora alguns dos fatores mencionados não justifiquem a exclusão dos tratamentos de exposição, eles podem permitir um monitoramento maior e abertura por parte do terapeuta, para modificar os protocolos, se estes parecerem interferir no tratamento. Um exemplo da prática dos autores ilustra uma modificação usada especialmente com a ERRT. Alan, um veterano da Guerra da Coreia, fez o tratamento para os pesadelos relacionados à guerra. Ele tinha uma série de dificuldades e TEPT severo, quando voltou da viagem, mas tinha melhorado consideravelmente antes de 2003. Durante o comando, antes e depois da invasão do Iraque por tropas americanas, os sintomas de Alan voltaram quase a níveis anteriores. Ele vivenciou pesadelos quatro a cinco vezes por semana. Embora fossem diferentes em conteúdo, eles giravam em torno do mesmo tema, que seria a perda dos amigos e companheiros durante a guerra. Na segunda sessão de tratamento, enquanto escrevia sobre seu pesadelo, Alan começou a chorar muito e não quis continuar com a exposição. Ele descreveu a tremenda culpa que experimentava por ter sido o único soldado que conseguira voltar para casa, especialmente por ter estado no comando de sua unidade. A reestruturação cognitiva foi iniciada para quatro sessões, após as quais Alan relatou sentimentos de culpa reduzidos. O tratamento dos pesadelos começou com sucesso.

Considerações da terapia

Modificações do protocolo

O manual da ERRT, incluído no Apêndice A, foi padronizado para adesão de pesquisa e facilidade de disseminação entre os terapeutas. Os terapeutas podem sentir-se livres para utilizar o manual, assim como a prática. Entretanto, conforme descrito antes, eles devem também empregar discrição profissional e usar a apresentação do paciente para modificar a ERRT – não só a distribuição do tempo para cada tópico, mas também o formato. Cada modificação do protocolo deve ser avaliada, entretanto, para determinar a possibilidade de impacto na eficácia, conforme delineado no capítulo 5. Na verdade, mesmo sem uma modificação significativa no protocolo, recomenda-se que os terapeutas utilizem as avaliações vigentes e monitorem os sintomas do paciente.

Timing. A ERRT, como atualmente praticada, é procedida em três sessões de aproximadamente 1,5 a 2 horas cada. Embora esse formato tenha tido sucesso com numerosos participantes, os terapeutas podem determinar que sessões mais longas sejam adequadas. Como discutido antes, diversos fatores dos pacientes podem indicar que outras intervenções sejam adicionadas ao tratamento, incluindo comprometimento cognitivo, raiva, culpa, e super e subenvolvimento. Uma amostra de protocolo estendido é fornecida na Tabela 9.1.

TABELA 9.1

EXEMPLO DE TRATAMENTO ESTENDIDO	
Sessão 1	Psicoeducação sobre trauma e pesadelos
	PMR
Sessão 2	Psicoeducação sobre o sono
	PMR
Sessão 3	Base racional para exposição
	Exposição escrita/oral para o pesadelo
	Respiração diafragmática
Sessão 4	Reelaborar o pesadelo
	Respiração desacelerada
Sessão 5	Solução de problemas
	Prevenção de recaída

Pesadelos apenas como parte do quebra-cabeça. Embora a ERRT seja eficiente na redução de pesadelos e das angústias associadas, incluindo os sintomas do TEPT, não estamos sugerindo que a ERRT seja administrada no lugar de uma abordagem mais ampla de intervenção. Determinar quando e como usar a ERRT dependerá em grande parte da formulação do caso em particular. Se os pesadelos forem o menor aspecto do presente problema, a ERRT não deve ser o primeiro ou o único tratamento administrado, e, de fato, os pesadelos podem ser resolvidos com um tratamento mais amplo do TEPT. Por exemplo, caso os pacientes se apresentem com o TEPT desenvolvido, e os pesadelos forem apenas parte do quadro, então será mais interessante que se administre um dos tratamentos de primeira linha para o TEPT. Entretanto, pode ser útil adicionar os elementos da ERRT para abordar os pesadelos e distúrbios do sono, por se revelarem resistentes para vários tratamentos psicológicos e farmacológicos (Davis, DeArellano, Falsetti & Resnick, 2003; Forbes, Creamer & Biddle, 2001; Johnson et al., 1996; Scurfield, Kenderdine & Pollard, 1990; Zayfert & DeViva, 2004). Se os pesadelos forem o principal problema e a força que impulsiona as outras inquietações, então a ERRT é a intervenção a ser aplicada, por ser mais rápida e ter a melhor relação custo-benefício. Como observado no capítulo 5, recomendamos firmemente que os terapeutas façam uma avaliação completa do início e do pós-tratamento. Essa abordagem irá ajudar o terapeuta a determinar se a ERRT foi suficiente ou se foi preciso tratamento adicional.

Os terapeutas precisam também considerar a influência de outros transtornos relacionados ao sono. Por exemplo, o capítulo 1 descreve achados que sugerem que o SDB é altamente prevalente com o TEPT e os pesadelos (Krakow et al., 2006). O encaminhamento para um médico especialista em sono é recomendado, se o terapeuta suspeitar que outros requisitos podem estar contribuindo para os pesadelos e os distúrbios do sono.

Escolha do pesadelo. Como descrito no capítulo 7, incentivamos os participantes a escolherem seus piores pesadelos para trabalharem no trata-mento, enquanto outros pesquisadores encorajam ativamente a começarem com um pesadelo de baixa intensidade. "O pior" é geralmente considerado o pesadelo que causa maior angústia ou comprometimento na rotina. Embora não tenha visto dificuldades significativas em nossa abordagem, é possível que começar com o pior seja muito intenso para algumas pessoas. Se os pacientes escolhem começar com pesadelos de baixa intensidade, e "o pior" pesadelo não seja resolvido no processo, recomendamos fortemente que aumentem o tempo do tratamento, para permitir que eles trabalhem com o pior, enquanto em tratamento. Dada a cronicidade dos pesadelos e a evitação básica no enfrentamento do trauma, eles podem não querer nunca encarar esses pesadelos por si próprios, e vão continuar sofrendo.

Uma nota de cautela. Diversos escritores têm mostrado que certos temas recorrentes ou conteúdos específicos dentro dos sonhos podem indicar que tais eventos de fato ocorreram. Enquanto a veracidade desse parecer ainda não estiver determinada empiricamente, pode ser prejudicial se os terapeutas fizerem interpretações baseadas nesses temas.

Comentamos a literatura no capítulo 2, que sugere que o trauma pode estar associado com temas particulares, ou pontos presos, na vida de vigília e no sono das pessoas. É igualmente possível que esses temas tornem-se evidentes na ausência dos eventos traumáticos. Nós revisamos a literatura no capítulo 2, que observa que os temas recorrentes nos sonhos podem ser o indicador de algum problema em curso. Esta ainda é uma questão empírica. Além disso, estamos cientes de que nenhum dado empírico consistente apoia a ideia de que certos temas recorrentes são indícios de abuso ou trauma anterior. Embora Belicki e Cuddy (1996) reportem terem achado algumas diferenças entre indivíduos abusados sexualmente, abusados fisicamente e não abusados, nos padrões do sono, distúrbio do sonho e conteúdo do "pior" pesadelo dos participantes, eles também alertam que "esses padrões do distúrbio do sono são provas insuficientes para indicar uma história de abuso sexual" (p. 55).

As pesquisas têm indicado que uma interpretação falsa do sonho pode resultar na crença dos indivíduos de que certas coisas aconteceram na infância, embora eles não se lembrem desses eventos (Mazzoni & Loftus, 1998). A ERRT *não* envolve uma interpretação dos sonhos ou pesadelos e não busca identificar eventos anteriores – traumáticos ou não. Alertamos a todos que usam esse procedimento para não se envolverem na sugestão de possível abuso ou trauma que os pacientes possam não saber ou que não relataram. Acreditamos que até os pesadelos que parecem réplicas exatas dos eventos traumáticos reais, provavelmente, incorporam alguns aspectos que não fizeram parte do trauma. Os pesadelos são sonhos que podem incorporar aspectos dos eventos reais em variados graus. A questão do tratamento é mudar os pesadelos relacionados ao trauma e confrontá-los diretamente, para ajudar os indivíduos a processá-los, e não para descobrir outros eventos traumáticos ou interpretar o significado dos sonhos dos participantes.

CAPÍTULO 10

EFICÁCIA DA TERAPIA DE EXPOSIÇÃO, RELAXAMENTO E REELABORAÇÃO

Davis, Rhudy, Byrd e Wright

Eficácia

A eficácia da ERRT tem sido avaliada via estudo de caso, série de casos e RCT. Estamos atualmente no processo de analisar os dados do nosso segundo RCT. Conforme descrito no capítulo 5, o desenvolvimento do tratamento começa com um estudo de caso. Intrigados com os achados, investigamos mais profundamente uma série de casos (Davis & Wright, 2005). Quatro pessoas (três mulheres e um homem) foram tratadas individualmente durante quatro meses. Os participantes tinham de 28 a 56 anos. Reportaram várias histórias de trauma, incluindo agressão sexual na infância, estupro, agressão física, acidentes com veículos motorizados, desastres naturais e violência doméstica. Todos os participantes relataram ter passado por mais de um tipo de trauma. A duração dos pesadelos dos participantes ia de cinco a vinte e cinco anos, e os vivenciavam pelo menos uma vez por semana, na maior parte do tempo. Os participantes fizeram o tratamento e foram avaliados no pré-tratamento, pós-tratamento e nos três e seis meses de acompanhamentos (uma pessoa não pôde atender ao acompanhamento dos seis meses).

Os resultados indicaram que todos os participantes relataram que a seriedade do pesadelo foi reduzida. Três, dos quatro, relataram frequência reduzida de pesadelos (a pessoa que ainda tinha uma média de um pesadelo por semana os descreveu como bem menos sérios). Três, dos quatro, relataram diminuição dos sintomas do TEPT (a frequência do sintoma do TEPT de uma pessoa ficou a mesma, mas a seriedade do sintoma diminuiu). Finalmente, três dos quatro também reportaram diminuição na depressão e em todos os problemas de sono (Davis & Wright, 2005).

O próximo passo para avaliar a eficácia da ERRT foi a abordagem do ensaio clínico controlado randomizado (Davis & Wright, 2007). Fizemos a comunicação desse estudo via folhetos, rádio e e-mail. O critério de inclusão abrangeu ter tido no mínimo um pesadelo por semana, nos três meses anteriores, e experimentado um evento traumático no mínimo três meses antes do início do estudo. O critério de três meses pós-trauma é considerado padrão na literatura de tratamento de trauma, que concede um tempo para que ocorram os processos naturais de recuperação. Os critérios de exclusão abrangeram psicose aparente, retardo mental, 17 anos ou mais jovem, ideação suicida ativa ou comportamentos parassuicidas recentes, ou atual dependente de drogas/álcool. Um total de 49 indivíduos foram inicialmente randomizados, tanto para tratamento em grupo como para a lista de espera do grupo controle. Os participantes eram principalmente mulheres (82%), caucasianos (75%), empregados em tempo integral (37%) e tinham no mínimo nível universitário (63%). Os participantes relataram uma média de 4,6 eventos traumáticos na vida. Na avaliação inicial, os participantes relataram uma média de frequência de pesadelos de 4,4 por semana e uma taxa média de seriedade de 2,96 (taxa possível 0-4; Pesquisa de Pesadelo Relacionado ao Trauma; Davis et al., 2001). Quase um terço relatou levar mais de uma hora para dormir de noite, e os participantes relataram que obtiveram uma média de 5,5 horas de sono por noite. Os participantes do tratamento em grupo foram avaliados no início, uma semana pós-tratamento, e depois no terceiro e sexto meses de acompanhamento. O grupo controle foi avaliado no início e quatro semanas depois, e então o tratamento foi oferecido.

A análise da intenção de tratar (uma medida conservadora de resultado, procedida com todos os participantes avaliados inicialmente para o grupo controle, e aqueles do tratamento em grupo, que completaram pelo menos uma sessão de tratamento, independentemente do desligamento subsequente) e as análises completas (procedidas com todos os participantes no grupo controle que completaram a segunda avaliação, e aqueles do tratamento em grupo que completaram o tratamento) indicaram que o tratamento em grupo reportou escores significativamente melhores para a frequência e seriedade dos pesadelos, problemas de sono, frequência e seriedade dos sintomas do TEPT, sentimentos de inquietação ao despertar e depressão. Finalmente, as mudanças da avaliação inicial até o acompanhamento foram examinadas para todos os participantes que completaram o tratamento, e também as avaliações do acompanhamento dos três meses ou dos seis meses (n = 19). Na avaliação de acompanhamento, somente 16% dos participantes (n = 3) relataram ter experienciado pesadelo na semana anterior, e apenas 21% (n = 4) experienciaram pesadelo no mês anterior. Achados positivos, estatisticamente significativos, também foram encontrados para a seriedade dos pesadelos, qualidade e quantidade de sono, uma série de problemas do sono, medo de dormir e um sentimento subjetivo de inquietação ao despertar. Finalmente, 53% dos 19 participantes atenderam aos critérios para o TEPT na avaliação inicial, ao passo que somente 21% atenderam aos critérios nos seis meses de acompanhamento (Davis & Wright, 2007). Para melhor entendimento da significância clínica de nossos achados, também examinamos os resultados pelo estado final de funcionamento. Um bom estado final de funcionamento foi definido como pontuação de taxas não clínicas em cada resultado medido, ou conforme definido empiricamente pelos autores das medidas usadas. A única exceção foi a frequência do pesadelo; usamos a ausência de pesadelos da semana anterior como critério para determinar o bom estado final de funcionamento. Os critérios do bom estado final de funcionamento foram: 84% para pesadelos, 79% para diagnóstico de TEPT, 74% para depressão e 53% para qualidade de sono nos seis meses da avaliação. Finalmente, perguntamos aos participantes, nos seis meses de acompanhamento, sobre a utilidade percebida de todos os componentes do tratamento. Especificamente, pedimos aos participantes que classificassem nove componentes do tratamento em uma escala de um (muito inútil) a cinco (muito útil).

Tabela 10.1

Percentagem das taxas dos componentes do tratamento dos participantes como útil ou muito útil	
Escrever o pesadelo	100
Educação do sono	100
Insights do grupo/terapeuta	100
Ler o pesadelo em voz alta	92
Reelaborar o pesadelo	83
Educação do pesadelo	81
PMR	74
Respiração diafragmática	74
Educação do TEPT	63

A Tabela 10.1 mostra a percentagem dos participantes que classificaram cada componente como "útil" ou "muito útil" (Davis & Wright, 2007).

Até aqui, a pesquisa indica que o tratamento parece ser bastante eficaz. Uma limitação em nosso programa de pesquisa foi a confiança nos resultados autorrelatados. Para compreender melhor a natureza dos pesadelos pós-trauma e para determinar o impacto do tratamento sobre o fisiológico que acompanha o medo, avaliamos diversos índices fisiológicos em um segundo ensaio randomizado controlado (veja Foa & Kozak, 1986; Orr & Roth, 2000). Concluímos que, se a ERRT é bem-sucedida na redução da frequência e intensidade dos pesadelos pós-trauma, então os afetos negativos e seus efeitos fisiológicos (i.é., ativação simpática) relacionados ao trauma também deveriam diminuir. O método e procedimentos para esse estudo foram essencialmente os mesmos da RCT inicial, com a adição de um componente de avaliação fisiológica.

Para avaliar a reatividade fisiológica, utilizou-se um paradigma baseado em imagens, norteado pelas narrativas. Uma breve narrativa, ou *script*, do conteúdo do sonho de cada participante foi gerada pelos dados obtidos na entrevista conduzida padronizada, no início da avaliação anterior ao tratamento. A entrevista consistiu em perguntas especificamente sobre o conteúdo sensório subjacente ao pesadelo dos participantes. Aquele

Eficácia da terapia de exposição, relaxamento e reelaboração

conteúdo foi então usado para gerar um *script* de trinta segundos, de aproximadamente cem palavras, que foram registradas no computador. Além disso, outros *scripts* atribuídos emocionalmente, não pessoais (como agradável, neutro, ação ou assustador), também foram registrados. Durante cada sessão de avaliação fisiológica, os participantes ficaram sentados confortavelmente em uma cadeira reclinada, enquanto o computador apresentava, aleatoriamente, o *script* do pesadelo pessoal e os *scripts*-padrão para os participantes, pelos fones de ouvido. Imediatamente após o computador ter apresentado cada *script*, pedimos aos participantes que se imaginassem na cena descrita pelo *script*, "como se aquilo estivesse acontecendo com eles naquele instante". As medidas fisiológicas que indicaram afeto negativo e excitação autonômica foram avaliadas antes e durante cada tarefa, baseadas nas imagens, norteadas pelas narrativas.

O eletromiograma (EMG) facial foi usado para avaliar a atividade elétrica dos músculos associados com a exibição facial do afeto negativo e do medo. O músculo superciliar faz abaixar a parte interna da sobrancelha em direção ao nariz, formando uma careta. A maior atividade do músculo superciliar, conforme avaliada pelo EMG, foi usada para indicar o maior afeto negativo (irritação). O músculo frontolateral levanta a parte externa da sobrancelha durante a exibição facial do medo. No entanto, a maior atividade do músculo frontal, conforme avaliado pelo EMG, também foi usada para estimar afeto negativo. As reações autônomas foram avaliadas com a frequência cardíaca e a condutância da pele. A frequência cardíaca (HR) foi analisada pelos sensores do eletrocardiograma (ECG) para cada antebraço. A condutância da pele foi determinada com a passagem de uma corrente elétrica imperceptível pelos dedos dos participantes, para avaliar mudanças na condutividade elétrica da pele. A condutividade da pele é afetada pela atividade das glândulas sudoríparas (e sudorese), que é controlada pelas ramificações do nervo simpático do sistema nervoso autônomo. A excitação do nervo simpático leva a suores nas palmas das mãos, solas dos pés e aumenta a condutividade da pele durante o início do conflito ou como resposta ao conflito. O nível de condutância da pele (SCL) foi usado para avaliar mudanças na ativação e excitação do nervo simpático. Além dessas medidas fisiológicas, registros subjetivos de prazer/desprazer, excitação e afeto negativo, em resposta à imagem, também foram obtidos. Foi concluído por hipótese que a imagem do pesadelo levaria a maior reatividade fisiológica emocional, e que o tratamento dos pesadelos reduziria as reações fisiológica e emocional subsequentes.

Os resultados preliminares desse segundo RCT sugerem que o efeito do tratamento nos tradicionais resultados autorrelatados reflete aqueles do estudo original. O tratamento indica melhoras na frequência e seriedade do pesadelo, depressão, sintomas do pânico ao despertar do pesadelo, qualidade do sono e sintomas do TEPT. Os achados com as avaliações fisiológicas sugerem também que o tratamento é eficaz. Antes do tratamento, a imagem pessoal do pesadelo levava à significativa excitação fisiológica-emocional (Rudy, Davis, Williams, McCabe & Byrd, 2008). Referente à imagem-padrão do *script*, a imagem do pesadelo inferiu maior atividade no músculo superciliar, HR e SCL, assim como excitação subjetiva, desprazer e afeto negativo. Esses efeitos não estavam a cargo do diagnóstico atual de TEPT, uma vez que a reatividade fisiológica emocional à imagem do pesadelo estava presente e era similar em pessoas com e sem TEPT. Esse é um achado importante, porque os pensamentos relacionados ao pesadelo parecem ter consequências fisiológicas, mesmo em pessoas sem patologia clinicamente significativa relacionada ao trauma. Além disso, o grau da reatividade fisiológica emocional inferido pela imagem do pesadelo foi positivamente associado com a sintomatologia relacionada ao pesadelo (seriedade/número de problemas do sono, poucas horas de sono por noite e pânico ao despertar; Rhudy, Davis, Williams, McCabe & Byrd, 2008).

Da maior importância, uma comparação de dados fisiológicos da avaliação pré e pós-tratamento sugere que a ERRT leva a significativas reduções de todas as reações fisiológicas (EMG do músculo superciliar, EMG frontolateral, HR, SCL) e reações subjetivas (desprazer, excitação, medo, raiva e tristeza) às imagens do pesadelo (Rhudy, Davis, Williams, McCabe, Bartley, Byrd & Pruiksma, em revisão). Na verdade, o grupo, para pessoas que fazem tratamento em grupo, sugere que a reatividade fisiológica à imagem do pesadelo foi quase abolida na avaliação pós-tratamento. Esses ganhos com o tratamento não foram exclusivamente devidos à passagem do tempo ou à exposição repetida das imagens do pesadelo, porque as reduções na reatividade fisiológica emocional não estavam presentes no grupo controle, que não recebeu tratamento, mas cujas avaliações foram unidas às do grupo de tratamento. Além disso, as reações fisiológicas com um padrão estereotipado de medo não foram afetadas pelo tratamento. Entretanto, parece que a ERRT leva à redução nas reações fisiológico-emocionais específicas aos pensamentos/imagens relacionados ao pesadelo. Estamos no processo de determinar se esses progressos com o tratamento continuam no terceiro e sexto meses de acompanhamento. Além disso, será importante determinar se as reduções na reatividade fisiológica emocional pós-tratamento preveem conquistas a longo prazo no pesadelo autorrelatado e na sintomatologia relacionada ao trauma.

Componentes críticos e mecanismos de mudança

Embora as evidências sugiram que a ERRT e a IRT são eficazes na melhora do sono e na redução da frequência, seriedade e angústia relacionadas ao pesadelo, não se sabe o suficiente sobre o ajuste relativo aos vários modelos de desenvolvimento do pesadelo, para aprofundar nossa compreensão dos componentes críticos e mecanismos de mudança desses tratamentos diretos. Embora existam várias possibilidades que decorrem de teorias do desenvolvimento e manutenção do pesadelo, e uma ampla literatura do trauma, neste momento há dados empíricos insuficientes para entender completamente a especificidade do tratamento. Marks (1978) descreve elementos de considerável importância para o impacto do ensaio de imagens nos pesadelos: exposição, catarse e domínio. A ERRT combina os três aspectos, assim como elementos adicionais. A seguir, discutimos o potencial da contribuição desses componentes e outros.

Exposição e catarse

A evidência empírica da ampla literatura da ansiedade sugere que a exposição é provavelmente um componente-chave para aliviar o medo e a ansiedade (Foa, Keane & Friedman, 2000). Foa e Kozak (1986) sugerem que dois processos são necessários para a exposição funcionar: a estrutura do medo deve estar ativada e ser fornecido o registro das informações daqueles aspectos patológicos da rede do medo. Parte da informação neutralizante pode vir da habituação. A exposição possibilita que os pacientes enfrentem o medo do conteúdo do pesadelo em um lugar seguro – o consultório do terapeuta – e habituem-se à ansiedade. Eles aprendem que podem sentar-se ali com a ansiedade – que conseguirão suportar sem se desintegrarem. Mesmo que experimentem alguma angústia, a exposição e a habituação corrigem a ideia errada de que a ansiedade continuará indefinidamente sem escape, ou que alguma coisa horrível acontecerá. Sem a habilidade de fuga e evitação, não há reforço negativo para esses comportamentos. E também conduzir a exposição segura em um ambiente terapêutico incorpora nova informação de segurança à estrutura do medo (Foa & Kozak, 1986; Foa & McNally, 1995; Rothbaum & Mellman, 2001).

Embora os protocolos sejam minimizados em algumas Terapias de Ensaio de Imagens (IRT), alguns autores têm identificado a exposição como sendo um possível elemento crítico na IRT/ERRT (Davis & Wright, 2007; Forbes, Phelps & McHugh, 2001; Marks, 1978). Em muitos estudos que avaliam a IRT ou a ERRT, os participantes são expostos aos seus pesadelos através da escrita, leitura em voz alta e/ou discussão com o terapeuta ou com outros membros do grupo (Krakow, Kellner, Pathak & Lambert, 1996). Em um estudo com veteranos do sexo masculino, Hartmann (1984) descobriu que os pesadelos diminuíram quando foram discutidos em grupos, embora fossem comuns as recaídas, quando um novo estressor era encontrado. Muitos pesadelos do estudo da ERRT descritos antes incorporaram alguns aspectos do evento traumático, oferecendo oportunidades para os participantes discutirem o trauma indiretamente. Além disso, as reelaborações incluíam pelo menos algumas imagens originais do pesadelo. Assim, os participantes são expostos às imagens originais, através de repetições, todas as noites, dos pesadelos reelaborados, assim como do trauma, indiretamente (para trauma similar aos pesadelos), ou diretamente (para pesadelos replicativos), através da escrita e da leitura dos pesadelos na sessão. Semelhantemente, a identificação dos temas do trauma com os pesadelos também gerou discussões significativas dos próprios traumas entre os membros do grupo. Esses procedimentos podem ter possibilitado que os participantes se habituassem à ansiedade, através do envolvimento nas técnicas de exposição do princípio ao fim da sessão e pelo trabalho de casa.

Uma questão que surge é qual seria a extensão eficaz para a exposição na redução dos pesadelos, se o conteúdo do pesadelo estivesse relacionado apenas perifericamente, ou não estivesse relacionado a um evento traumático. Acreditamos que mesmo os pesadelos que não representam diretamente o trauma pelo conteúdo manifesto podem incluir temas que reflitam conflitos iniciados ou promovidos pelo evento traumático. Além disso, com o tempo, os próprios pesadelos evoluem para tornarem-se estímulo do medo, complementando, assim, o evento traumático original. Concebido dessa forma, a realização da exposição do conteúdo do pesadelo (parte da estrutura do medo do trauma) deveria extinguir a resposta do medo para os pesadelos, reduzindo assim os problemas relacionados ao pesadelo.

Curiosamente, ambas, ERRT e IRT, mostram efeitos generalizados em que outros índices de angústia (por exemplo, sintomas depressivos e TEPT) melhoram depois do tratamento, embora não estivessem sido abordados diretamente no tratamento. Spoormaker, Schredl e van den Bout (2005) propõem que os achados de que os tratamentos diretos do pesadelo reduzem a extensão da formação dos sintomas "sugerem que os pesadelos são o elemento-chave do TEPT e podem muito bem, juntamente com outro distúrbio do sono (REM), ser a marca registrada do TEPT, conforme sugerido por Ross et al." (p. 26). Forbes, Phelps et al. (2001) sugerem que a redução reportada nos sintomas do TEPT após o tratamento "pode estar relacionada com a modificação da rede de memória do trauma" (Foa, Steketee & Rothbaum, 1989). A intervenção envolve a alteração do conteúdo do pesadelo com mudanças associadas ao afeto, e alteração na percepção da força, importância e controlabilidade do pesadelo. "Esses processos podem unir-se para modificar os aspectos dos estímulos, respostas e propostas de significados na rede de memória do trauma" (p. 440). Talvez a exposição de qualquer parte da estrutura do medo seja suficiente para iniciar a mudança de resposta à imagem específica do trauma, não necessariamente apenas a imagem do pesadelo.

Numerosos estudos têm exposto os benefícios da escrita sobre os eventos estressores. Pesquisas encontraram benefícios de melhoria da saúde de estudantes universitários e pessoas em condições precárias de saúde física, incluindo reumatoide, artrite e asma. Outros benefícios observados na saúde incluem poucas visitas ao médico, melhora do funcionamento imunológico, redução da pressão arterial, melhora das funções do pulmão e fígado, e diminuição dos dias no hospital. O protocolo típico envolve os participantes escrevendo sobre situações ou eventos estressantes por um período de tempo. Embora muitos estudos reportem um aumento da emoção negativa nas sessões de pré a pós-escritas, semanas depois, no acompanhamento, os participantes relatam melhora da saúde física, e em menor grau da saúde psicológica. As pesquisas que examinaram os benefícios da escrita expressiva com os indivíduos expostos a trauma estão, no entanto, equivocadas. Embora alguns estudos tenham descoberto melhoras nos sintomas em amostras não clínicas (Largo-Marsh & Spates, 2002; Schoutrop, Lange, Hanewald, Davidovich & Salomon, 2002; Pennebaker, Kiecolt-Glaser & Glaser, 1988), outros não encontraram diferenças (Batten, Follette, Rasmussen Hall & Palm, 2002) ou efeitos negativos (Gidron, Peri, Connolly & Shalev, 1996). Alguns desses estudos seguiram o protocolo de escrita de Pennbaker et al. (1988), de três dias, vinte minutos por dia. Essa extensão e duração parecem insuficientes como intervenção autônoma para uma população de trauma. Entretanto, diversos tratamentos, incluindo a Terapia do Processo Cognitivo (Resick & Schnicke, 1993) e a Terapia de Exposição de Múltiplos Canais (Falsetti, Resnick & Davis, 2005) têm incluído, com sucesso, exposição escrita como parte do amplo protocolo do TEPT.

Clinicamente, temos observado que o processo de escrever o pesadelo parece tirar sua força. É como pensar que tem um monstro embaixo da cama e que, ao acendermos a luz e olharmos, podemos encontrar algum coelhinho empoeirado assustado, mas nenhum monstro. De alguma forma, os pesadelos não são tão assustadores para algumas pessoas, quando conseguem tirá-los daquele lugar escuro de suas mentes, e olhar para eles no papel, à luz do dia. Esse processo parece colocar os pesadelos em perspectiva. Uma participante, após ter escrito sobre seu pesadelo, olhava fixamente para o papel com uma expressão curiosa no rosto. Quando perguntamos sobre isso, ela disse como se duvidando: "É só isso? É disso que tive medo durante tanto tempo?".

Diversos pesquisadores têm investigado possíveis mecanismos responsáveis pelos achados positivos das intervenções de escrita expressiva. Por exemplo, um estudo descobriu que a expressão emocional (catarse) não foi suficiente. O aspecto-chave da escrita expressiva pareceu ser a escrita sobre os dois aspectos de um evento, cognitivo e emocional (Pennebaker & Graybeal, 2001). Por exemplo, um estudo constatou que o uso de palavras com emoção positiva estava relacionado à melhora da saúde, enquanto as palavras com emoção negativa, não. Além disso, o aumento no uso das palavras cognitivas durante a escrita na sessão estava associado com significativa melhora na saúde (Pennebaker, Mayne & Francis, 1997; Petrie, Booth & Pennebaker, 1998).

Diversos autores sugerem que, com a repetição da escrita dos eventos estressantes, os participantes desenvolvem uma narrativa mais coerente e organizada do evento (Foa, Molnar & Cashman, 1995; Koopman et al., 2005). Por exemplo, Foa, Molnar e Cashman (1995) avaliaram as mudanças nas narrativas de vítimas de estupro, pré e pós-tratamento. Descobriram que as narrativas pós-tratamento foram mais longas, incorporaram menos ação ou conversa e incluíram mais pensamentos e sentimentos sobre a agressão sexual, embora a fragmentação das narrativas não tivessem mudado significativamente. Curiosamente, o aumento na organização estava relacionado à diminuição da depressão, mas não da ansiedade, enquanto a diminuição da fragmentação estava relacionada à diminuição da ansiedade, mas não da depressão. É improvável que tais mudanças na narrativa se destaquem para a ERRT, pois os participantes escrevem os pesadelos somente uma vez. Entretanto, o simples processo de colocar no papel alguma coisa que normalmente fica nos cantos escuros da psique, com instruções para escreverem como se estivesse ocorrendo agora e com bastante detalhes, pode fornecer um elemento de organização que anteriormente não existia. No entanto, essa ideia ainda é especulativa e justifica uma investigação empírica. No geral, embora exista um claro suporte para todas as técnicas baseadas na exposição, e melhora no funcionamento com a escrita expressiva, ainda não está claro que papel isso tem no tratamento em curso. A ERRT usa ambas, exposições escrita e oral, ao pesadelo original, mas isso é feito somente uma vez na sessão. Os participantes não são designados a escrever ou falar sobre seus pesadelos fora da sessão (embora sejam designados a imaginar o sonho reelaborado). Essa abordagem difere significativamente das técnicas de exposição clássicas que requerem sessões de exposição prolongadas e repetidas. Além disso, outros grupos usaram variações da IRT que especificamente minimizam o elemento da exposição e chegaram a resultados bastante promissores (veja capítulo 5). Por exemplo, Krakow e colaboradores usaram provavelmente uma quantidade mínima de exposição em suas abordagens (Krakow & Zadra, 2006). Seu protocolo instrui os pacientes a selecionarem o sonho menos intenso (um que não seja replicativo ao trauma), mudá-lo da maneira como quisessem e ensaiarem o sonho mudado, imaginariamente, poucas vezes por dia. Assim, a dosagem específica da exposição que é suficiente para produzir mudanças nos pesadelos por longo prazo, as mudanças clinicamente significativas, a qualidade de sono e o funcionamento diurno permanecem uma questão empírica. A seguir comentamos brevemente diversos estudos que têm elementos comparados dos tratamentos de pesadelo e o grau de exposição, para determinar mecanismos potenciais específicos de mudança.

Estudos de comparação

Em um dos primeiros estudos de comparação, Celluci e Lawrence (1978) avaliaram a dessensibilização sistemática, um controle da condição de discussão do pesadelo e automonitoramento em 29 indivíduos em graduação, que reportaram uma média de dois ou mais pesadelos por semana. O tratamento durou cinco semanas e, no acompanhamento, os resultados indicaram que os três grupos diferiram um do outro na *frequência* dos pesadelos, com o grupo de dessensibilização demonstrando maior redução, seguido do grupo de discussão. Para *intensidade* dos pesadelos, no entanto, somente o grupo de dessensibilização reportou pesadelos significativamente menos intensos do que os do grupo de automonitoramento. Curiosamente, a latência do início do sono foi reduzida em todos os grupos. Nenhuma diferença no resultado do tratamento foi achada entre os indivíduos com pesadelos pós-trauma e aqueles com pesadelos idiopáticos.

Miller e DiPilato (1983) examinaram a eficácia das três abordagens no tratamento dos "pesadelos repetidos" (p. 871), com uma frequência mínima de um pesadelo por mês (53% da amostra relataram pesadelos recorrentes e 28%, pesadelos pós-trauma). Trinta e dois indivíduos foram randomicamente designados para a dessensibilização sistemática (incluindo relaxamento), PMR, ou lista de espera do grupo controle. Cada grupo de tratamento recebeu seis sessões de terapia, com o grupo de dessensibilização sistemática tendo sessões mais longas, de alguma forma. Os resultados das nove semanas de acompanhamento constataram que ambos os grupos relataram maior diminuição na frequência do pesadelo do que o grupo-controle, embora não tenham achado diferença na intensidade dos pesadelos. Os grupos de tratamento não diferiram um do outro. Na 19ª semana de acompanhamento, após o grupo-controle ter sido tratado, a frequência do pesadelo continuou melhorando, e não acharam diferenças entre os grupos (38% reportaram ausência de pesadelos); no entanto, a intensidade dos pesadelos foi menor para aqueles do grupo de dessensibilização que ainda relataram pesadelos. Não houve diferença de efeito do tratamento para a qualidade do sono, tempo para adormecer ou humor.

Kellner, Neidhardt e Pathak (1992) trataram 28 indivíduos designados randomicamente para uma sessão, tanto de dessensibilização quanto de reelaboração e ensaio. O grupo de dessensibilização foi instruído a escrever sobre seus pesadelos, imaginar seus pesadelos e relaxar quando se sentissem

Eficácia da terapia de exposição, relaxamento e reelaboração

tensos, e que praticassem o relaxamento antes de dormir. O segundo grupo foi instruído para escrever sobre pesadelos recentes, reelaborá-los da forma como quisessem e, então, escrever as versões reelaboradas e ensaiar as versões reelaboradas quando em relaxamento. Em geral, no 4º e 7º meses de acompanhamento, os participantes relataram frequência reduzida de pesadelos, e não foram encontradas diferenças no tratamento. A intensidade das emoções, durante e ao despertarem dos pesadelos, diminuiu no grupo de dessensibilização, mas não no grupo de ensaio, e não foi reportado nenhum efeito diferente no tratamento. As diminuições da resposta fisiológica no despertar de um pesadelo e os escores nas escalas somáticas não mudaram em nenhum grupo, embora as taxas de depressão, ansiedade e hostilidade tenham diminuído em ambos. Como nos dois grupos, a exposição está incluída em algum grau (tanto no pesadelo original quanto na versão mudada), os achados sugerem que pode ser a exposição, e não a reelaboração, que seja o ingrediente-chave.

Neidhardt, Krakow, Kellner e Pathak (1992) designaram randomicamente 20 indivíduos, tanto para registrar e ensaiar/reelaborar quanto para apenas registrar os pesadelos por um mês. Nos três meses de acompanhamento, a frequência de pesadelo diminuiu em ambos os grupos, e não houve diferenças do tipo de tratamento; porém, o grupo de registro e ensaio/reelaboração também diminuiu em uma série de medidas de angústia (não angústia de pesadelo). Novamente, parece que apenas a exposição (registro) teve um efeito positivo na frequência dos pesadelos; no entanto, apenas o grupo que procedeu à exposição adicional, através de ensaio e reelaboração dos pesadelos, teve efeito generalizado na redução da angústia. Krakow, Kellner, Neidhardt, Pathak e Lambert (1993) acompanharam os participantes no estudo de Neidhardt por um período de trinta meses. Àqueles que estavam no grupo somente de registro, foi oferecida a IRT em seguida. Os ganhos com o tratamento foram mantidos para a frequência dos pesadelos e angústia em geral, nos trinta meses de acompanhamento. O grupo original da IRT foi melhor nesse estudo, enquanto a inclusão da IRT no grupo de registro, após três meses de acompanhamento, não teve melhor desempenho do que no grupo em que só o procedimento de registro foi usado.

Esses estudos sugerem que, embora muitas abordagens (por exemplo, relaxamento, discussão, registro) sejam bem-sucedidas na redução da *frequência* dos pesadelos, alguma coisa a mais (por exemplo, dessensibilização, reelaboração e ensaio) é preciso para impactar a *intensidade* dos pesadelos e, de forma mais geral, os índices de angústia. Isso apoia achados anteriores, no capítulo 2, que sugerem que a frequência e a intensidade dos pesadelos são minimamente relatadas, diferentes mecanismos podem ser responsáveis por cada uma e diversas abordagens de tratamento podem ser exigidas. Esses achados são particularmente importantes, dada a influência da intensidade do pesadelo na patologia relacionada (Krakow & Zadra, 2006). Enquanto permanecem questões relativas ao fato de a exposição ser necessária ou suficiente para ganhos no tratamento, o uso de protocolos variados e a complexidade das perturbações do sono, pesadelos, ansiedade, sintomas pós-traumáticos e depressão levam a pensar na possível existência de outros fatores e em que medida eles podem contribuir para os resultados.

Reelaboração

Uma boa risada e um bom sono são as melhores curas
no livro do doutor (provérbio irlandês).

As modificações da imagem têm sido usadas extensivamente na terapia, através de várias orientações. Alguns pesquisadores e terapeutas acreditam que envolver e modificar as imagens podem fornecer informação neutralizante, de tal forma que as terapias verbais rígidas não conseguem (Beck, Freeman & Associados, 1990). Por exemplo, a exposição imaginal e a reelaboração têm sido usadas para tratar dificuldades relacionadas ao abuso sexual infantil (Smucker & Niederee, 1995). Nessa intervenção, os pacientes imaginam os eventos traumáticos repetidamente, e gradualmente incorporam a reelaboração imaginal dos eventos, para mudar o que aconteceu, pelo domínio da imagem. As pessoas que criaram esse tratamento alegam que muitos indivíduos experimentarão um trauma em idade muito jovem para poderem codificar o evento verbalmente. Afirmam que, um evento que é em grande parte codificado em imagens, a técnica que lida diretamente com as imagens pode ser a mais eficaz na ajuda da recuperação (Smucker, Dancu, Foa & Niederee, 2002). Os poucos estudos que têm avaliado ensaios da imagem têm encontrado achados promissores (Arntz, Tiesema & Kindt, 2007; Dancu, Foa & Smucker, 1993; Grunert, Weis, Smucker & Christianson, 2007; Rusch, Grunert, Mendelsohn & Smucker 2000).

No estudo de Rusch e colaboradores (2000), de exposição imaginal, reelaboração e restruturação cognitiva, observou-se que muitos indivíduos da amostra mudaram suas imagens de tal forma que se tornaram bem-humorados. Descobrimos isso também em nossa própria pesquisa. Quando pedimos aos nossos pacientes para reelaborarem seus pesadelos, confrontando diretamente os temas principais identificados nos pesadelos, não dizemos a eles como mudá-los (embora, se a pessoa tiver dificuldade, o grupo ou o terapeuta possa dar algumas sugestões). Muitos escolheram interpor humor em alguma parte da sinopse, o que pareceu tirar a força do pesadelo.

Maria tinha 62 anos de idade e uma longa história de violência doméstica e numerosos pesadelos por semana. Embora os aspectos dos pesadelos tivessem mudado, a principal sinopse era que ela estava deitada na cama e ouvia alguém chegando em casa e se aproximando de seu quarto. Ela ficava congelada, incapaz de se mover, sabendo que ia morrer. Ela dava uma olhada sobre seu cobertor para ter certeza de que a porta estava trancada, mesmo sabendo que isso não manteria o intruso fora. Em sua reelaboração, ela estava novamente deitada na cama e ouvia alguém entrando na casa e fechando a porta; ela não saía da cama, mas dava uma olhada sob o cobertor para ter certeza de que estava usando sua melhor camisola, por estar esperando com grande expectativa Richard Gere unindo-se a ela.

Similar ao curso chamado *Riddikulus* no filme *Harry Potter e o Prisioneiro de Azkaban* (Rowling, 1999), o uso do humor parece mudar não apenas a imagem, mas também o jeito que pensamos sobre os objetos do medo (i.é., o pesadelo). Como o Professor Lupin observa: "O feitiço que repele um bicho-papão é simples, mas exige concentração. Vejam, a coisa que realmente acaba com um bicho-papão é o riso. Então, o que precisam fazer é forçá-lo a assumir uma forma que vocês achem engraçada" (Rowling, 2000, p. 113). Conforme Rusch e colaboradores (2000) sugerem, esse uso do humor e o resultado do afeto positivo podem refletir um tipo de inibição recíproca, podem aumentar sentimentos de controle sobre as próprias imagens e o afeto que acompanha e podem incorporar informações neutralizantes na rede do medo.

Ehlers e Clark (2000) sugerem que as intrusões incluem avaliações, sensações e emoções presentes no momento do trauma, que não refletem nenhuma mudança na avaliação do evento, como se elas estivessem presas. Ficam mantidas até certo ponto pela evitação. Uma parte importante da terapia, seja na reestruturação cognitiva ou na reelaboração, visa reavaliar aquelas avaliações originais. Essa deve ser uma forma importante de fornecer informação neutralizante (Hackmann & Holmes, 2004). O fornecimento de informação neutralizante ou alteração das avaliações pode ser um caminho através do qual a reelaboração promove mudança nos pesadelos.

Mudanças cognitivas

As alterações cognitivas podem se originar de vários aspectos da ERRT, incluindo a modificação da atividade cognitiva do pré-sono, psicoeducação, exploração temática e aumento do senso de domínio e controle. A alteração da atividade cognitiva do pré-sono é considerada o mecanismo principal de mudança para o tratamento de insônia e pode contribuir significativamente na melhora relatada na ERRT. A ERRT faz isso através do *script* do PMR que usamos, o qual inclui imagens guiadas e um foco na respiração profunda. Pedimos aos participantes que ouçam o CD de relaxamento por vinte minutos, todas as noites antes de irem dormir. Para os pacientes, envolverem-se na imagem e focar na respiração pode inibir a excitação cognitiva e impedir a ansiedade. Após a segunda sessão, os participantes também se dedicam a imaginar seus sonhos reelaborados, o que talvez iniba outra atividade cognitiva. Os participantes também são instruídos a que, se eles ficarem perdendo tempo com preocupações ao se deitar, devem escrever essas preocupações, deixá-las de lado, para cuidarem disso na manhã seguinte, e resolvê-las da maneira que for, ou continuar pensando sobre aquilo um pouco mais. Não temos acompanhado até onde eles fazem isso e, então, não sabemos se tem implicação no resultado.

A psicoeducação fornecida nas Sessões 1 e 2 provavelmente ajuda a reformular as perspectivas que as pessoas têm com relação ao sono e pesadelos. Conhecer mais sobre os possíveis mecanismos subjacentes aos pesadelos, e o que os mantém ao longo do tempo, pode fornecer um senso de controlabilidade que não existia anteriormente. Além disso, oferecer instruções relativamente simples para iniciar a modificação do sono e dos pesadelos (por exemplo, modificação de hábitos do sono) pode fortalecer e alterar a maneira com as quais os participantes percebem suas dificuldades com o sono e os pesadelos.

Exploração temática

A exploração temática dos pesadelos é um dos elementos que diferenciam a ERRT dos outros tratamentos para pesadelo. Estudos que examinam o esquema ou os temas dos indivíduos expostos a trauma descobriram que os indivíduos angustiados evidenciam mais temas não resolvidos (Littleon, 2007; Newman, Riggs & Roth, 1997). É possível que identificar os principais temas observados nos pesadelos, especialmente temas recorrentes, pode ajudar os participantes a reconhecerem aquelas áreas que são notáveis para eles. Esses temas podem ser específicos do trauma ou ser temas mais gerais da vida dos indivíduos. Frequentemente, os participantes apontarão maneiras pelas quais esses temas também afetam suas vidas de vigília. A identificação desses temas permite que os participantes comecem a abordá-los não só em seus pesadelos e reelaborações, mas também na maneira de eles pensarem e processarem a informação a respeito desses temas durante o dia, e começarem a modificar as crenças disfuncionais relacionadas.

Controle/domínio

Uma observação clínica muito importante notada em nossos estudos, assim como em outros (Krakow & Zadra, 2006), é que muitos indivíduos entram no tratamento com fortes crenças de que eles não têm controle sobre seus pesadelos, ou, na verdade, em diversos outros aspectos de suas vidas. A maioria tem tentado outros numerosos tratamentos para se livrar de seus pesadelos e vem para o nosso tratamento como se fosse "uma tentativa desesperada". De fato, depois de ouvir a respeito do tratamento, uma participante observou que ela "já tinha tentado todas aquelas coisas" e até "seguido o conselho do Dr. Phil", sem nenhuma vantagem. O ceticismo não é incomum no início e pode parecer que marcamos as cartas ao preparar o tratamento, dada a forte evidência na literatura sobre a importância das expectativas do tratamento (Lambert & Barley, 2001). Numerosos grupos de pesquisas (Bishay, 1985; Krakow et al., 1996; Forber, Phelps et al., 2001; Marks, 1978, 1987) especularam que um senso maior de domínio pode ser o principal mecanismo de mudança, talvez abordando diretamente esse sentido de ceticismo.

Germani, Krakow e colaboradores (2004) avaliaram os *scripts* de 44 mulheres agredidas sexualmente, envolvidas na IRT para avaliar o grau de domínio e conteúdo negativo. O pesadelo e os *scripts* do sonho novo foram avaliados, usando-se o sistema de avaliação do sonho de Hall e Van de Castle (1966) e a Escala de Domínio Multidimensional, desenvolvida pelos dois autores. Os resultados indicaram que os *scripts* dos sonhos novos tiveram classificação mais alta nas subescalas positivas e mais baixas nas subescalas negativas do sistema de Hall e Van de Castle. Além disso, algumas diferenças foram encontradas nas subescalas de domínio, com *scripts* dos sonhos novos incorporando significativamente mais elementos de domínio social e domínio ambiental, e menos evitação do que pesadelos. A investigação não avaliou se a natureza ou o grau do desvio no domínio estava relacionado à melhora na questão dos pesadelos e funcionamento do sono. Essa é uma área importante para pesquisa futura, especialmente por não estar claro se o aumento no controle e domínio precisa ser manifestado no próprio sonho para que ocorra a mudança. De fato, a maioria dos indivíduos que participaram de nosso tratamento reporta não ter experimentado os sonhos reelaborados e que, ao invés disso, continuou tendo pesadelos sem a intensidade emocional, ou simplesmente não tendo mais pesadelos. Esses achados também foram reportados por Krakow e colaboradores (1993).

Se o domínio é um elemento de cura, ele pode aparecer de maneira dissimulada (Lueger, 2001). Os pacientes podem conseguir um sentido real de domínio através das repetidas imagens de como lidar com uma situação muito difícil. E eles também podem experimentar um sentido de domínio e controle através da "conquista" dos pesadelos, escrevendo-os e reelaborando-os e sentindo o aumento de controle refletido na ausência dos pesadelos. Diversos grupos, no entanto, relatam que os participantes não escrevem seus pesadelos originais (Bishay, 1985; Krakow & Zadra, 2006), recebem várias instruções de como fazer as reelaborações e ainda assim conseguem resultados positivos. Isso levanta a questão sobre se o domínio vem da exposição, reelaboração ou da inserção do domínio no sonho novo. Krakow (2004) usou a instrução "mudar da forma como quiser" e relata que, embora a maioria dos participantes mude os aspectos de seus pesadelos para elementos positivos, não está claro se isso representa "domínio". Bishay (1985) tem participantes que reelaboram especificamente um final triunfante. Além disso, Kellner, Singh e Irigoyen-Rascon (1991) relatam o caso de quatro pacientes que usaram a IRT. Descobriram que três deles experimentaram melhora no funcionamento depois da IRT, e nenhum tinha mudado o pesadelo para um final dominador ou final feliz. Embora mais pesquisas precisem ser feitas, parece que o domínio pode ocorrer não através de elementos

Eficácia da terapia de exposição, relaxamento e reelaboração

específicos incorporados a um sonho, mas pelo processo de trabalhar através dos pesadelos. Seja com a reelaboração, exposição, humor, elementos de domínio, ou relaxamento, o fato de os pacientes conseguirem enfrentar e conquistar algo terrível pode melhorar seus sentidos de competência e força.

Susana, escrevente, tinha 55 anos e uma longa história de violência doméstica. Ela e o marido estavam divorciados agora, mas ele continuava aparecendo em sua casa pelo menos uma vez por semana para atormentá-la verbal e emocionalmente. Seus pesadelos eram similares às típicas visitas do marido, como se ele entrasse em casa, algumas vezes com a namorada, gritando para Susana e a humilhando. Ela nunca se sentiu capaz de colocá--lo para fora ou responder às suas acusações, mesmo tendo se divorciado há muitos anos. Sua reelaboração concentrou-se nela de pé em frente a ele dizendo para sair e chutando-o para fora de casa, sabendo que ele não voltaria mais. O tratamento foi um sucesso, e ela relatou que não tinha tido mais aquele pesadelo ou nenhum outro. Quando veio para a avaliação do acompanhamento dos seis meses, ela relatou alegremente que tinha feito conforme sua reelaboração e que não via seu ex-marido havia mais de um mês. Estava surpresa e excitada com a sua nova sensação de poder e controle sobre a própria vida.

Nossas observações clínicas sugerem que as pessoas ficam muito mais fortes quando percebem ter algum controle sobre o que acreditavam estar muito além de seu alcance. Os participantes podem experimentar aumento do controle da angústia que sentem durante o dia através da re-dução na ansiedade, via procedimentos de relaxamento e pelas mudanças nos pesadelos através da reelaboração/exposição. Isso, por sua vez, pode aumentar seus recursos de enfrentamento e explicar parcialmente o impacto generalizado do tratamento.

Modificação dos hábitos do sono

A educação e a modificação dos hábitos do sono (por exemplo, con-trole dos estímulos, privação do sono, modificação na rotina do sono) são componentes importantes da maioria das intervenções comportamentais para os problemas do sono (Morin, 2005). Embora as modificações vão natu-ralmente diferir, dependendo dos hábitos específicos, todos os participantes são instruídos a controlarem os estímulos que têm suporte no tratamento da insônia. A teoria subjacente ao controle dos estímulos é que, ao longo do

237

tempo, o próprio ambiente do sono pode se tornar um sinal condicionado para pesadelos e sono insatisfatório. O próprio ato de se arrumar para dormir e o quarto em si podem trazer preocupações a respeito dos pesadelos. Assim, os participantes são estimulados a ir para a cama somente quando estiverem com sono, saírem da cama se não conseguirem dormir dentro de vinte minutos, depois de se deitarem, e voltarem somente quando tiverem sono, limitando o uso da cama apenas para dormir e para atividade sexual. Descobrimos que essa última sugestão é um desafio para as pessoas, pois muitos dizem ficar envolvidos em várias atividades de evitação do sono na cama, incluindo assistir à televisão e trabalhar em seus *laptops*. Outra situação complicada é ler na cama. Muitos dizem que leem para conseguir dormir e preferem fazer a leitura na cama. Incentivamos as pessoas a lerem em outro lugar e a usarem a cama para dormir. Uma variedade de outras mudanças de hábitos do sono é feita, dependendo da rotina do sono de cada pessoa, especificamente. Embora não existam muitas evidências quanto à eficácia da modificação nos hábitos do sono, enquanto tratamento único, esse pode ser um componente importante da abordagem total.

A ideia de que modificar os hábitos do sono tem um papel significativo na diminuição dos pesadelos, volta ao círculo vicioso discutido no capítulo 3. Embora os hábitos desenvolvidos, geralmente durante muitos anos, sejam úteis a curto prazo para iniciar ou manter o sono, a tendência é que não deem resultado a longo prazo. Educando e modificando esses hábitos do sono, os indivíduos podem fazer importantes mudanças comportamentais que contribuam para um sono melhor e mais longo. Pode ser que o aumento na qualidade e quantidade do sono seja o que forneça aos pacientes mais energia e clareza para verem e enfrentarem os problemas remanescentes ou a angústia de outra forma. Mellman (2006) observa que

> a insônia é um fator de risco prospectivo para os transtornos psiquiátricos, incluindo os transtornos de ansiedade... Entretanto, além de aliviar o sofrimento com a insônia, a melhora dos distúrbios do sono possivelmente faça efeito terapêutico sobre outros sintomas e sirva para prevenir recaída e exacerbação (p. 1.053).

A função da ERRT de aumentar a qualidade e quantidade de sono também pode ser responsável pela melhora ampla e geral dos sintomas.

Relaxamento

O elemento de relaxamento do tratamento concentra-se na diminuição fisiológica da ansiedade, tensão e atividade cognitiva anterior ao sono. O PMR pode ajudar a reduzir a ansiedade preventiva sobre ir dormir, relaxando o corpo e a mente, talvez limpando a mente de pensamentos que possam aumentar a chance de ter pesadelos. Durante o tratamento, muitas pessoas dizem que adormecem com o CD de relaxamento, e é provável que isso funcione como se elas não tivessem tido tempo para se preocupar com pesadelos e com o sono. Coren (1988) sugere que as excitações fisiológica e cognitiva são fenômenos separáveis e que agem de maneira diferente no sono, com a excitação cognitiva mostrando um impacto pior (Nicassio, Mendlowitz, Fussell & Petras, 1985). Os tratamentos que utilizam métodos de relaxamento para reduzir a ansiedade preventiva, ou a excitação cognitiva, encontram sempre melhoras no sono. Conforme colocado antes, o *script* que usamos incorpora o PMR, como também a imagem mental, impactando, assim, potencialmente, sobre ambas, a excitação cognitiva e a somática de pré-sono. Entretanto, a ação específica ainda está para ser determinada.

Evidências sugerem que o relaxamento é um elemento útil para o tratamento dos transtornos da ansiedade e do sono. No entanto, é improvável que tenha poder suficiente para reduzir os pesadelos por si só. Busby e De Koninck (1980) examinaram o uso de medicação ou relaxamento transcendental por cinco semanas, em relação ao humor e conteúdo do sonho. Não acharam diferenças entre os grupos, e ambos os grupos relataram diminuição nos traços da ansiedade e da ansiedade pré-sono, e leve aumento nos sonhos com temas mais agradáveis. Os autores sugerem que esses achados apoiam a ideia de uma continuidade entre as "atividades" de despertar e dormir. Especificamente para os pesadelos, Miller e DiPilato (1983) descobriram que, embora o relaxamento tenha impacto na frequência do pesadelo, não afetou a intensidade nem se generalizou para outros índices de angústia.

Resumo

Mesmo para um tratamento breve, a compreensão dos componentes críticos e mecanismos de mudança é um assunto complexo, principalmente dada a natureza crônica dos pesadelos na maioria dos participantes que tratamos. Embora um simples componente do tratamento possa abordar

Capítulo 10

algumas questões, pode ser que para uma ampla melhora seja necessário tratamento com multicomponentes. A abordagem específica também dependerá dos relevantes fatores de predisposição, precipitação e perpetuação, discutidos no capítulo 3. Especialmente relevante é o grau ao qual o evento traumático ainda seja um fator de precipitação viável, ou se os pesadelos são mais controlados pelos fatores de perpetuação. E, é claro, essa abordagem de tratamento pode não funcionar para todos. Serão necessários estudos futuros para aumentar nossos conhecimentos, explorando a quem beneficia e em que circunstâncias.

Conclusão e direções futuras

Conforme relatado no capítulo 1, Woodward e colaboradores (2007) descobriram que os indivíduos participantes nos estudos psicofisiológicos, comparados aos que não participaram, relataram menor seriedade em diversas medidas, as quais diferiram conforme as exigências específicas dos estudos. Isso nos leva também à questão da natureza representativa dos participantes nos estudos de tratamento. Mesmo os tratamentos para pesadelo sendo tão eficazes, ainda não conseguimos avançar até aqueles com problemas mais significativos. Na verdade, uma parte dos indivíduos que ligam e mostram interesse no estudo, e são convidados a participar por terem telefonado, não se apresenta para uma avaliação. Esse achado não é incomum nos estudos de avaliação dos tratamentos para transtornos do sono ou problemas relacionados a trauma. A relutância em se envolver no tratamento pode sugerir ceticismo sobre a capacidade do tratamento em conseguir mudança. Isso também pode refletir enfrentamento de evitação continuada.

Os tratamentos diretos de pesadelos também reportam taxas de desligamento por algum motivo, embora isso varie consideravelmente, dependendo de como o "desligamento" é definido. Em nossos próprios estudos, descobrimos que aproximadamente 26% das pessoas que entram no tratamento não o completam. Embora essa não seja uma variação incomum nas taxas de desligamento de outros estudos de tratamento, conforme observado no capítulo 9, é uma área em contínuo estudo para determinar se as mudanças podem ser feitas, ou outras intervenções adicionadas, que possam aumentar o número de pessoas que desejam completar o tratamento.

Poucos estudos têm comparado diferentes elementos dos tratamentos disponíveis para pesadelos. Como uma série de abordagens, que varia em elementos específicos, relata achados positivos, será um próximo passo importante para direcionar comparações que determinem se qualquer abordagem é mais eficaz nas questões dos pesadelos, sono e consequente sofrimento. Será importante também conduzir estudos adicionais avaliando o impacto dos tratamentos nos índices fisiológicos e nas medidas objetivas de sono (Spoormaker et al., 2006). Como observam Krakow e Zadra (2006), é importante conduzir avaliações do princípio ao fim dos transtornos do sono e determinar quais participantes podem reagir melhor com a abordagem específica da medicina do sono em adição, ou, ao invés, dos tratamentos diretos para pesadelo.

Outra área potencialmente proveitosa para exploração seria adicionar os elementos específicos do sono e pesadelo nas terapias já estabelecidas para o TEPT. Como uma série de elementos é tirada de tratamentos estabelecidos (por exemplo, relaxamento, base racional para exposição), os elementos específicos do sono e pesadelo poderiam ser adicionados em uma ou duas sessões. Conforme visto no capítulo 9, tentativas anteriores para aumentar as terapias de exposição com diferentes técnicas (por exemplo, reestruturação cognitiva) não foram mais bem-sucedidas nas respostas do que apenas a exposição; essas combinações parecem visar sintomas (por exemplo, cognições inadequadas) que já são bem-sucedidos só com a exposição. As pesquisas têm também desnudado aspectos da exposição na comparação dos estudos, diminuindo potencialmente sua força (veja Foa, Rothbaum & Furr, 2003). Adicionar uma ou duas sessões específicas para pesadelos e sono – para os sintomas conhecidos como resistentes a tratamento – poderia ser uma importante aquisição, sem precisar excluir os elementos essenciais dos tratamentos estabelecidos. Também pode ser importante para avaliar a sequência dos tratamentos. Se um indivíduo exposto a trauma apresentar suas dificuldades principais como sendo os pesadelos e o sono, pode ser prudente começar com o tratamento direto daqueles problemas, seguido, se necessário, da abordagem dos elementos dos outros sintomas pós-trauma.

No geral, a investigação empírica dos tratamentos de pesadelo ainda está engatinhando. Assim como vemos diferentes perfis de sofredores com pesadelo, e um grande número de fatores relacionados aos pesadelos, tanto idiopático quanto pós-trauma, não existiria tanto problema em considerar que existem muitas linhas de conduta até o estágio do pesadelo crônico. Há muitas e diferentes abordagens mais favoráveis de tratamento. Para alguns, simples intervenções podem ser suficientes para interromper o círculo vicioso; para outros, um tratamento mais complexo deve ser solicitado. Muito mais trabalho ainda precisa ser feito! É animador, no entanto, que os pesadelos agora sejam vistos com mais atenção por especialistas, tanto de trauma quanto do sono, e grandes progressos ainda são necessários para livrar as pessoas do mal-estar dos pesadelos.

APÊNDICE A

MANUAL DO PARTICIPANTE

CAPÍTULO 1

INTRODUÇÃO

Uma visão geral do tratamento

Antes de tudo, parabéns por ter tomado a corajosa decisão de procurar tratamento para os seus pesadelos. É preciso ter muita força, motivação e coragem para ficar cara a cara com os seus pesadelos. O Tratamento de Exposição, Relaxamento e Reelaboração (ERRT) foi desenvolvido para tratar os pesadelos relacionados aos eventos traumáticos. A ERRT é uma versão modificada de um tratamento considerado eficaz para o tratamento de pesadelos relacionados ao trauma[1, 2] e inclui componentes adicionais, que são tidos como úteis no tratamento para as dificuldades da ansiedade[3, 4, 5, 6] e distúrbios do sono.[7]

O tratamento tem como alvo três sistemas nos quais a ansiedade pode se manifestar: psicológico, comportamental e cognitivo. As reações psicológicas para os pesadelos incluem aumento de excitação próximo da hora que você normalmente vai para a cama, sintomas do ataque de pânico ao despertar de um pesadelo (por exemplo, coração acelerado, sudorese,

---

[1]   Thompson, K. E., Hamilton, M. & West, J. A. (1995). Group treatment for nightmares in veterans with combat-related PTSD. *NCP Clinical Quarterly*, 13-17.

[2]   Krakow, B., Kellner, R., Pathnak, D. & Lambert, L. (1996). Long term reduction of nightmares with imagery rehearsal treatment. *Behavioural and Cognitive Psychotherapy*, 24, 135-148.

[3]   Falsetti, S. A. & Resnick, H. S. (1997). *Multiple channel exposure therapy: Patient manual.* Charleston, SC:Universidade da Carolina do Sul.

[4]   Resick, P. A. & Schnicke, M. K. (1993). *Cognitive processing therapy for rape victims: A treatment manual.* Newbury Park, CA: Sage.

[5]   Foa, E. B. & Rothbaum, B. O. (1998). *Treating the trauma of rape: Cognitive-behavioural therapy for PTSD.* New York: Guilford Press.

[6]   Craske, M. G., Barlow, D. H. & Meadows, E. A. (2000). *Mastery of your anxiety and panic (MAP-3): Therapist guide for anxiety, panic, and agoraphobia* (3. ed.). San Antonio, TX: Psychological Corporation.

[7]   Morin, C. M. & Azrin, N. H. (1987). Stimulus control and imagery training in treating sleep-maintenance insomnia. *Journal of Consulting and Clinical Psychology*. 55, 260-262.

Capítulo 1

asfixia), sintomas de privação do sono durante as horas do dia (por exemplo, confusão, perda de memória, irritabilidade ou altos e baixos emocionais, exacerbação de outras dificuldades emocionais) e aumento de excitação durante o dia. As reações comportamentais para o pesadelo incluem uso de substâncias (por exemplo, álcool, comprimidos para dormir) à noite para ajudar a pegar no sono; ver televisão na cama para tentar esquecer os pesadelos; e situações de evitação, lugares ou pessoas que lembrem os pesadelos e o evento traumático (evitação até mesmo do sono!). As reações cognitivas para os pesadelos incluem dizer a si mesmo que nunca será capaz de dormir, sentir muito medo de dormir por medo de ter outro pesadelo ou acreditar que nunca conseguirá "superar" o trauma, porque ele continua sendo destruidor, mesmo enquanto você dorme. Esse tratamento foi criado tendo como alvo cada um desses sistemas.

A ERRT é um tratamento de três sessões. Você pode achar difícil imaginar que três sessões sejam suficientes para livrá-lo dos pesadelos. O propósito do tratamento é tentar reduzir a frequência e a intensidade de seus pesadelos. Pode também reduzir o nível de angústia diurna, com a melhora de seu sono, e você começará a entender as formas pelas quais o trauma e os pesadelos afetam-no. O tratamento requer que você atenda às três sessões. O trabalho de casa será atribuído no final das duas primeiras sessões. Fazer os trabalhos de casa que foram atribuídos é muito importante para o seu sucesso neste tratamento. Revisaremos o trabalho de casa no início de cada sessão. Vamos pedir também a você que complete as medidas adicionais no início de cada sessão. As sessões do tratamento e este manual serão um guia para você trabalhar com seus pesadelos, porém irá depender de você fazer este trabalho. O manual do tratamento é seu, assim você poderá rever o material entre as sessões.

O tratamento incorpora o uso de procedimentos de relaxamento; educação sobre o trauma, transtorno de estresse pós-trauma, pesadelos e hábitos do sono; reaprender os hábitos adaptativos do sono; exposição do conteúdo do seu pesadelo; e reescrever seu pesadelo para diminuir o nível de medo gerado por ele. A seguir uma visão geral de cada sessão do tratamento.

Sessão 1

Introdução e educação sobre trauma, transtorno de estresse pós--traumático, hábitos do sono e pesadelos. Serão fornecidas instruções sobre os procedimentos do relaxamento muscular progressivo (PMR).

Trabalho de casa. Procedimentos da prática de relaxamento com CD, frequência do pesadelo monitorada, exercícios de relaxamento, hábitos do sono e sintomas do TEPT.

Sessão 2

Revisão do trabalho de casa. Discussão da relação entre o pesadelo e o evento traumático. Escrever e ler o pesadelo em voz alta. Instrução sobre o ensaio de imagens, reescrever o pesadelo e praticar o ensaio de imagens do sonho modificado. Aperfeiçoar a respiração reaprendida.

Trabalho de casa. Praticar os procedimentos de relaxamento com CD, ensaiar o sonho modificado, monitorar a frequência do pesadelo, exercícios de relaxamento, hábitos do sono e sintomas do TEPT.

Sessão 3

Revisão do trabalho de casa. Discutir os procedimentos de relaxamento e ensaio de imagem. Identificar qualquer área com problema e planejar o que continuará sendo trabalhado. Agendar a primeira avaliação de acompanhamento.

Nota sobre confidencialidade. Como você sabe, cada pessoa envolvida neste tratamento passou por um evento traumático em sua vida. Em uma situação de terapia individual, todas as informações seriam mantidas confidenciais com algumas exceções, conforme listadas na cópia do formulário de consentimento que você recebeu. Em uma situação de grupo, o terapeuta não pode garantir total confidencialidade, porque os membros do grupo irão ouvir as histórias e preocupações do outro membro do grupo durante o tratamento. É muito importante que cada membro do grupo proteja e respeite as informações que ouve no tratamento. Ninguém deve discutir nenhuma informação levantada no contexto do tratamento, ou contar quem está no grupo, para qualquer pessoa fora do grupo. Para que o tratamento funcione, cada um precisa sentir-se livre para discutir assuntos delicados, abertamente, sem medo de que as informações sejam divulgadas fora do grupo.

CAPÍTULO 2

SESSÃO 1: EDUCAÇÃO E RELAXAMENTO

Avaliação completa dos materiais

Trauma

Todos os envolvidos neste tratamento experimentaram um evento traumático. Esse tratamento não foi criado para um tipo especial de trauma nem para pessoas que experimentaram um único trauma. Uma série de diferentes eventos pode ser considerada traumática e levar a pesadelos. Os eventos traumáticos incluem, mas não se limitam a, uma súbita e inesperada perda de alguém que amamos; agressão sexual; abuso sexual infantil; agressão física; abuso físico; acidentes de carro; guerra; e desastres naturais. Embora os indivíduos que experimentam eventos traumáticos sempre se sintam sós, como se somente eles tivessem vivenciado tais eventos, a maioria de nós já experimentou algum tipo de trauma. Na verdade, a pesquisa descobriu que aproximadamente 50% a 60% da população em geral já experimentou algum tipo de evento traumático.[1]

As pessoas respondem aos eventos traumáticos de diversas maneiras. Alguns indivíduos sentem intensa angústia quase imediatamente. Outros podem sentir um pouco de angústia no início, ou ficar em estado de choque, e mais tarde, até mesmo anos após o evento, vivenciar maiores dificuldades. Outros ainda dizem experimentar apenas poucas dificuldades. A maneira pela qual o evento traumático pode abalar a vida da pessoa é bastante variada. Aproximadamente um terço dos indivíduos que experimentam um trauma pode vivenciar sintomas do transtorno de estresse pós-trauma (TEPT). O

---

[1] Kessler, R. C., Sonnega, A., Bromet, E., Hughes, M. & Nelson, C. B. (1995). Post-traumatic stress disorder in a national comorbidity survey. *Archives of General Psychiatry*, 52, 1048-1060.

TEPT inclui três diferentes categorias de sintomas.[2] A primeira categoria inclui sintomas que envolvem a reexperiência do evento traumático de algum modo, tais como um sentimento de que o evento estaria ocorrendo novamente, pesadelos sobre o evento, e pensar sobre o evento mesmo não querendo. **Seus pesadelos tendem a ser sobre o trauma? Você vivencia quaisquer outros sintomas de reexperiência?** A segunda categoria inclui as maneiras como as pessoas tentam evitar pessoas, lugares, situações e coisas que as lembrem do evento traumático. Há maneiras comuns com que as pessoas tentam evitar algumas lembranças, incluindo tirar da mente os pensamentos sobre o evento, não interagir com alguém que as lembrem do perpetrador e usar substâncias para tentar esquecer o que aconteceu. **Você já se pegou tentando evitar pensamentos ou lembranças do trauma?** A segunda categoria inclui também respostas entorpecidas, como se sentindo sem conexão com as outras pessoas e incapaz de ter sentimentos de amor. **Você tem vivido emoções tão fortes quanto as que costumava viver?** A terceira categoria de sintomas envolve elevado estado de excitação. Os indivíduos podem experimentar sensações físicas quando se lembram do trauma, incluindo aumento da frequência cardíaca, respiração acelerada e sudorese. As pessoas também se podem sentir como se sempre estivessem de prontidão, tentando se inteirar de possíveis perigos em seu ambiente, e têm dificuldade para adormecer e manter o sono. **Você se sente mais excitado se alguma coisa faz você se lembrar do trauma?**

Se você pensar nesses sintomas, eles realmente fazem sentido e podem ser úteis, pelo menos inicialmente. A razão que você tem para re-vivenciar esses sintomas é que seu corpo permanece em alerta. Sua mente continua enviando sinais de perigo, em resposta a uma ameaça percebida. Recordar o trauma, através de pensamentos intrusivos e lembranças, pode ser um modo de mantê-lo alerta e seguro, a princípio. A evitação de informações ou de sinais relacionados ao trauma também faz sentido – é bom ficar longe de coisas perigosas! Faz sentido também que seu corpo permaneça em elevado estado de excitação ou de prontidão, em caso de o perigo reaparecer – você quer estar preparado para reagir se isso acontecer. Então, como passamos de uma resposta normal para um problema contínuo? Parte do que ocorre pode ser porque seu sistema não se acostumou à ideia

---

[2] American Psychiatric Association (2000). *Diagnostic and statistical manual of mental disorders* (4. ed., Text Revision). Washington, D.C.: Author.

de que aquele evento traumático acabou. O evento não foi processado ou resolvido, como as outras experiências que temos. Quando alguma coisa não está resolvida, nossa tendência é ficar pensando sobre aquilo, mesmo quando não queremos. **Você consegue pensar em um exemplo (diferente do trauma) em que continuou a pensar sobre o assunto, ou o problema, porque não estava bem resolvido?**

Outro problema é que essas respostas de medo se generalizam para estímulos que, de alguma forma, estejam associados com o evento traumático, mas que não são propriamente perigosos. Por exemplo, um veterano de guerra pode responder com medo a visões e sons que façam com que ele se lembre de tal experiência, inclusive barulho do escapamento de carro, andar por entre as árvores ou ouvir fogos de artifício. Uma vítima de estupro pode começar a sentir medo de todos os homens que lembrarem o estuprador, carros que sejam parecidos com aquele em que ela foi estuprada, o odor da colônia que o estuprador estava usando, e daí por diante. Esses estímulos, que não são inerentemente perigosos, tornam-se sinais ou lampejos do evento traumático. Se você estiver respondendo com medo e pavor a esses sinais, vai começar a evitá-los. Fugir dos sentimentos do medo e evitar os sinais do trauma inicialmente poderão fazer com que você se sinta aliviado, mas a longo prazo isso serve apenas para manter o problema. Você não teve a oportunidade de perceber que coisas como carros e colônia não são perigosos. **Você está atento a qualquer coisa que seja um sinal para o evento traumático?**

Outras consequências negativas do trauma podem incluir ataques de pânico, aumento do uso de substâncias, sentimentos de tristeza ou depressão, ansiedade, problemas relacionados a outra pessoa e distúrbio do sono.[3] A forma com que pensamos em nós mesmos, em outras pessoas e no mundo também pode mudar depois do trauma, especialmente no que se refere à impotência, autoestima, segurança, intimidade e confiança.[4] e [5] **Você percebeu alguma mudança na forma como pensa em si mesmo? E nas pessoas à sua volta? Você vê o mundo de maneira diferente?** Embora

---

[3]   Ibid.

[4]   Resick, P. A. & Schnicke, M. K. (1993). *Cognitive processing therapy for rape victims: A treatment manual*. Newbury Park, CA: Sage.

[5]   McCann, I. L., Sakheim, D. K. & Abrahamson, D. J. (1988). Trauma and victimization: A model of psychological adaptation. *Counseling Psychologist*, 16, 531-594.

essas dificuldades não sejam incomuns em indivíduos que passam pela experiência do trauma, a boa notícia é que muitos problemas podem acabar por si mesmos, com o tempo. E também existem tratamentos acessíveis que têm demonstrado muita eficácia para essas dificuldades. Finalmente, muitas pessoas mostram resiliência quando enfrentam um trauma e conseguem encontrar sentido naquilo que vivenciaram.

Pesadelos

Oferecemos este tratamento por você ter identificado experiências de pesadelos como uma dificuldade significativa. Ainda que ter pesadelos seja um sintoma do TEPT, você não atende, necessariamente, aos critérios para o TEPT. É importante saber que este tratamento foi criado para reduzir a frequência e a intensidade dos pesadelos, e não tem como alvo direto outros sintomas do sofrimento. Entretanto, esperamos que, reduzindo os pesadelos e melhorando sua qualidade de sono, outros sintomas do sofrimento, que você deve estar vivenciando, também diminuam de intensidade.

Estudos de pesquisa sugerem que aproximadamente 5% da população sofre com pesadelos em algum momento, e as taxas são bem mais altas – cerca de 50% a 88% – para aqueles que experimentaram um trauma e têm TEPT. Os pesadelos e distúrbios do sono são considerados sintomas marcantes do TEPT,[6] e é maior o número de pessoas com TEPT que reportam pesadelos do que aquelas que não os têm. Experimentar um evento traumático pode iniciar ou exacerbar a ocorrência de pesadelos.[7] **Você tinha pesadelos antes do evento traumático? Se tinha, os pesadelos mudaram de frequência, seriedade ou conteúdo depois do evento traumático?**

A variabilidade aumentada das frequências cardíaca e respiratória, que sempre acompanha os pesadelos, é coerente com a excitação fisiológica aos sinais vistos no TEPT, assim como os sintomas de excitação fisiológicos dos ataques do pânico.[8] Essas respostas, juntamente com o conteúdo do

---

[6] Ross, R. J., Ball, W. A., Sullivan, K. A. & Caroff, S. N. (1989). Sleep disturbance as the hallmark of post-traumatic stress disorder. *American Journal of Psychiatry*, 146, 697-707.

[7] Blanes, T., Burgess, M. & Marks, I. M. (1993). Dream anxiety disorders (nightmares): A review. *Behavioural Psychotherapy*, 21(1), 37-43.

[8] Craske, M. G. & Barlow, D. H. (1993). Panic disorder and agoraphobia. In: D. H. Barlow, *Clinical hadbook of psyshological disorders: A step-by-step treatment manual* (2. ed., pp. 1-47). New York: Guilford Press.

Sessão 1: Educação e relaxamento

sonho associado ao evento traumático, podem, por si só, servir como sinais do trauma que elevam mais o nível de excitação e angústia nos indivíduos com TEPT. Adicionalmente, os pesadelos podem causar considerável ruptura no sono, o que pode levar a mais angústia durante o dia, aumentando potencialmente a chance de mais pesadelos e rupturas no funcionamento.

Uma série de teorias fornece explicações possíveis para a ocorrência dos pesadelos. Conforme discutido antes, ter pesadelos é um dos sintomas de revivência do TEPT. Considera-se que as lembranças do evento traumático não sejam processadas adequadamente ou armazenadas no cérebro, por causa do impacto pelo alto nível de angústia e excitação, vivenciadas no momento do trauma e resultando em impacto no cérebro.[9] Parece que a mente tenta processar a informação durante o dia, através de *flashbacks* e pensamentos intrusivos, e de noite, através dos pesadelos. De fato, alguns pesquisadores acreditam que os pesadelos crônicos possam refletir aspectos cognitivos ou emocionais específicos do trauma que permanecem não resolvidos.[10],[11] Experimentar continuamente os pesadelos pode ser uma tentativa da mente para conseguir domínio sobre aqueles aspectos particulares do evento traumático ou suas consequências.

Outra teoria[12] sugere que o sistema de imagem de um indivíduo fica inicialmente desintegrado pela natureza esmagadora do evento traumático. Os indivíduos podem, então, tornar-se especialmente desconfortáveis com a imagem, pelo que têm passado. Podem ter aprendido com as lembranças intrusivas, *flashbacks* e pesadelos, a se envolverem no pensamento verbal primário, ao invés de tentar evitar a imagem o tempo todo (inclusive devaneio e imaginar soluções para os problemas), uma vez que não sabem quando um *flashback* ou intrusão vai ocorrer. Normalmente, os pesadelos têm uma capacidade natural e uma inclinação para mudanças – a maioria das pessoas

---

[9] van der Kolk, B. A. (1996). Trauma and memory. In: B. A. Van der Kolk, A. C. McFarlane & L. Weiseath (Eds.). *Traumatic stress: The effects of overwhelming experience on mind, body, and society* (pp. 279-302). New York: Guilford Press.

[10] Hartmann, E. (1998a). *Dreams and nightmares: The origin and meaninful of dreams.* Cambridge, MA: Perseus Publishing.

[11] Foa, E. B., Rothbaum, B. O. & Steketee, G. S. (1993). Treatment of rape victims. *Journal of Interpersonal Violence,* 8, 256-276.

[12] Krakow, B. (2004). Imagery Rehearsal Therapy for chronic post-traumatic nightmares: A mind's eye view. In: R. I. Rosner, W. J. Lyddon & A. Freeman (Eds.), *Cognitive therapy and dreams* (pp. 89- 109). New York: Springer Publishing.

Capítulo 2

que experimentam um trauma tem pesadelos inicialmente, e depois os pesadelos mudam e desaparecem com o tempo. Esse processo acontece com os pesadelos não relacionados ao trauma também – podemos ter pesadelo e durante a noite as imagens e a sinopse mudarão e se transformarão em outros sonhos. Entretanto, se um indivíduo estiver evitando uma imagem e despertar do pesadelo com muita angústia, ele fica sem ter oportunidade para se autocorrigir ou mudar, e os pesadelos continuam.

Os sonhos e pesadelos têm sido conceitualizados como metáforas visuais para as emoções primárias (por exemplo, medo, pavor, culpa). Se sua emoção primária for medo, sua mente vai criar uma sinopse para aquela emoção. Sua mente também pode associar seu pesadelo com outras ocasiões em que você sentiu medo, porém que as coisas ficaram bem. Considera-se que seja assim que os pesadelos acabam mudando com o tempo, tornando-se menos temerosos e perturbadores, e a informação fica integrada com outros pensamentos e lembranças.[13] Entretanto, parece que isso não ocorre com os pesadelos crônicos, especialmente com aqueles que repetem o evento traumático. Alguma coisa parece manter o pesadelo isolado, e então essas outras conexões não são feitas, e o pesadelo não muda. É possível que, como as pessoas despertam dos pesadelos, elas não vivenciam a habituação – diminuição do medo que normalmente acompanha a exposição a um estímulo temido – e podem até ficar mais sensíveis aos sinais do medo e mais propensas à evitação dos sinais do trauma e pesadelos, inclusive evitação do sono.[14]

Finalmente, embora os pesadelos possam começar depois de um evento traumático, eles podem se tornar separados do trauma com o tempo e transformarem-se em um problema em si e de si mesmos. Acreditamos que inicialmente eles sejam úteis, tentando nos ajudar a processar o trauma ou nos deixar vigilantes, até um ponto em que não sejam mais os mesmos. Por que os pesadelos continuam por tanto tempo? Para algumas pessoas, os pesadelos podem ser algo a se temer, ao contrário ou em adição ao trauma.

---

[13] Hartmann, E. (1998a). *Dreams and nightmares: The origin and meaninful of dreams.* Cambridge, MA: Perseus Publishing.

[14] Rothbaum, B. O. & Mellman, T. A. (2001). Dreams and exposure therapy in PTSD. *Journal of Traumatic Stress,* 14, 481-490.

Todos os pesadelos relacionados ao trauma não são os mesmos para todo mundo e podem não ser os mesmos para qualquer indivíduo ao longo do tempo. Os pesadelos podem ser inicialmente como o evento traumático, quase uma reconstituição do trauma. Com o tempo, entretanto, podem começar a incluir outros aspectos da vida e estressores mais recentes. Podem incluir pessoas que não estavam envolvidas no trauma original. Por exemplo, uma sobrevivente de estupro disse que, depois que teve filhos, seus pesadelos começaram a incluí-los – especificamente, que eles estariam em perigo. Além disso, os pesadelos podem mudar para refletir questões fortes e não resolvidas relacionadas ao trauma (por exemplo, impotência, autoestima, segurança, intimidade e confiança). **Seus pesadelos continuam os mesmos ou mudaram com o tempo?**

Os pesadelos em si e de si mesmos são muito perturbadores e destruidores. Podem também abalar outras áreas do funcionamento. Por exemplo, como os sobreviventes sentem medo de ter pesadelo, seus hábitos de sono tornam-se afetados; podem prever que terão pesadelo quando começam a ficar cansados e se aprontam para ir para a cama. Podem se preocupar em ter pesadelo e ficam ansiosos, excitados e angustiados, aumentando a chance de ter pesadelo. Isso pode até aumentar o tempo entre se aprontar para dormir e realmente pegar no sono. **Você fica angustiado antes de ir para a cama? Como é isso para você?** Experienciar pesadelos também pode elevar seu nível de excitação e angústia durante o dia, ao se lembrar dos aspectos do pesadelo e do trauma. **Você sente mais angústia do que o usual no dia seguinte ao pesadelo? Como é isso para você? Como você lida com a angústia?**

Não é à toa que os sobreviventes se dizem angustiados! No meio de pesadelos, sonos conturbados, excitação elevada e angústia durante o dia, por causa dos pesadelos, assim como ter dificuldade para conseguir dormir por medo e preocupação de ter pesadelos, seria muito difícil não ter o funcionamento comprometido. O que você está vivenciando é um círculo vicioso de experiências intrusivas, angústia e excitação elevada, criando mais experiências intrusivas. Esse tratamento ajudará você a quebrar esse círculo e esperamos que resulte em melhora do funcionamento em muitas outras áreas.

Hábitos do sono

Um dos principais modos nos quais os pesadelos podem afetar seu funcionamento é interferindo na qualidade e quantidade de sono que você tem todas as noites. Como já discutido, você pode ter menos sono no geral, experimentar uma qualidade de sono insatisfatória, sentir ansiedade quando chega a hora de ir para a cama e privação do sono durante o dia. Por causa desses problemas, muitas pessoas que sofrem de pesadelos alteram os hábitos do sono para tentar melhorar seu sono. **Pense na sua própria situação – o que você faz quando tem problema para dormir de noite? Quando você tem pesadelo, o que você faz para tentar voltar a dormir?**

Alguns comportamentos em que as pessoas se envolvem para melhorar seu sono podem ser úteis a curto prazo, mas não são úteis a longo prazo. Esses comportamentos do sono, ou hábitos, eventualmente atrapalham seus ciclos e criam problemas significativos em termos de aumento da angústia, contribuindo para outros problemas do sono, aumentando realmente os problemas relacionados à privação do sono.[15] Olhando a lista, identifique aqueles comportamentos que você empregou que podem ser úteis e aqueles que podem não ser úteis.

- Não se habitue a consumir café, chá, refrigerante, chocolate, álcool ou tabaco na hora de ir para a cama. Mesmo que você se sinta "melhor" e mais relaxado quando usa essas substâncias, muitas são estimulantes e realmente aumentam sua excitação psicológica, fazendo com que fique mais difícil adormecer. Embora o álcool seja um depressor e facilite o adormecer, ele também faz com que você acorde durante a noite. Na verdade, seu corpo se ressente com o álcool durante a noite, o que pode aumentar a chance de você experimentar um pesadelo.

- Tente ajustar e manter um horário regular para ir para a cama e para se levantar de manhã – mesmo nos finais de semana e nas férias. Mantendo um horário regular de sono, seu corpo fortalecerá o ciclo sono/vigília. Manter esse horário também significa que você precisa evitar os cochilos diurnos.

---

[15] Means, M. K. & Edinger, J. D. (2006). Nonpharmacologic therapy of insomnia. In: R. L. Lee-Chiong (Ed.) *Sleep: a comprehensive handbook* (pp. 133-136). Hoboken, NJ: John Wiley & Sons, Inc.

Sessão 1: Educação e relaxamento

- Não coma nada pesado à noite nem beba muito líquido perto da hora de dormir. Tente leite morno ou uma refeição leve para ajudar a vir o sono.

- Faça atividades relaxantes antes de ir para a cama, incluindo ler, tomar banho, meditar, ouvir música calma ou fazer alguns exercícios específicos de relaxamento para ajudar a vir o sono.

- Não use a cama para outras atividades que não seja dormir ou atividade sexual. Envolver-se em outras atividades, tais como ler, comer ou ver televisão na cama, criará uma associação em sua mente entre a cama e as atividades de "vigília".

- Crie um ambiente que seja conducente para dormir: apague as luzes na hora que for para a cama, ajuste a temperatura para que não fique nem muito frio nem muito calor e procure reduzir o nível de barulho.

Identifique três hábitos de sono úteis:

1._____

2._____

3._____

Agora identifique três hábitos do sono inúteis:

1._____

2._____

3._____

Durante este tratamento, pediremos a você que tente mudar um hábito inútil ao sono por semana.

O que você pode fazer se tudo mais falhar? Muitas pessoas se agitam e rolam na cama por horas, achando que estão quase adormecendo, ou ficam acordadas preocupadas em ter pesadelo, ou em como se sentirão de manhã, se não conseguirem dormir o suficiente. Se você não adormecer

Capítulo 2

cerca de vinte minutos depois de ir para a cama, será melhor sair da cama e se envolver em alguma atividade tranquila (ler, ver televisão), até ficar novamente sonolento. Então, volte para a cama. Continue fazendo isso até adormecer. Se achar difícil conseguir dormir por causa de preocupação com algumas coisas, seria bom escrever sobre essas preocupações, e então separar um tempo durante o dia para pensar nelas. Vai levar um tempo para você conseguir romper seus hábitos inúteis do sono, mas procure não se desencorajar. Provavelmente foram muitas semanas, meses ou anos para que esses hábitos se estabilizassem, e levará algum tempo para interrompê-los. Valerá muito a pena, no entanto, quando seu sono aumentar e você começar a ter o descanso que merece!

Relaxamento

Muita gente acha difícil relaxar, especialmente aquelas que estão passando por uma fase de estresse ou lutando com algum problema emocional. Neste tratamento, você aprenderá diferentes tipos de procedimentos de relaxamento, que têm sido usados em numerosos tratamentos para ansiedade e outros tipos de dificuldades. O primeiro que você vai aprender hoje se chama *relaxamento muscular progressivo* ou PMR. O PMR refere-se a alternar tensão e relaxamento de diferentes grupos musculares do nosso corpo. Essa técnica ajuda a pessoa a aprender a diferença entre as sensações de tensão e relaxamento. Vamos fazer esse procedimento juntos durante a sessão. Como com qualquer comportamento novo, é necessário que você faça os exercícios algumas vezes para conseguir todos os benefícios. Uma das coisas que você vai precisar fazer durante a próxima semana é registrar seu nível de ansiedade, antes e depois de fazer o PMR, assim, você e seu terapeuta poderão avaliar o quanto isso o está ajudando. Algumas pessoas têm muita dificuldade para relaxar, e envolver-se no procedimento de relaxamento pode realmente deixá-las mais tensas. Se for esse o caso, diga ao seu terapeuta.

Antes de começarmos o PMR, por favor, sente-se calmamente por um momento e tente avaliar qual é a sua ansiedade neste momento. Vamos pedir para você registrar seu nível de ansiedade, ou unidade subjetiva de angústia (SUDs), em uma escala de 0 a 100. Zero representando nenhuma ansiedade, sentindo-se completamente calmo e em paz, 50 representando um nível moderado de ansiedade e 100 representando um nível intolerável de ansiedade.

Trabalho de casa

Como discutido antes, o trabalho de casa é uma parte essencial deste tratamento. Como é um tratamento breve, vai depender muito do trabalho que vai fazer fora das sessões de terapia. Todas as folhas dos relatórios que pediremos que complete estão incluídas no final de cada capítulo. Se tiver dificuldade para completá-las durante a próxima semana, por favor, sinta-se livre para ligar para o terapeuta.

Procedimentos práticos de relaxamento com CD: use um CD para praticar o PMR todas as noites antes de ir dormir. Use a escala de classificação do PMR para registrar sua SUDs antes e depois do exercício. Seu terapeuta usará a escala de classificação para determinar como o PMR está funcionando com você.

Preencha o Registro[16] das Atividades Diárias do Sono Modificado todas as manhãs ao acordar. Isso possibilitará que você e o seu terapeuta avaliem qualquer mudança na frequência e intensidade de seus pesadelos, como também a qualidade e quantidade de sono que você tem tido.

Escolha um hábito de sono inútil e altere-o durante a próxima semana. Por exemplo, se você normalmente lê na cama, escolha outro lugar para ler durante a próxima semana. Use o registro do hábito de sono para monitorar qual hábito você está tentando mudar e o que está fazendo para mudá-lo.

Complete o Registro Diário do Sintoma do TEPT.[17] Embora nem todos que fazem esse tratamento terão TEPT, a maioria terá algum sintoma do TEPT. Completar o registro do TEPT ajudará você e seu terapeuta a determinar se a terapia está ajudando a reduzir esses sintomas.

---

[16] Krakow, B., Kellner, R., Pathnak, D. & Lambert, L. (1996). Long term reduction of nightmares with imagery rehearsal treatment. *Behavioural and Cognitive Psychotherapy*, 24, 135-148.

[17] Falsetti, S. A. & Resnick, H. S. (1997). *Multiple channel exposure therapy: Patient manual.* Charleston, SC: Universidade da Carolina do Sul.

Capítulo 2

Registro do Relaxamento Muscular Progressivo

Orientações. Pratique o PMR usando um CD todas as noites antes de ir dormir, de preferência na cama. Antes de começar o PMR, avalie o nível de ansiedade em uma escala de 0 a 100, em que 0 signifique nenhuma ansiedade, 50 signifique ansiedade moderada e 100, signifique extremamente ansioso. Após completar o PMR, avalie seu nível de ansiedade novamente.

TABELA A2.1

SESSÃO 1: REGISTRO DO RELAXAMENTO MUSCULAR PROGRESSIVO		
Data	Nível de Ansiedade antes do PMR (0-100)	Nível de Ansiedade depois do PMR (0-100)

Sessão 1: Educação e relaxamento

Registro dos hábitos do sono

Hábito-alvo do sono: _____

Tabela A2.2

Sessão 1: Registros dos Hábitos do Sono	
Data	Como você alterou o hábito do sono

Capítulo 2

Checklist *diário dos Sintomas do TEPT*

TABELA A2.3

SESSÃO 1: *CHECKLIST* DIÁRIO DOS SINTOMAS DO TEPT							
	Anote a hora que você teve este sintoma						
	2ª f.	3ª f.	4ª f.	5ª f.	6ª f.	sáb.	dom.
	__/__	__/__	__/__	__/__	__/__	__/__	__/__
1. Pensamentos tristes sobre o evento							
2. Pesadelos (da noite passada)							
3. *Flashbacks* (agiu ou sentiu como se o evento estivesse acontecendo de novo)							
4. Fiquei muito triste quando me lembrei do evento							
5. Tentei evitar pensamentos ou sentimentos sobre o evento							
6. Tentei evitar uma atividade ou lugar que me lembrasse dele							
7. Não fui me divertir, por ter perdido o interesse							

Sessão 1: Educação e relaxamento

8. Me senti menos próximo de alguém, do que antes do evento							
9. Senti menos emoções em uma situação do que antes do evento							
10. Pensei nos meus planos de futuro alterados por causa do evento							
11. Tive intensa reação física (ataque de pânico) com a lembrança do evento							
12. Tive problema para dormir (registre o número de vezes que acordou)							
13. Fiquei bravo ou irritado							
14. Tive dificuldade para me concentrar							
15. Verifiquei quem estava à minha volta, me senti em alerta							
16. Me assustei facilmente							

263

17. Não consegui me lembrar de uma parte do que ocorreu durante o evento							
Adaptado de Falsetti, S. A., Resnick, H. S. (1997). *Terapia de Exposição de Múltiplo Canal*: manual do paciente, Charleston, SC:Universidade de Medicina da Carolina do Sul.							

CAPÍTULO 3

SESSÃO 2

Avaliação completa

Revisão do trabalho de casa

Você completou os formulários de monitoramento? Teve alguma dificuldade com o PMR? Conseguiu alterar o hábito do sono? Percebeu alguma mudança em seu sono? Pesadelos? Sintomas do TEPT?

Enfrentando o pesadelo

Como discutimos na primeira sessão, existe uma série de motivos para você ter pesadelos. Sua mente pode estar tentando processar um evento traumático, você pode ter desenvolvido hábitos do sono que levem a um sono agitado e a pesadelos ou sua mente talvez esteja criando sinopses para combinar com o seu estado emocional. Qualquer que seja o motivo para os seus pesadelos, você está atualmente em um círculo vicioso de experiências com pesadelos, aumento da angústia relacionada aos pesadelos, ansiedade preventiva a respeito dos pesadelos e mais pesadelos.

Por causa do sofrimento que os pesadelos demandam, muitas pessoas evitam pensar ou falar sobre eles. Embora isso seja útil a curto prazo, por possibilitar a diminuição da angústia, na verdade mantém o problema a longo prazo. Assim como com o TEPT, se você continuar evitando as lembranças do trauma, não vai se permitir trabalhar com os pensamentos e sentimentos relacionados ao trauma, nem se recuperar totalmente. Na verdade, os pesquisadores descobriram que uma das formas mais úteis de se lidar com diferentes tipos de medo é enfrentando-os. Por exemplo, se um cachorro o tivesse mordido, você teria ficado com medo do cachorro e talvez até de outros cachorros. Se você não se permitir interagir novamente com cachorros, evitando-os a todo custo, nunca vai perceber que nem todos os

265

cachorros são bravos e mordem. Você continuaria sentido medo cada vez que encontrasse um cachorro. **Se você interagisse com cachorros depois daquele evento, no entanto, como você acha que se sentiria?** Na primeira vez que você acariciasse um cachorro ainda iria sentir medo. Entretanto, se você fizesse isso com vinte cachorros, seu medo iria diminuir. Esse é um processo chamado *habituação* – tornar-se menos medroso de alguma coisa por meio da exposição repetida. Você aprenderia que nem todos os cachorros mordem e não precisaria mais ter medo de todos os cachorros.

Nesta sessão, você vai dar um grande passo para o enfrentamento dos pesadelos. Vai fazer isso na sessão, assim, estaremos aqui caso você fique entristecido. Quando começar a escrever, lembre-se das seguintes observações: primeira, embora pareça que o pesadelo é real ou que o evento traumático está acontecendo novamente, isso é apenas um sonho – não é real nem vai prejudicar você. Dizendo a si mesmo que isso não é real e que você está seguro, pode ajudá-lo a começar a sentir algum controle sobre suas emoções relacionadas ao pesadelo e ao trauma. Segunda, é importante descrever o pesadelo da forma mais real possível. Para fazer isso, você deve escrevê-lo no tempo presente, como se estivesse ocorrendo agora. E também procure usar todos os seus sentidos quando for escrever – incluindo descrições do que você vê, cheira, ouve, sente e experimenta o sabor. Por exemplo, ao invés de escrever:

> Subi correndo a escada até o quarto e bati a porta. Ele subiu atrás de mim, quebrou a porta, e me disse que agora eu estava em apuros.

você poderia escrever:

> Estou subindo correndo a escada. Sinto o suor escorrendo pelo meu rosto, turvando minha visão. Ouço que ele começou a subir atrás de mim. Meu coração está pulando, e estou sentindo muito medo. Vejo a porta do quarto e desejo conseguir entrar antes que ele me alcance. Entro correndo no quarto, me viro e bato a porta. Sei que isso não vai impedi-lo de entrar, mas me dará um minuto para pensar. As fotos da nossa família na mesinha de cabeceira parecem zombar de mim, apresentando um quadro falso de uma família normal e feliz. Ouço-o correndo pelo corredor, ouço suas botas pisando no chão, ouço sua respiração acelerada. Ele bate na porta e ela se abre. Está na minha frente, olhando para mim e sorrindo ao mesmo tempo. Ele me diz: "Você está em apuros agora".

Sessão 2

É importante incluir tantos detalhes quanto conseguir e fazer as imagens as mais vívidas possíveis. As próximas páginas são para você relatar o seu pesadelo. Daremos a você vinte minutos para escrever o máximo que puder sobre o pesadelo. Lembre-se: se começar a ficar entristecido – você está em um lugar seguro, não está sozinho, e isso é apenas um sonho. Antes de começar, avalie como está sua ansiedade, de 0 a 100: _____.

Meu pesadelo:

_____

_____

_____

_____

_____

_____

_____

_____

_____

_____

_____

_____

_____

Capítulo 3

Sessão 2

Avalie agora a ansiedade que está sentindo depois de escrever o pesadelo: _____.

Muitos de vocês provavelmente sentirão mais ansiedade depois de escrever o pesadelo. Isso é o esperado – as primeiras vezes em que você enfrenta alguma coisa sente medo e provavelmente sentirá um pouco de ansiedade e angústia. Não permita que isso o desencoraje – é normal e não vai durar. Quanto mais você se expõe ao pesadelo, através da escrita, leitura ou pensamento, menos angústia vai sentir.

Capítulo 3

Daremos agora, a todos, a oportunidade de lerem em voz alta seus pesadelos. Pode parecer assustador, mas essa é outra forma de exposição. Talvez os ajude a sentirem-se menos sozinhos e isolados para compartilhar sua história e conhecer as dos outros também. Enquanto você lê seu pesadelo, queremos que perceba certos temas que devem ser evidentes. Esses temas são problemas comuns para as pessoas que experimentam evento traumático e incluem: sentimento de insegurança, dificuldades com a intimidade, sentimento de desconfiança com os outros, sentir-se impotente e sem controle sobre si mesmo e seu ambiente, baixa estima sua e dos outros. Antes de ler o pesadelo, avalie a ansiedade que está sentindo: _____.

Depois que você ler seu pesadelo, avalie a ansiedade que está sentindo: _____.

Quais são os temas que você percebeu em seu pesadelo? Escreva--os a seguir:

1._____

2._____

3._____

É muito importante que esses temas fiquem na mente, enquanto você se empenha no enfrentamento do pesadelo. Diversos autores têm sugerido que as dificuldades nessas áreas podem representar "pontos presos"[1] – questões que você tem dificuldade para processar ou trabalhar. Estar ciente dessas questões e identificá-las é o primeiro passo para se lidar com elas.

Reelaborar o pesadelo

Agora que você escreveu e leu seu pesadelo, é hora de mudar! Gostaríamos que você reescrevesse seu pesadelo. Pode mudar a parte que quiser – o início, o meio ou o fim. Para que o tratamento funcione, entretanto, acreditamos que seja importante manter a reelaboração similar ao

---

[1]   Resick, P. A. & Schnicke, M. K. (1993). *Cognitive processing therapy for rape victims: A treatment manual*. Newbury Park, CA: Sage.

pesadelo, assim seu cérebro fará a conexão entre as versões nova e velha. Por exemplo, se você tem pesadelo envolvendo um sério acidente de carro, seria bom escrever o pesadelo até o ponto do acidente real e depois mudar como não tendo batido, e tendo se saído seguro. Como você vai reescrever, vai depender de você, e irá depender dos pontos presos que você identificou acima. Por exemplo, se o seu pesadelo tem como tema o sentimento de impotência na situação, você pode mudar o sonho de tal forma como se estivesse agindo de forma poderosa. E também, lembre-se das diretrizes que discutimos para a escrita do pesadelo: Escreva no tempo presente, use todos os seus sentidos, e detalhe o máximo possível. Antes de começar, avalie como está a sua ansiedade de 0 a 100: _____.

Meu sonho reelaborado:

Agora avalie como está a sua ansiedade depois de ter escrito o sonho reelaborado: _____.

Parabéns! Essa foi provavelmente a parte mais difícil do tratamento! Você conseguiu dar um passo muito importante ao enfrentar o pesadelo, que tem sido a causa de muita angústia. Você está recuperando sua força e aumentando o controle da sua vida.

Novamente, daremos a cada um a oportunidade de ler seus sonhos reelaborados, por ser essa outra maneira de exposição. Da mesma forma que ler em voz alta o pesadelo original, isso irá ajudá-lo a se sentir menos sozinho e isolado, compartilhando sua história modificada e conhecendo as modificações dos outros também. Ao ler o seu sonho reelaborado, queremos que saiba as diferenças entre o pesadelo típico e essa versão reelaborada. Lembre-se: a identificação e a incorporação do(s) tema(s) em seu sonho reelaborado é uma experiência que o habilita e dá controle. Antes de ler sua reelaboração, avalie como está a sua ansiedade: _____.

Agora avalie como está a sua ansiedade depois de ter lido em voz alta o seu sonho reelaborado: _____.

Antes de encerrarmos a sessão, gostaríamos de ensiná-lo outra técnica de relaxamento. Essa técnica chama-se *respiração diafragmática.* Embora respirar seja algo que todo mundo faz, muitos não o fazem corretamente. Respirar da maneira errada pode causar muitos problemas com o tempo, incluindo aumento da chance de se experimentar sintomas físicos, tais como hiperventilação. Para saber como você está respirando, coloque uma das mãos sobre o seu estômago e a outra sobre o seu peito, e respire normalmente. Percebe qual mão está se movendo? Para a maioria das pessoas, a mão sobre o peito está se movendo mais, provavelmente. Isso significa que estão respirando com o peito e não com o diafragma. Agora tente novamente, dessa vez se concentrando na respiração de seu diafragma. Respire pelo nariz, sinta o ar se movendo pelos pulmões, empurrando para baixo o seu diafragma e empurrando o estômago para fora. Tente fazer com que a mão sobre o estômago se mova mais do que a mão sobre o seu peito. Enquanto está inspirando, conte "1" e pense "relaxe", quando estiver expirando. Respire outra vez, contando até "2" ao inspirar, e pense em "relaxe" ao expirar. Continue fazendo isso contando até "10" e volte ao "1" outra vez.

Trabalho de casa

- Ensaie seu sonho reelaborado todas as noites antes de dormir. Leia novamente e tente visualizar em sua mente. Torne as imagens as mais reais possíveis. Faça isso por quinze minutos. Depois de ensaiar o sonho reelaborado, faça os procedimentos do PMR com a fita/CD. Lembre-se de usar a escala de avaliação do PMR para avaliar sua SUDs antes e depois do exercício.

- Preencha o Registro das Atividades Diárias do Sono, a cada manhã ao acordar.

- Escolha outro hábito de sono inútil e altere-o durante a próxima semana. Use o registro do hábito de sono para monitorar qual hábito do sono você está tentando mudar e o que vai fazer para mudá-lo.

- Complete o Registro Diário dos Sintomas do TEPT.

- Pratique os exercícios de respiração duas vezes por dia. Use os exercícios de respiração para avaliar sua taxa de ansiedade, antes e depois de cada prática.

Registro do Relaxamento Muscular Progressivo

Orientações. Pratique o PMR uma vez por dia. Antes de iniciar o PMR, avalie o seu nível de ansiedade em uma escala de 0 a 100, em que 0 signifique nenhuma ansiedade, 50 signifique ansiedade moderada e 100 signifique extremamente ansioso. Depois de completar o PMR, reavalie o seu nível de ansiedade.

TABELA A3.1

Sessão 2: Registro do Relaxamento Muscular Progressivo		
Data	Nível de Ansiedade antes do PMR (0-100)	Nível de Ansiedade depois do PMR (0-100)

Capítulo 3

Registro dos hábitos do sono

Hábito-alvo do sono: _____

TABELA A3.2

Sessão 2: Registros dos Hábitos do Sono	
Data	Como você alterou o hábito do sono

Registro da respiração reaprendida

Orientações. Pratique as técnicas da respiração reaprendida duas vezes por dia. Antes de começar a respiração reaprendida, avalie o seu nível de ansiedade em uma escala de 0 a 100, em que 0 signifique nenhuma ansiedade, 50 signifique ansiedade moderada e 100 signifique extremamente ansioso. Depois de completar os exercícios de respiração, reavalie o seu nível de ansiedade.

276

Tabela A3.3

Sessão 2: Método da Respiração Reaprendida		
Data	Nível de Ansiedade Antes da Respiração Reaprendida (0-100)	Nível de Ansiedade Após a Respiração Reaprendida (0-100)
	1.	1.
	2.	2.
	1.	1.
	2.	2.
	1.	1.
	2.	2.
	1.	1.
	2.	2.
	1.	1.
	2.	2.
	1.	1.
	2.	2.
	1.	1.
	2.	2.

Capítulo 3

Checklist *diário dos sintomas do TEPT*

TABELA A3.4

SESSÃO 2: CHECKLIST DIÁRIO DOS SINTOMAS DO TEPT							
	Anote a hora que você teve este sintoma						
	2ª f.	3ª f.	4ª f.	5ª f.	6ª f.	sáb.	dom.
	__/__	__/__	__/__	__/__	__/__	__/__	__/__
1. Pensamentos tristes sobre o evento							
2. Pesadelos (da noite passada)							
3. *Flashbacks* (agiu ou sentiu como se o evento estivesse acontecendo de novo)							
4. Fiquei muito triste quando me lembrei do evento							
5. Tentei evitar pensamentos ou sentimentos sobre o evento							
6. Tentei evitar uma atividade ou lugar que me lembrasse dele							
7. Não fui me divertir, por ter perdido o interesse							
8. Me senti menos próximo de alguém do que antes do evento							

9. Senti menos emoções em uma situação do que antes do evento								
10. Pensei nos meus planos de futuro alterados por causa do evento								
11. Tive intensa reação física (ataque de pânico) com a lembrança do evento								
12. Tive problema para dormir (registre o número de vezes que acordou)								
13. Fiquei bravo ou irritado								
14. Tive dificuldade para me concentrar								
15. Verifiquei quem estava à minha volta, me senti em alerta								
16. Me assustei facilmente								
17. Não consegui me lembrar de uma parte do que ocorreu durante o evento								

Adaptado de Falsetti, S. A., Resnick, H. S. (1997). *Terapia de Exposição de Múltiplo Canal*: manual do paciente. Charleston, SC: Universidade de Medicina da Carolina do Sul.

CAPÍTULO 4
SESSÃO 3

Avaliação completa

Revisão do trabalho de casa

Você completou os formulários de monitoramento? Houve alguma dificuldade ao praticar a respiração diafragmática? Foi capaz de alterar o hábito do sono? Teve algum problema ao imaginar seu pesadelo reelaborado? Percebeu alguma mudança em seu sono? Pesadelos? Sintomas do TEPT? Seus sentimentos a respeito dos pesadelos mudaram? Seus sentimentos a respeito do trauma mudaram?

Tornando a sua respiração mais lenta

Agora que você aprendeu como respirar pelo diafragma, poderá aumentar o nível de relaxamento que sente ao tornar o ritmo de sua respiração mais lento. Continue com os exercícios – respirando com o seu diafragma, contando ao inspirar e dizendo "relaxe" ao expirar – e comece a diminuir seu ritmo de respiração. Tente contar até três na inspiração e até seis na expiração. Embora digamos coisas como "respire fundo", quando queremos que alguém se acalme e relaxe, a parte mais relaxante da respiração na verdade é a expiração. Procure expirar de forma duas vezes mais longa do que inspirou. Pratique isso durante a próxima semana, notando o seu nível de angústia/ansiedade antes e depois desse exercício.

Revisão do tratamento

- Como você está, se comparado com quando começou?
- Qual foi a coisa mais importante que você aprendeu neste tratamento?
- Quais foram as partes melhor e pior do tratamento?

Capítulo 4

Manutenção do tratamento

Este é um tratamento breve, e parece que conseguimos uma boa porção de informações nessas três sessões. Pense em alguma coisa que possa ter mudado nessas três semanas. Alguns de vocês já podem perceber pequenas mudanças, outros grandes mudanças e alguns se sentem iguais. Um aspecto importante do tratamento é que você deverá continuar melhorando, com o passar do tempo, em termos de como se sente, sua qualidade e quantidade de sono, e os pesadelos, ao praticar tudo o que aprendeu. Alguns vão levar mais tempo do que outros. Certas pessoas acreditam que, uma vez que deixaram o tratamento, especialmente um tratamento com tempo limitado, vão começar a ter frequentes pesadelos e qualidade insatisfatória de sono novamente. Os relatórios de pacientes que já passaram pelo tratamento sugerem que isso não acontece normalmente. As habilidades que vocês aprenderam podem ser aplicadas para outras áreas em sua vida, e os ajudarão a identificar e ajustar o que fazem para impactar no que sentem. Continuem usando as técnicas que aprenderam e tentem evitar os padrões inadequados para não ter recaídas (hábitos do sono, evitação de situações temidas e assim por diante).

Existem momentos e situações, no entanto, em que pode haver mais risco de vocês terem uma recaída ao entrarem nas velhas rotinas, sentindo-se muito angustiados, e inclusive tendo pesadelos novamente. Esses momentos de alto risco podem vir quando estiverem muito estressados ou experimentando outro evento traumático. Se vocês se perceberem angustiados, ou se tiverem outro pesadelo, é importante manter isso em vista. Se estiverem passando por momentos difíceis, tentem olhar o manual e aumentar o tempo da prática das atividades de respiração e PMR. Se ocorrer outro pesadelo, repitam o procedimento que usamos com o seu pesadelo original – escrevam a exposição, leiam e reelaborem-na. É muito importante tentar não recair nos hábitos inadequados do sono e nas estratégias de enfrentamento.

Embora fazer a revisão do material deste manual e praticar os procedimentos que aprenderam ajude significativamente seu nível de angústia e experiência de pesadelos, pode ser que um dia vocês queiram fazer um tratamento adicional. Lembrem-se de que, embora possam experimentar angústia em várias áreas – TEPT, pesadelos, depressão –, este tratamento foi criado para diminuir a frequência e a intensidade de seus pesadelos.

Mesmo esperando que seu nível global de angústia diminua e que sua qualidade do sono melhore, é provável que não alivie todos os sintomas. Buscar tratamento adicional não precisa ser visto como fracasso, e sim como uma oportunidade de processar mais eventos importantes na sua vida e melhorar seu nível de funcionamento.

PARABÉNS por ter completado este tratamento e dado um imenso passo em direção a um futuro melhor. Você mostrou muita força ao enfrentar seu pesadelo – tenha orgulho de si mesmo e do trabalho que tem feito! Doces sonhos!

Registro do Relaxamento Muscular Progressivo

Orientações. Pratique o PMR uma vez por dia. Antes de iniciar o PMR, avalie o seu nível de ansiedade em uma escala de 0 a 100, em que 0 signifique nenhuma ansiedade, 50 signifique ansiedade moderada e 100 signifique extremamente ansioso. Depois de completar o PMR, reavalie o seu nível de ansiedade.

TABELA A4.1

SESSÃO 3: REGISTRO DO RELAXAMENTO MUSCULAR PROGRESSIVO		
Data	Nível de ansiedade antes do PMR (0-100)	Nível de ansiedade depois do PMR (0-100)

Capítulo 4

Registro dos hábitos do sono

Hábito-alvo do sono: _____

TABELA A4.2

Sessão 3: Registros dos Hábitos do Sono	
Data	Como você alterou o hábito do sono

Registro da respiração reaprendida

Orientações. Pratique as técnicas da respiração reaprendida duas vezes por dia. Antes de começar a respiração reaprendida, avalie o seu nível de ansiedade em uma escala de 0 a 100, em que 0 signifique nenhuma ansiedade, 50 signifique ansiedade moderada e 100 signifique extremamente ansioso. Depois de completar os exercícios de respiração, reavalie o seu nível de ansiedade.

TABELA A4.3

SESSÃO 3: MÉTODO DA RESPIRAÇÃO REAPRENDIDA		
Data	Nível de ansiedade antes da respiração reaprendida (0-100)	Nível de ansiedade após a respiração reaprendida (0-100)
	1.	1.
	2.	2.
	1.	1.
	2.	2.
	1.	1.
	2.	2.
	1.	1.
	2.	2.
	1.	1.
	2.	2.
	1.	1.
	2.	2.
	1.	1.
	2.	2.

Checklist *diário dos sintomas do TEPT*

TABELA A4.4

SESSÃO 3: *CHECKLIST* DIÁRIO DOS SINTOMAS DO TEPT	Anote a hora que você teve este sintoma						
	2ª f.	3ª f.	4ª f.	5ª f.	6ª f.	sáb.	dom.
	_/_	_/_	_/_	_/_	_/_	_/_	_/_
1. Pensamentos tristes sobre o evento							
2. Pesadelos (da noite passada)							
3. *Flashbacks* (agiu ou sentiu como se o evento estivesse acontecendo de novo)							
4. Fiquei muito triste quando me lembrei do evento							
5. Tentei evitar pensamentos ou sentimentos sobre o evento							
6. Tentei evitar uma atividade ou lugar que me lembrasse dele							
7. Não fui me divertir, por ter perdido o interesse							
8. Me senti menos próximo de alguém do que antes do evento							

9. Senti menos emoções em uma situação do que antes do evento							
10. Pensei nos meus planos de futuro alterados por causa do evento							
11. Tive intensa reação física (ataque de pânico) com a lembrança do evento							
12. Tive problema para dormir (registre o número de vezes que acordou)							
13. Fiquei bravo ou irritado							
14. Tive dificuldade para me concentrar							
15. Verifiquei quem estava à minha volta, me senti em alerta							
16. Me assustei facilmente							
17. Não consegui me lembrar de uma parte do que ocorreu durante o evento							

Adaptado de Falsetti, S. A., Resnick, H. S. (1997). *Terapia de Exposição de Múltiplo Canal*: manual do paciente. Charleston, SC: Universidade de Medicina da Carolina do Sul.

APÊNDICE B

ESCALA DE SIGNIFICÂNCIA DO PÓS-TRATAMENTO CLÍNICO

Davis, Wright, Byrd e Rhudy

ESCALA DE SIGNIFICÂNCIA DO PÓS-TRATAMENTO CLÍNICO

1. Com que rigor você acompanhou as técnicas aprendidas no estudo (i.é., relaxamento muscular progressivo, mudança nos hábitos do sono etc.)? Circule uma situação:

Completamente	Na maior parte do tempo	Algumas vezes	Raramente	Nunca

2. Com que frequência usou as técnicas que aprendeu no tratamento? Circule uma situação:

O tempo todo	Na maior parte do tempo	Algumas vezes	Raramente	Nunca

3. No geral, você percebeu mudança em seus relacionamentos com as pessoas?

0	1	2	3	4
Muito pior	Um pouco pior	Não mudou	Um pouco melhor	Muito melhor

4. No geral, você percebeu mudança em seu trabalho, como voluntário ou cumprindo suas obrigações?

0	1	2	3	4
Muito pior	Um pouco pior	Não mudou	Um pouco melhor	Muito melhor

5. No geral, você percebeu alguma mudança positiva no nível geral de suas atividades?

0	1	2	3	4
Muito pior	Um pouco pior	Não mudou	Um pouco melhor	Muito melhor

6. No geral, como tem sido o seu sono depois que o tratamento terminou?

0	1	2	3	4
Muito pior	Um pouco pior	Não mudou	Um pouco melhor	Muito melhor

7. No geral, como está seu nível de ansiedade desde que terminou o tratamento?

0	1	2	3	4
Muito pior	Um pouco pior	Não mudou	Um pouco melhor	Muito melhor

8. No geral, como está seu nível de depressão desde que terminou o tratamento?

0	1	2	3	4
Muito pior	Um pouco pior	Não mudou	Um pouco melhor	Muito melhor

9. No geral, como estão os seus sintomas do TEPT?

0	1	2	3	4
Muito pior	Um pouco pior	Não mudou	Um pouco melhor	Muito melhor

10. No geral, como está a sua saúde mental?

0	1	2	3	4
Muito pior	Um pouco pior	Não mudou	Um pouco melhor	Muito melhor

11. No geral, como está a sua saúde física?

0	1	2	3	4
Muito pior	Um pouco pior	Não mudou	Um pouco melhor	Muito melhor

12. Você recomendaria este tratamento para uma pessoa que tivesse pesadelos?

Sim _____ Não _____

13. Você faria novamente o tratamento, se tivesse oportunidade?

Sim _____ Não _____

14. Se pudesse mudar alguma coisa no tratamento, o que mudaria?

_____

_____

Escala de significância do pós-tratamento clínico

15. Você se sentiu confortável com o terapeuta conduzindo o tratamento?

0	1	2	3	4
Totalmente desconfortável	Um pouco desconfortável	Neutro	Um pouco confortável	Muito confortável

16. As informações apresentadas no tratamento foram claras?

0	1	2	3	4
Nada claras	Um pouco claras	Nem claras nem obscuras	Um pouco claras	Muito claras

17. Por favor, classifique o que segue:

Nada útil	Raramente útil	Pouco útil	Útil	Muito útil
0	1	2	3	4

a. Educação sobre o TEPT _____

b. Educação sobre os pesadelos _____

c. Educação sobre o sono _____

d. Mudança dos hábitos do sono _____

e. Relaxamento Muscular Progressivo _____

f. Escrever sobre o pesadelo _____

g. Ler o pesadelo _____

h. Identificar os temas nos pesadelos _____

i. Reelaborar o pesadelo _____

j. Respiração diafragmática _____

k. *Insights* de outros membros do grupo _____

l. Outro _____

18. Qual foi o aspecto mais difícil do tratamento? Por quê?

_____

_____

_____

19. Você gostou do formato do tratamento?

a. Grupo: Sim _____ Não _____

b. Individual: Sim _____ Não _____

AGRADECEMOS por ter completado o tratamento e todas as avaliações com SUCESSO! Você deu um imenso passo na direção certa, diminuindo os efeitos dos pesadelos em sua vida. Se continuar tendo problemas, experimente usar as técnicas que aprendeu no tratamento (por exemplo, reelaboração, relaxamento muscular progressivo etc.). Agradecemos novamente e desejamos que continue sempre progredindo.

Dra. Joanne L. Davis e Dr. Jamie L. Rhudy

Membros do Centro TRAPT e do
Laboratório de Psicofisiologia Humana

BIBLIOGRAFIA

Adler, C. M., Craske, M. G. & Barlow, D. H. (1987). Relaxation induced panic (RIP): When resting isn't peaceful. *Integrative Psychiatry*, 5, pp. 94-100.

Allen, J. G., Console, D. A., Brethour, J. R., Huntoon, J., Fultz, J. & Stein, A. B. (2000). Screening for trauma-related sleep disturbance in women admitted for specialized inpatient treatment. *Journal of Traumatic Stress*, 1, pp. 59-83.

American Psychiatric Association. (1980). *Diagnostic and statistical manual of mental disorders*. 3. ed. Washington: Author.

American Psychiatric Association. (1994). *Diagnostic and statistical manual of mental disorders*. 4. ed. Washington: Author.

American Psychiatric Association. (2000). *Diagnostic and statistical manual of mental disorders*. 4. ed. Text Revision. Washington: Author.

American Sleep Disorders Association. (2001). *International classification of sleep disorders, revised*: Diagnostic and coding manual. Chicago: American Academy of Sleep Medicine.

American Sleep Disorders Association. (2005). *International classification of sleep disorders*. 2. ed. Westchester: American Academy of Sleep Medicine.

Anda, R. F., Felitti, V. J., Bremner, J. D., Walker, J. D., Whitfield, C., Perry, B. D., et al., (2006). The enduring effects of abuse and related adverse experiences in childhood: A convergence of evidence from neurobiology and epidemiology. *European Archives of Psychiatry and Clinical Neuroscience*, 256, pp. 174-186.

Archibald, H. C., Long, D. M., Miller, C. & Tuddenham, R. D. (1962). Gross stress reaction in combat – A 15-year follow-up. *American Journal of Psychiatry*, 119, pp. 317-322.

Arntz, A., Tiesema, M. & Kindt, M. (2007). Treatment of PTSD: A comparison of imaginal exposure with and without imagery rescripting. *Journal of Behaviour Therapy and Experimental Psychiatry*, 38, pp. 345-370.

Babor, T. F., Biddle-Higgins, J. C., Saunders, J. B. & Monteiro, M. G. (2001). *AUDIT: The alcohol use disorders identification test*: Guidelines for use in primary health care. Geneva, Switzerland: World Health Organization.

Barlow, D. H. (1988). *Anxiety and its disorders*. New York: The Guilford Press.

_____, Craske, M. G. (1989). *Mastery of your anxiety and panic II*. Albany, NY: Graywind Publications.

_____, Levitt, J. T. & Bufka, L. F. (1999). The dissemination of empirically supported treatments: A view to the future. *Behaviour Research and Therapy*, 37, pp. S147-S162.

Bastien, C. H., Vallières, A. & Morin, C. M. (2001). Validation of the Insomnia Severity Index as an outcome measure for insomnia research. *Sleep Medicine*, 2, pp. 297-307.

Batten, S. V., Follette, V. M. & Palm, K. M. (2002). Physical and psychological effects of written disclosure among sexual abuse survivors. *Behaviour Therapy*, 33, pp. 107-122.

Bear, M. F., Connors, B. W. & Paradiso, M. A. (2006). *Neuroscience*: Exploring the brain. New York: Lippincott, Wilkins, and Williams. [Ed. bras.: *Neurociências*: desvendando o sistema nervoso. Porto Alegre: Artmed, 2008.]

Beck, A. T. & Steer, R. A. (1993). *Beck anxiety inventory manual*. San Antonio, TX: Psychological Corporation.

_____ & Freeman, A. & Associates (1990). *Cognitive therapy of personality disorders*. New York, NY: The Guilford Press. [Ed. bras.: *Terapia cognitiva dos transtornos da personalidade*. Porto Alegre: Artmed, 2005.]

_____ & Steer, R. A. (1996). *The Beck depression inventory – II*. San Antonio, TX: The Psychological Corporation.

Beck, C. B., Zayfert, C. & Anderson, E. (2004). A survey of psychologists attitudes towards and utilization of exposure therapy for PTSD. *Behaviour Research and Therapy*, 42, pp. 277-292.

Belicki, K. (1992). Nightmare frequency versus nightmare distress: Relations to psychopathology and cognitive style. *Journal of Abnormal Psychology*, 101, pp. 592-597.

_____ & Belick, D. (1986). Predisposition for nightmares: A study of hypnotic ability, vivdness of imagery, and absorption. *Journal of Clinical Psychology*, 42, pp. 714-718.

_____ & Cuddy, M. (1996). Identifying sexual trauma histories from patterns of sleep and dreams. In: Barrett, D. (Ed.), *Trauma and dreams* (pp. 46-55). Cambridge, MA: Harvard University Press.

Berquier, A. & Ashton, R. (1992). Characteristics of the frequent nightmare sufferer. *Journal of Abnormal Psychology*, 101, pp. 246-250.

Bishay, N. (1985). Therapeutic manipulation of nightmares and the management of neuroses. *British Journal of Psychiatry*, 147, pp. 67-70.

Bixler, E., Kales, A. & Soldatos, C. (1979). Sleep disorders encountered in medical practice: A national survey of physicians. *Behavioral Medicine*, 6, pp. 13-21.

_____, Kales, J. & Healey, S. (1979). Prevalence of sleep disorders in the Los Angeles metropolitan area: *American Journal of Psychiatry*, 136, pp. 1257-1262.

Blagrove, M., Farmer, L. & Williams, E. (2004). The relationship of nightmare frequency and nightmare distress to well-being. *Journal of Sleep Research*, 13, pp. 129-136.

Blake, D. K., Weathers, F. W., Nagy, L. M., Kaloupek, D. G., Klauminzer, G. & Charney, D. S., et al. (1999). A therapist rating scale for assessing current and lifetime PTSD: The CAPS-1. *Behaviour Therapist*, 13, pp. 187-188.

Bonanno, G. A. (2005). Resilience in the face of potential trauma. Current Directions. *Psychological Science*, 14, pp. 135-138.

Bonanno, G. A., Galea, S., Bucciarelli, A. & Vlahov, D. (2006). Psychological resilience after disaster: New York City in the aftermath of the September 11th terrorist attack, *Psycchological Science*, 17, pp. 181-186.

_____ & Epstein, D. R. (2000). Stimulus control. In: Lichstein, K. L. & Morin, C. M. (Eds.). *Treatment of late life insomnia* (pp. 167-184). London: Sage.

Bootzin, R. R., Manber, R., Loewy, D. H., Kuo, T. F. & Franzen, P. L. (2004). Sleep disorders. In: Adams, H. E. & Sutker, P. B. (Eds.), *Comprehensive handbook of psychopathology* (3. ed., pp. 671-711). New York: Springer Science + Business Media, Inc.

Borkovec, T. D., Mathews, A. M., Chambers, A., Ebrahimi, S., Lytle, R. & Nelson, R. (1987). The effects of relaxation training with cognitive therapy or nondirective therapy and the role of relaxation in reduced anxiety in the treatment of generalized anxiety. *Journal of Consulting and Clinical Psychology*, 55, pp. 838-888.

Boscarino, J. A. (2004). Post-traumatic stress disorder and physical illness: Results from clinical and epidemiologic studies. *Annals of the New York Academy of Science*, 1032, pp. 141-153.

_____ & Chang, J. (1999). Eletrocardiogram abnormalities among men with stress-related psychiatric disorders: Implications for coronary heart disease and clinical research. *Annals of Behavioral Medicine*, 61, pp. 378-386.

Brady, K. T., Dansky, B. S., Sonne, S. C. & Saladin, M. E. (1998). Post-traumatic stress disorder and cocaine dependence: Order of onset. *American Journal on Additions*, 7(2), pp. 128-135.

Breger, L. (1967). Function of dreams. *Journal of Abnormal Psychology Monograph*, 72, pp. 1-28.

_____, Hunter, I. & Lane, R. W. (1971). The effect of stress on dreams. *Psychological Issues*, 7, p. 27.

Bremmeer, J. D. (2006). Stress and brain atrophy. *CNS & Neurological Disorders Drug Targets*, 5, pp. 503-512.

Breslau, N. (1998). Epidemiology of trauma and post-traumatic stress disorder. In: Yehuda, R. (Ed.), *Psychological trauma* (pp. 1-29). Washington: American Psychiatric Press, Inc.

_____, Davis, G. C., Andreski, P. & Peterson, E. (1991). Traumatic events and post-traumatic stress disorder in an urban population of young adults. *Archives of General Psychiatry*, 48, pp. 216-222.

_____, Kessler, R. C., Chilcoat, H. D., Schultz, L. R., Davis, G. C. & Andreski, P. (1998). Trauma and post-traumatic stress disorder in the community: The 1996 Detroit area survey of trauma. *Archives of General Psychiatry*, 55, pp. 626-632.

_____ Roth, T., Burduvali, E., Kapke, A., Schultz, L. & Rochrs, T. (2004). Sleep in lifetime post-traumatic stress disorder: A community-based polysomnographic study. *Archives of General Psychiatry*, 61, pp. 508-516.

Briere, J. (1992). *Child abuse trauma*: Theory and treatment of the last effects. Newbury Park: Sage Publications.

_____ (1995). *Trauma symptom inventory professional manual*. Odessa: Psychological Assessment Resources.

_____ (2001). *Detailed assessment of post-traumatic stress (DAPS)*. Odessa: Psychological Assessment Resources.

Broomfield, N. M., Gumley, A. I. & Espie, C. A. (2005). Candidate cognitive processes in psychophysiologic insomnia. *Journal of Cognitive Psychotherapy: An International Quarterly*, 19, pp. 5-17.

Brown, T. & Boudewyns, P. (1996). Periodic limb movements of sleep in combat veterans with PTSD. *Journal of Traumatic Stress*, 9, pp. 129-136.

Brown, R. J. & Donderi, D. C. (1986). Dream content and self-reported well-being among recurrent dreamers, past-recurrent dreamers, and nonrecurrent dreamers. *Journal of Personality and Social Psychology*, 50, pp. 612-623.

Brown, T. A., O'Leary, T. A. & Barlow, D. H. (2001). Generalized anxiety disorder. In: Barlow, D. H. (Ed.), *Clinical handbook of phychological disorders* (pp. 154-208). New York: Guilford Press. [Ed. bras.: *Manual clínico dos transtornos psicológicos*. Porto Alegre: Artmed, 2009.]

Bryant, R. A. (2000). Acute stress disorder. *PTSD Research Quarterly*, 11, pp. 1-8.

_____ & Harvey, A. G. (1996). Visual imagery in post-traumatic stress disorder. *Journal of Traumatic Stress*, 9, pp. 613-619.

_____ & Harvey, A. G. (1997). Acute stress disorder: A critical review of diagnostic issues. *Clinical Psychology Review*, 17, pp. 757-773.

Brylowski, A. (1990). Nightmares in crisis: Clinical applications of lucid dreaming techniques. *Psychiatric Journal of the University of Ottawa*, 15, pp. 79-84.

Burgess, M., Gill, M. & Marks, I. (1998). Postal self-exposure treatment of recurrent nightmares: Randomised controlled trial. *British Journal of Psychiatry*, 172, pp. 257-262.

Busby, K. & DeKoninck, J. (1980). Short-term effects of for self-regulation on personality dimensions and dream content. *Perceptual and Motor Skills*, 50, pp. 571-765.

Butterfield, M. I., Becker, M. E., Connor, K. M., Sutherland, S., Churchill, L. E. & Davidson, J. R. T. (2001). Olanzapine in the treatment of post-traumatic stress disorder: a pilot study. *International Clinical Psychopharmacology*, 16, pp. 197-203.

Buysse, D. J., Reynolds, C. F., Monk T. H., Berman S. R. & Kupfer D. J. (1989). The Pittsburgh sleep quality index: A new instrument for psychiatric practice and research. *Psychiatry Research*, 28, pp. 193-213.

Cahill, S. P., Rauch, S. A., Hembree, E. A. & Foa, E. B. (2003). Effect of cognitive-behavioral treatments for PTSD on anger. *Journal of Cognitive Psychotherapy*, 17, pp. 117-131.

Calhoun, P. S., Wiley, M., Dennis, M. F., Means, M. K., Edinger, J. D. & Beckham, J. C. (2007). Objective evidence of sleep disturbance in women with post-traumatic stress disorder. *Journal of Traumatic Stress*, 20, pp. 1009-1018.

Carskadon, M. A., Dement, W. C., Mitler, M. M., Guilleminault, C., Zarcone, V. P. & Spiegel, R. (1976). Self-report versus sleep laboratory findings in 122 drug-free subjects with complaints of chronic insomnia. *American Journal of Psychiatry*, 133, pp. 1382-1388.

Cartwright, R. D. (1979). The nature and function of repetitive dreams: A survey and speculation. *Psychiatry*, 42, pp. 131-137.

_____ (1991). Dreams that work: The relation of dream incorporation to adaptation to stressful events. *Dreaming*, 1, pp. 3-9.

_____ (2005). Dreaming as a mood regulation system. In: Kryger, M., Roth, T. & Dement, W. (Eds.). *Principles and practice of sleep medicine* (4. ed., pp. 565-572). Philadelphia: W. B. Saunders.

_____, Kravitz, H. M., Eastman, C. I. & Wood, E. (1991). REM latency and the recovery from depression: Getting over divorce. *American Journal of Psychiatry*, 148, pp. 1530-1535.

_____ & Lloyd, S. R. (1994). Early REM sleep: A compensatory change in depression? *Psychiatry Research*, 51, pp. 245-252.

Cason, H. (1935). The nightmare dream. *Psychological Monographs*, 209, pp. 1-51.

Celluci, A. J. & Lawrence, P. S. (1978). The efficacy of systematic desensitization in reducing nightmares. *Journal of Behavior Therapy and Experimental Psychiatry*, 9, pp. 109-114.

Chivers, L. & Blagrove, M. (1999). Nightmare frequency, personality and acute psychopathology. *Personality and Individual Differences*, 27, pp. 843-851.

Clark, R. D., Canive, J. M., Calais, L. A., Qualls, C., Brugger, R. D. & Vosburgh, T. B. (1999). Cyproheptadine treatment of nightmares associated with posttraumatic stress disorder. *Journal of Clinical Psychopharmacology*, 19, pp. 486-487.

Cloitre, M., Koenen, K. C., Cohen, L. R. & Han, H. (2002). Skills training in affective and interpersonal regulation followed by exposure: A phase-based treatment for PTSD related to childhood abuse. *Journal of Consulting and Clinical Psychology*, 70, pp. 1067-1074.

Clum, G. A., Nishith, P., Resick, P. A. (2001). Trauma-related sleep disturbance and self-reported physical health symptoms in treatment-seeking female rape victims. *Journal of Nervous and Mental Disease*, 189, pp. 618-622.

Coalson, B. (1995). Nightmare help: Treatment of trauma survivors with PTSD. *Psychotherapy*, 32, pp. 381-388.

Cohen, A. S., Barlow, D. H. & Blanchard, E. B. (1985). Psychophysiology of relaxation-associated panic attacks. *Journal of Abnormal Psychology*, 94, pp. 96-101.

Cohen, L. R., Hien, D. A. & Batchelder, S. (2008). The impact of cumulative maternal trauma and diagnosis on parenting Behaviour. *Child Maltreatment*, 13, pp. 27-38.

Coren, S. (1988). Prediction of insomnia from arousability predisposition scores: Scale development and cross-validation. *Behaviour Research and Therapy*, 26, pp. 415-420.

_____ (1994). The prevalence of self-reported sleep disturbances in young adults. *International Journal of Neuroscience*, 79, pp. 67-73.

Coyle, K. & Watts, F. N. (1991). The factorial structure of sleep dissatisfaction. *Behaviour Research and Therapy*, 29, pp. 513-520

Craske, M. G. & Barlow, D. H. (2001). Panic disorder and agoraphobia. In: Barlow, D. H. (Ed.), Clinical handbook of psychological disorders (pp. 1-59). New York: Guilford Press. [Ed. bras.: *Manual clínico dos transtornos psicológicos.* Porto Alegre: Artmed, 2009.]

_____, Barlow, D. H. & Meadows, E. (2000). *Master your own anxiety and panic*: Therapist guide for anxiety, panic, and agoraphobia (MAP-3). San Antonio: Graywing/Psychological Corporation.

_____ & Rowe, M. K. (1997). Nocturnal panic. *Clinical Psychology: Science and Practice*, 4, pp. 153-174.

Cuddy, M. A. & Belicki, K. (1992). Nightmare frequency and related sleep disturbance as indicators of a history of sexual abuse. *Dreaming*, 2, pp. 15-22.

Cukrowicz, K. C., Otamendi, A., Pinto, J. V., Bernert, R. A., Krakow, B. & Joiner, T. E. (2006). The impact of insomnia and sleep disturbances on depression and suicidality. *Dreaming*, 16, pp. 1-10.

Dagan, Y., Lavie, P. & Bleich, A. (1991). Elevated awakening thresholds in sleep stage 3-4 in war-related post-traumatic stress disorder. *Biological Psychiatry*, 30, pp. 618-622.

Daly, C. M., Doyle, M. E., Raskind, M., Raskind, E. & Daniels, C. (2005). Clinical case series: The use of Prazosin for combat-related recurrent nightmares among Operation Iraqi Freedom combat veterans. *Military Medicine*, 170, pp. 513-515.

Dancu, C. V., Foa, E. B. & Smucker, M. R. (1993). *Treatment of chronic posttraumatic stress disorder in adult survivors of incest*: Cognitive/behavioral interventions. Paper presented at the annual meeting of the Association for the Advancement of Behavior Therapy, Atlanta, GA.

David, D. & Mellman, T. A. (1997). Dreams following Hurricane Andrew. *Dreaming*, 7, pp. 209-214.

Davidson, J. R. T., Hughes, D., Blazer, D. G. & George, L. K. (1991). Post-traumatic stress disorder in the community: An epidemiological study. *Psychological Medicine*, 21, pp. 713-721.

Davidson, J. R. T., Landerman, L. R., Farfel, G. M. & Clary C. M. (2002). Characterizing the effects of sertraline in post-traumatic stress disorder. *Psychological Medicine*, 32, pp. 661-670.

Davis, J. L. (2003). *Exposure, relaxation & rescripting therapy*: Participant manual. Tulsa: University of Tulsa.

_____, Byrd, P., Rhudy, J. L. & Wright, D. C. (2007). Characteristics of chronic nightmares in a trauma exposed clinical sample. *Dreaming*, 17, pp. 187-198.

_____, DeArellano, M., Falsetti, S. A. & Resnick, H. S. (2003). Treatment of nightmares following trauma: A case study. *Clinical Case Studies*, 2, pp. 283-294.

_____ & Wright, D. C. (2005). Case series utilizing Exposure, Relaxation & Rescripting Therapy: Impact on nightmares, sleep quality, and psychological stress. *Behavioral Sleep Medicine*, 3, pp. 151-157.

_____ & Wright, D. C. (2006). Exposure, Relaxation, and Rescripting Therapy for trauma-related nightmares. *Journal of Trauma and Dissociation*, 7, pp. 5-18.

_____ & Wright, D. C. (2007). Randomized clinical trial for treatment of chronic nightmares in trauma-exposed adults. *Journal of Traumatic Stress*, 20, pp. 123-133.

_____ & Wright, D. & Borntrager, C. (2001). *The Trauma-Related Nightmare Survey*. Tulsa: University of Tulsa.

_____ & Wright, D. C., Byrd, P. M. & Rhudy, J. L. (2006). *Posttreatment clinical significance scale*. Unpublished measure. Tulsa: University of Tulsa.

DeFazio, V. J., Rustin, S. & Diamond, A. (1975). Symptom development in Vietnam era veterans. *American Journal of Orthopyschiatry*, 45, pp. 158-163.

de Jong, J. T. V. M., Komproe, I. H., Van Ommeren, M., El Masri, M., Araya, M., Khaled, N., et al. (2001). Lifetime events and posttraumatic stress disorder in 4 postconflict settings. *Journal of the American Medical Association*, 286, pp. 555-562.

Derogatis, L. R. (1992). *SCL-90-R: Administration, scoring and procedures manual II for the revised version*. Towson: Clinical Psychometric Research.

Devine, E. B., Hakim, Z. & Green, J. (2005). A systematic review of patient-reported outcome instruments measure sleep dysfunction in adults. *Pharmacoeconomics*, 23, pp. 889-912.

Doghramji, P. P. (2004). Recognizing sleep disorders in a primary care setting. *Journal of Clinical Psychiatry*, 65 (Suppl 16), pp. 23-26.

Domhoff, G. W. (2000). *The repetition principle in dreams*: Is it a possible clue to a function of dreams? Disponível em: <http://www.dreamresearch.net/Library/domhoff_2000b.html>. Acesso em: nov. 2007.

Donovan, B. S., Padin-Rivera, E., Chapman, H., Strauss, M. & Murray, M. (2004). Development of the nightmare intervention and treatment evaluation (NITE) scale. *Journal of Trauma Practice*, 3, pp. 49-69.

Dorrian, J. & Dinges, D. F. (2006). Sleep deprivation and its effects on cognitive performance. In: Lee-Chiong, T. L. (Ed.). *Sleep: A comprehensive handbook* (pp.139-144). Hoboken: John Wiley & Sons, Inc.

Douglas, A. B., Bornstein, R., Nino-Murcia, G., Keenan, S., Miles, L., Zarcone, V. P., et al. (1994). The sleep disorders questionnaire 1: Creation and multivariate structure of SDQ. *Sleep*, 17, pp. 160-167.

Drake, C. L., Roehrs, T. & Roth, T. (2003). Insomnia causes, consequences, and therapeutics: An overview. *Depression and Anxiety*, 18, pp. 163-176.

Dunn, K. K. & Barrett, D. (1988). Characteristics of nightmare subjects and their nightmares. *Psychiatric Journal of the University of Ottawa*, 13, pp. 91-93.

Ehler, A. & Clark, D. M. (2000). A cognitive model of post-traumatic stress disorder. *Behaviour Research and Therapy*, 38, pp. 319-345.

Elhai, J. D., Gray, M. J., Kashdan, T. B. & Franklin, C. L. (2005). Which instruments are most commonly used to assess traumatic event exposure and post-traumatic effects? A survey of traumatic stress professionals. *Journal of Traumatic Stress*, 18, pp. 541-545.

Elliot, A. C. (2001). Primary care assessment and management of sleep disorders. *Journal of the American Academy of Nursing Practitioners*, 13, pp. 409-417.

Empson, J. (1989). *Sleep and dreaming*. Boston: Faber and Faber.

Erman, M. K. (1987). Dream anxiety attacks (nightmares). *Psychiatric Clinics of North America*, 10, pp. 667-674.

Esposito, K., Benitz, A., Barza, L. & Mellman, T. (1999). Evaluation of dream content in combat-related PTSD. *Journal of Traumatic Stress*, 12, pp. 681-687.

Falsetti, S. A. (1997). The decision-making process of choosing a treatment for patients with civilian trauma-related PTSD. *Journal of Cognitive and Behavioral Practice*, 4, pp. 99-121.

_____ & Resnick, H. S. (1997). *Multiple channel exposure therapy*: Therapist manual. Charleston: Medical University of South Carolina.

_____ & Resnick, H. S. (2000). Treatment of PTSD using cognitive and cognitive behavioral therapies. *Journal of Cognitive Psychotherapy*, 14, pp. 97-122.

_____, Resnick, H. S. & Davis, J. L. (2005). Multiple channel exposure therapy: Combining cognitive behavioral therapies for the treatment of posttraumatic stress disorder with panic attacks. *Behavior Modification*, 29, pp. 70-94.

Feeny, N. C. & Foa, E. B. (2006). Cognitive vulnerability to PTSD. In: Alloy, L. B. & Riskind, J. H. (Eds.), *Cognitive vulnerability to emotional disorders* (pp. 285-301). Mahwah: Lawrence Erlbaum Associates Publishers.

_____, Hembree, E. A. & Zoellner, L. A. (2003). Myths regarding exposure therapy for PTSD. *Cognitive and Behavioral Practice*, 10, pp. 85-90.

_____, Zoellner, L. A. & Foa, E. B. (2002). Treatment outcome for chronic PTSD among female assault victims with BPC: A preliminary examination. *Journal of Personality Disorders*, 16, pp. 30-40.

Felitti, V. J., Anda, R. F., Nordenberg, D., Williamson, D. F., Spitz, A. M., Edwards, V., et al. (1998). Relationship of childhood abuse and household dysfunction to many of the leading causes of death in adults: The adverse childhood experience (ACE) study. *American Journal of Preventative Medicine*, 14, pp. 245-258.

Finklhor, D., Ormrod, R., Turner, H. & Hamby, S. (2005). The victimization of children and youth: A comprehensive, national survey. *Child Maltreatment*, 10, pp. 5-25.

First, M. B., Spitzer, R. L., Gibbon, M. & Williams, J. B. W. (1996). *Structured clinical interview for DSM-IV Axis I disorders, clinician version (SCID-CV)*. Washington, DC: American Psychiatric Press, Inc.

Foa, E. B., Cashman, L., Jaycox, L. & Perry, K. (1997). The validation of a self-report measure of posttraumatic stress-disorder: The Posttraumatic Diagnostic Scale. *Psychological Assessment*, 9, pp. 445-451.

_____, Davidson, J. R. T. & Frances, A. (1999). The expert consensus guideline series: Treatment of posttraumatic stress disorder. *Journal of Clinical Psychiatry*, 60 (supplement 60), pp. 1-76.

_____, Keane, T. M. & Friedman, M. J. (2000). *Effective treatments for PTSD*. New York: Guilford Press.

_____ & Kozak, M. J. (1986). Emotional processing of fear: Exposure to corrective information. *Psychological Bulletin*, 99, pp. 20-35.

_____ & McNally, R. J. (1995). Mechanisms of change in exposure therapy. In: Rapee, R. (Ed.), *Current controversies in the anxiety disorders* (pp. 329-343). New York: Guilford Press.

_____ & Meadows, E. A. (1997). Psychosocial treatments for post-traumatic stress disorder: A critical review. *Annual Review of Psychology*, 48, pp. 449-480.

_____, Molnar, C. & Cashman, L. (1995). Change in rape narratives during exposure therapy for posttraumatic stress disorder. *Journal of Traumatic Stress*, 8, pp. 675-690.

_____, Riggs, D. S., Dancu, C. V. & Rothbaum, B. O. (1993). Reliability and validity of a brief instrument for assessing post-traumatic stress disorder. *Journal of Traumatic Stress*, 6, pp. 459-473.

_____, Riggs, D. S., Massie, E. D. & Yarczower, M. (1995). The impact of fear activation and anger on the efficacy of exposure treatment for post-traumatic stress disorder. *Behavior Therapy*, 26, pp. 487-499.

_____ & Rothbaum, B. O. (1998). *Treating the trauma of rape*. New York: The Guilford Press.

_____, Rothbaum, B. O. & Furr, J. M. (2003). Augmenting exposure therapy with other CBT procedures. *Psychiatric Annals*, 33, pp. 47-53.

_____, Rothbaum, B. O., Riggs, D. S. & Murdock, T. B. (1991). Treatment of post-traumatic stress disorder in rape victims: A comparison between cognitive-behavioral procedures and counseling. *Journal of Consulting and Clinical Psychology*, 59, pp. 715-723.

_____, Steketee, G. R. & Rothbaum, B. O. (1989). Behavioral/Cognitive conceptualization os port-traumatic stress disorder. *Behavior Therapy*, 20, pp. 155-176.

_____, Zoellner, L. A., Feeny, N. C., Hembree, E. & Alvarez-Conrad, J. (2002). Does imaginal exposure exacerbate PTSD symptoms? *Journal of Consulting and Clinical Psychology*, 70, pp. 1022-1028.

Forbes, D., Creamer, M. & Biddle, D. (2001). The validity of the PTSD checklist as a measure of symptomatic change in compat-related PTSD. *Behavior Research and Therapy*, 39, pp. 977-986.

_____, Phelps, A. J. & McHugh, A. F. (2001). Treatment of combat-related nightmares using imagery rehearsal: A pilot study. *Journal of Traumatic Stress*, 14, pp. 433-442.

_____, Phelps, A. J., McHugh, A. F., Debenham, P., Hopwood, M. & Creamer, M. (2003). Imagery rehearsal in the treatment of post-traumatic nightmares in Australian veterans with chronic combat-related PTSD: 12-month follow-up. *Journal of Traumatic Stress*, 16, pp. 509-513.

Ford, D. E. & Kamerow, D. B. (1989). Epidemiologic study of sleep disturbances and psychiatric disorders: An opportunity for preventions? *Journal of the American Medical Association*, 262, pp. 1479-1484.

Foy, D. W., Kagan, B., McDermott, C., Leskin, G., Sipprelle, R. C. & Paz, G. (1996). Practical parameters in the use of flooding for treating chronic PTSD. *Clinical Psychology and Psychotherapy*, 2, pp. 169-175.

Freed, S., Craske, M. G. & Greher, M. R. (1999). Nocturnal panic and trauma. *Depression and Anxiety*, 9, pp. 141-145.

Freud, S. *A interpretação dos sonhos*: 100 anos. Ed. comemorativa. Rio de Janeiro: Imago, 2001.

Gallop, D. (1990). *Aristotle on Sleep and Dreams*. Peterborough: Broadview Press Ltd.

Germain, A., Hall, M., Krakow, B., Shear, M. K. & Buysse, D. J. (2005). A brief sleep scale for post-traumatic stress disorder: Pittsburgh sleep quality index addendum for PTSD. *Anxiety Disorders*, 19, pp. 233-244.

_____, Hall, M., Shear, M. K., Nofzinger, E. A. & Buysse, D. J. (2006). Ecological study of sleep disruption in PTSD: A pilot study. *Annals of the New York Academy of Sciences*, 1071, pp. 438-441.

_____, Krakow, B., Faucher, B., Zadra, A., Nielsen, T., Hollifield, M., et al. (2004). Increased mastery elements associated with imagery rehearsal treatment for nightmares in sexual assault survivors with PTSD. *Dreaming*, 14, pp. 195-206.

_____ & Nielsen, T. (2003a). Impact of imagery rehearsal treatment on distressing dreams, psychological distress, and sleep parameters in nightmare patients. *Behavioral Sleep Medicine*, 1, pp. 140-154.

_____ & Nielsen, T. A. (2003b). Sleep pathophysiology in post-traumatic stress disorder and idiopathic nightmare sufferers. *Biological Psychiatry*, 54, pp. 1092-1098.

_____, Shear, M. K., Hall, M. & Buysse, D. J. (2007). Effects of a brief behavioral treatment for PTSD-related sleep disturbances: A pilot study. *Behaviour Research and Therapy*, 45, pp. 627-632.

Gidron, Y., Peri, T., Connolly, J. F. & Shalev, A. Y. (1996). Written disclosure in post-traumatic stress disorder: Is it beneficial for the patient? *Journal of Nervous and Mental Disease*, 184, pp. 505-507.

Giles, D. E., Kupfer, D. J., Rush, A. J. & Roffwarg, H. P. (1998). Controlled comparison of electrophysiological sleep in families of probands with unipolar depression. *American Journal of Psychiatry*, 155, pp. 192-199.

Gill, J. M. & Page, G. G. (2006). Psychiatric and physical health ramifications of traumatic events in women. *Issues in Mental Health Nursing*, 27, pp. 711-734.

Golding, J. M., Stein, J. A., Siegel,, J. M., Burnam, M. A. & Sorenson, S. B. (1988). Sexual assault history and use of health and mental health services. *American Journal of Community Psychology*, 6, pp. 625-644.

Goldstein, G., van Kammen, W., Shelly, C., Miller, D. J. & van Kammen, D. P. (1987). Survivors of imprisonment in the pacific theater during World War II. *American Journal of Psychiatry*, 144, pp. 1210-1213.

Goodman, L. A., Koss, M. P. & Russo, N. F. (1993). Violence against women: Physical and mental health effects. Part I: Research findings. *Applied and Preventative Psychology*, 2, pp. 79-89.

Giacoia Junior, O. *Além do princípio do prazer*. 22. ed. Rio de Janeiro: Civilização Brasileira, 2008. (Coleção Para ler Freud.)

Gray, M. J., Litz, B. T., Hsu, J. L. & Lombardo, T. W. (2004). Psychometric properties of the life events checklist. *Assessment*, 11, pp. 330-341.

_____ & Slangle, D. M. (2006). Selecting a potentially traumatic event screening measure: Practical and psychometric considerations. *Journal of Trauma Practice*, 5, pp. 1-20.

Green, B. (1993). Disasters and post-traumatic stress disorder. In: Davidson, J. R. T. & Foa, E. B. (Eds.), *Post-traumatic stress disorder*: DSM-IV and beyond. Washington: American Psychiatric Press.

Greenberg, R., Pillard, R. & Pearlman, C. (1972). The effect of dream (stage REM) deprivation on adaptation to stress. *Psychosomatic Medicine*, 34, pp. 257-262.

Grunert, B. K., Weis, J. M., Smucker, M. R. & Christianson, H. F. (2007). Imagery rescripting and reprocessing therapy after failed prolonged exposure for posttraumatic stress disorder following industrial injury. *Journal of Behavior Therapy and Experimental Psychiatry*, 38, pp. 317-328.

Guerrero, J. & Crocq, M. (1994). Sleep disorders in the elderly: Depression and post-traumatic stress disorder. *Journal of Psychosomatic Research*, 38, pp. 141-150.

Guilleminault, C. (1982). *Sleeping and waking disorders*: Indications and techniques. Menlo Park: Addison-Wesley Publishing Co.

Guy, W. (1976). Clinical Global Impressions. In: ECDEU Assessment Manual for Psychopharmacology, revised (DHEW Publ n. ADM 76-338) (pp. 218-222). Rockville, MD: National Institute of Mental Health.

Hackmann, A. & Holmes, E. A. (2004). Reflecting on imagery: A clinical perspective and overview of the special issue of Memory on mental imagery and memory in psychopathology. *Memory*, 12, pp. 389-402.

Haal, C. & Van de Castle, R. I. (1966). *The content analysis of dreams*. New York: Appleton-Century-Crofts.

Halliday, G. (1987). Direct psychological therapies for nightmares: A review. *Clinical Psychology Review*, 7, pp. 501-523.

_____. (1995). Treating nightmares in children. In: Schaefer, C. E. (Ed.), *Clinical handbook of sleep disorders in children* (pp. 149-176). Northvale: Jason Aronson.

Halligan, S. L. & Yehuda, R. (2000). Risk factors for PTSD. *PTSD Research Quarterly*, 11, pp. 1-7.

Harding, T. W., de Arango, M. V., Baltazar, J., Climent, C. E., Ibrahim, H. H., Ladrido-Ignacio, L., et al. (1980). Mental disorders in primary health care: A study of their frequency and diagnosis in four developing countries. *Psychological Medicine*, 10, pp. 231-241.

Hartmann, E. (1984). *The nightmare*: The psychology and biology of terrifying dreams. New York: Basic Books, Inc.

_____ (1989). Boundaries of dreams, boundaries of dreamers: Thin and thick boundaries as a new personality measure. *Psychiatric Journal of the University of Ottawa*, 14, pp. 557-560.

_____ (1991). Dreams that work or dream that poison? What does dreaming do? An editorial essay. *Dreaming*, 1, pp. 23-25.

_____ (1995). Dreaming connects: A hypothesis on the nature and function of dreaming based on dreams following trauma. *Sleep Research*, 24, p. 147.

_____ (1996). Who develops PTSD nightmares and who doesn't. In: Barret, D. (Ed.), *Trauma and dreams* (pp. 100-113). Cambridge: Harvard University Press.

_____ (1998a). *Dreams and nightmares*: The origin and meaning of dreams. Cambridge: Perseus Publishing.

_____ (1998b). Nightmare after trauma as paradigm for all dreams: A new approach to the nature and functions of dreaming. *Psychiatry*, 61, pp. 223-238.

_____ Mitchell, W., Brune, P. & Greenwald, D. (1984). Childhood nightmares but not chilhood insomnia may predict adult psychopathology. *Sleep Research*, 13, p. 117.

_____, Russ, D., Oldfield, M., Sivan, I. & Cooper, S. (1987). Who has nightmares? The personality of the lifelong nightmare sufferer. *Archives of General Psychiatry*, 44, pp. 49-56.

_____, Russ, D., van der Kolk, B., Falke, R. & Oldfield, M. (1981). A preliminary study of the personality of the nightmare sufferer: Relationship to schizophrenia and creativity? *American Journal of Psychiatry*, 138, pp. 794-797.

_____ Zborowski, M., Rosen, R. & Grace, N. (2001). Contextualizing images in dreams: More intense after abuse and trauma. *Dreaming*, 11, pp. 115-126.

Harvey, A. G. (2000). Pre-sleep cognitive activity: A comparison of sleep-onset insomniacs and good sleepers. *British Journal of Clinical Psychology*, 39, pp. 275-286.

_____ (2002). A cognitive model of insomnia. *Behaviour Research and Therapy*, 40, pp. 869-893.

_____ & Bryant, R. A. (1998). The relatiobnship between acute stress disorder and posttraumatic stress disorder: A prospective evaluation of motor vehicle accident survivors. *Journal of Consulting and Clinical Psychology*, 66, pp. 507-512.

Harvey, A. G., Jones, C. & Schmidt, D. A. (2003). Sleep and posttraumatic stress disorder: A review. *Clinical Psychology Review*, 23, pp. 377-407.

Haynes, S. N. & Mooney, D. K. (1975). Nightmares: Etiological, theoretical, and behavioral treatment considerations. *Psychological Record*, 25, pp. 225-236.

Hays, R. D. & Stewart, A. L. (1992). Sleep measures. In: Stewart, A. & Ware, J. E. (Eds.), *Measuring functioning and well-being*: The medical outcome study approach. Durham: Duke University Press.

Hearne, K. M. T. (1991). A questionnaire and personality study of nightmare sufferers. *Journal of Mental Imagery*, 15, pp. 55-64.

Hedges, D. W. & Woon, F. L. M. (2007). Structural magnetic resonance imaging findings in post-traumatic stress disorder and their responses to treatment: A systematic review. *Current Psychiatry Reviews*, 3, pp. 85-93.

Hefez, A., Metz, L. & Lavie, P. (1987). Long-term effects of extreme situational stress on sleep and dreaming. *American Journal of Psychiatry*, 144, pp. 344-347.

Heide, F. J. & Borkovec, T. D. (1983). Relaxation-induced anxiety: Paradoxical anxiety enhancement due to relaxation training. *Journal of Consulting and Clinical Psychology*, 51, pp. 171-182.

_____ & Borkovec, T. D. (1984). Relaxation-induced anxiety: Mechanismis and theoretical implications. *Behavior Research and Therapy*, 22, pp. 1-12.

_____, Robin, L. M. & McEvoy, L. (1987). Post-traumatic stress disorder in the general population: Findings of the Epidemiological Catchment Area survey. *New England Journal of Medicine*, 317, pp. 1630-1634.

Hembree, E. A., Cahill, S. P. & Foa, E. B. (2004). Impact of personality disorders on treatment outcome for female assault survivors with chronic post-traumatic stress disorder. *Journal of Personality Disorders*, 18, pp. 117, 127.

_____, Foa, E. B., Dorfan, N. M., Street, G. P., Kowalski, J. & Tu, X. (2003). Do patients drop out prematurely from exposure therapy for PTSD? *Journal of Traumatic Stress*, 16, pp. 555-562.

Hersen, M. (1971). Personality characteristics of nightmare sufferers. *Journal of Nervous and Mental Disease*, 153, pp. 27-31.

Hobson, J. A. & McCarley, R. W. (1977). The brain as a dream state generator: An activation-synthesis hypothesis of the dream process. *American Journal of Psychiatry*, 134, pp. 1335-1348.

Hobson, J. A., Stickgold, R. & Pace-Schott, E. F. (1998). The neuropsychology of REM sleep dreaming. *NeuroReport*, 9, pp. R1-R14.

Horn, J. A. & Pettitt, A. N. (1985). High incentive effects on vigilance performance during 72 hours of total sleep deprivation. *Acta Psychologica*, 58, pp. 123-139.

Horowitz, M. J. (1975). Intrusive and repetitive thoughts after experimental stress. *Archives of General Psychiatry*, 32, pp. 1457-1463.

_____ & Wilner, N. (1976). Stress films, emotion and cognitive response. *Archives of General Psychiatry*, 33, pp. 1339-1344.

_____ (1983). *Image formation and psychotherapy* (rev. ed.). New York: Jason Aronson.

_____, Wilmer, N. & Kaltreider, N. (1980). Signs and symptoms of post traumatic stress disorder. *Archives of General Psychiatry*, 37, pp. 85-92.

Hublin, C., Kaprio, J., Partinen, M. & Koskenvuo, M. (1999). Nightmares: Familial aggregation and association with psychiatric disorders in a nationwide twin cohort. *American Journal of Medical Genetics*, 88, pp. 329-336.

Hublin, C., Kaprio, J., Partinen, M. & Koskenvuo, M. (2001). Parasomnias: Cooccurrence and genetics. *Psychiatric Genetics*, 11, pp. 65-70.

Inman, D. J., Silver, S. M. & Doghramji, K. (1990). Sleep disturbance in post-traumatic stress disorder: A comparison with non-PTSD insomnia. *Journal of Traumatic Stress*, 3, pp. 429-437.

Irwing, C., Falsetti, S. A., Lydiard, R. B., Ballenger, J. C., Brock, C. D. & Brener, W. (1996). Comorbidity of post-traumatic stress disorder and irritable bowel syndrome. *Journal of Clinical Psychiatry*, 57, pp. 576-578.

Irwin, K. L., Edlin, B. R., Wong, L., Faruque, S., McCoy, H. V., Word, C. et al. (1995). Urban rape survivors: Characteristics and prevalence of human immunodeficiency virus and other sexually transmitted infections. *Obstetrics and Gynecology*, 85, pp. 330-336.

Jacobs-Rebhun, S., Schnurr, P. P., Friedman, M. J., Peck, R., Brophy, M. & Fuller, D. (2000). Posttraumatic stress disorder and sleep difficulty. *American Journal of Psychiatry*, 157, pp. 1525-1526.

Janoff-Bulman, R. (1989). Assumptive worlds and the stress of traumatic events: Applications of the schema construct. *Social Cognition*, 7, pp. 113-136.

Janoff-Bulman, R. & Frieze, I. H. (1983). A theoretical perspective for understanding reactions to victimization. *Journal of Social Issues*, 39, pp. 1-17.

Jaycox, L. H. & Foa, E. B. (1996). Obstacles in implementing exposure therapy for PTSD: Case discussions and practical solutions. *Clinical Psychology and Psychotherapy*, 3, pp. 176-184.

Johnson, D. R., Rosenheck, R., Fontana, A., Lubin, H., Charney, D. & Southwick, S. (1996). Outcome of intensive treatment for combat-related posttraumatic stress disorder. *American Journal of Psychiatry*, 153, pp. 771-777.

Kales, A., Soldatos, C. R., Caldwell, A. B., Charney, D. S., Kales, J. D., Markel, D., et al. (1980). Nightmares: Clinical characteristics and personality patterns. *American Journal of Psychiatry*, 137, pp. 1197-1201.

Kaminer, H. & Lavie, P. (1991). Sleep and dreaming in holocaust survivors: Dramatic decrease in dream recall in well-adjusted survivors. *Journal of Nervous and Mental Disease*, 179, pp. 664-669.

Kazdin, A. E. (2003). *Research design in clinical psychology*. 4. ed. Boston: Allyn and Bacon.

Keane, T., Fairbank, J., Caddell, J. & Zimering, R. (1989). Implosive (flooding) therapy reduces symptoms of PTSD in Vietman combat veterans. *Behavior Therapy*, 20, pp. 245-260.

_____, Fairbank, J., Caddell, J., Zimering, R., Taylor, K. & Mora, C. (1989). Clinical evaluation of a measure to assess combat exposure. *Psychological Assessment*, 1, pp. 53-55.

Kellneer, R., Neidhardt, J., Krakow, B. & Pathak, D. (1992). Changes in chronic nightmares after one session of desensitization or rehearsal instructions. *American Journal of Psychiatry*, 149, pp. 659-663.

Kendall, P. C. (1998). Directing misperceptions: Researching the issues that facing manual-based treatments. *Clinical Psychology Science and Practice*, 5, pp. 396-399.

Kessler, R. C., Sonnega, A., Bromet, E., Hughes, M. & Nelson, C. B. (1995). Post-traumatic stress disorder in the National Comorbidity Survey. *Archives of General Psychiatry*, 52, pp. 1048-1060.

Khassawneh, B. Y. (2006). Periodic limb movement disorder. In: Lee-Chiong, T. L. (Ed.), *Sleep*: A comprehensive handbook (pp. 483-486). Hoboken: John Wiley & Sons, Inc.

Kilpatrick, D. G., Acierno, R., Resnick, H. S., Saunders, B. E. & Best, C. L. (1997). A 2-year longitudinal analysis of the relationship between violent assault and substance use in women. *Journal of Consulting and Clinical Psychology*, 65, pp. 834-847.

_____, Saunders, B. E., Amick-McMullan, A., Best, C. L., Veronen, L. J. & Resnick, H. S. (1989). Victims and crime factors associated with the development of crime-related post-traumatic stress disorder. *Behavior Therapy*, 20, pp. 199-214.

_____, Saunders, B. E. & Smith, D. W. (2002). *Research in brief*: Youth victimization: Prevalence and implications (NCJ 194972). Washington, DC: U.S. Department of Justice, National Institute of Justice.

Kilpatrick, D. G., Veronen, L. J. & Best, C. L. (1985). Factors predicting psychological distress among rape victims. In: Figley, C. R. (Ed.). *Trauma and its wake*: The study and treatment of post-traumatic stress disorder (pp. 113-141). New York: Brunner/Mazel, Inc.

Kilpatrick, D. G., Veronen, L. J. & Resick, P. A. (1982). Psychological sequelae to rape: Assessment and treatment strategies. In: Doleys, D. M., Meredity, R. I. & Ciminero, A. R. (Eds.), *Behavioral medicine*: Assessment and treatment strategies. New York: Plenum.

Kimerling, R. & Calhoun, K. S. (1994). Somatic symptoms, social support, and treatment seeking among sexual assault victims. *Journal of Consulting and Clinical Psychology*, 62, pp. 333-340.

Klein, E., Koren, D., Arnon, I. & Lavie, P. (2002). No evidence of sleep disturbance in post-traumatic stress disorder: A polysomnographic study in injured victims of traffic accidents. *Israel Journal of Psychiatry and Related Sciences*, 39, pp. 3-10.

Klink, M. & Quan, S. F. (1987). Prevalence of reported sleep disturbances in a general adult population and their relationship to obstructive airways diseases. *Chest*, 91, pp. 540-546.

Kobayashi, I., Boarts, J. M. & Delahanty, D. L. (2007). Polysomnographically measured sleep abnormalities in PTSD: A meta-analytic review. *Psychophysiology*, 44, pp. 1-10.

Koopman, C., Ismailji, T., Holmes, D., Classen, C. C., Palesh, O. & Wales, T. (2005). The effects of expressive writing on pain, depression, and post-traumatic stress disorder symptoms in survivors of intimate partner violence. *Journal of Health Psychology*, 10, pp. 211-221.

Koren, D., Arnon, I. & Klein, E. (1999). Acute stress response and posttraumatic stress disorder in traffic accident victims: A one-year prospective, follow-up study. *American Journal of Psychiatry*, 156, pp. 367-373.

_____, Arnon, I., Lavie, P. & Klein, E. (2002). Sleep complaints as early predictors of posttraumatic stress disorder: A 1-year prospective study of injured survivors of motor vehicle accidents. *American Journal of Psychiatry*, 159, pp. 855-857.

Krakow, B. (2004). Imagery rehearsal therapy for chronic posttraumatic nightmares: A mind's eye view. In: Rosner, R. I., Lyddon, W. J. & Freeman, A. (Eds.), Cognitive therapy and dreams (pp. 89-109). New York: Springer Publishing..

_____ (2006). Nightmare complaints in treatment-seeking patients in clinical sleep medicine settings: Diagnostic and treatment implications. *Sleep*, 29, pp. 1313-1319.

_____, Artar, A., Warner, T. D., Melendrez, D., Johnston, L., Hollifield, M., et al. (2000). Sleep disorder, depression, and suicidality in female sexual assault survivors. *Crisis*, 21, pp. 163-170.

_____, Germain, A., Tandberg, D., Koss, M., Schrader, R., Hollifield, M., et al. (2000). Sleep breathing and sleep movement disorders masquerading as insomnia in sexual-assault survivors. *Comprehensive Psychiatry*, 41, pp. 49-56.

_____, Haynes, P. L., Warner, T. D., Melendrez, D., Sisley, B. N., Johnston, L., et al. (2007). Clinical sleep disorder profiles in a large sample of trauma survivors: An interdisciplinary view of posttraumatic sleep disturbance. *Sleep and Hypnosis*, 9, pp. 6-15.

_____, Hollifield, M., Johnston, L., Koss, M., Schrader, R., Warner, T. D., et al. (2001). Imagery rehearsal therapy for chronic nightmares in sexual assault survivors with post-traumatic stress disorder: A randomized controlled trial. *Journal of the American Medical Association*, 286, pp. 537-545.

_____, Hollifield, M., Schrader, R., Koss, M., Tandberg, D., Lauriello, J., et al. (2000). A controlled study of imagery rehearsal for chronic nightmares in sexual assault survivors with PTSD: A preliminary report. *Journal of Traumatic Stress*, 13, pp. 589-609.

_____, Johnston, L., Melendrez, D., Hollifield, M., Warner, T. D., Chavez-Kennedy, D. et al. (2001). An open-label trial of evidence-based cognitive behavior therapy for nightmares and insomnia in crime victims with PTSD. *American Journal of Psychiatry*, 158, pp. 2043- 2047.

_____, Keller, R., Neidhardt, J., Pathak, D. & Lambert, L. (1993). Imagery rehearsal treatment of chronic nightmares: With a thirty-month follow-up. *Journal of Behavior Therapy and Experimental Psychiatry*, 24, pp. 325-330.

_____, Kellner, R., Pathak, D. & Lambert, L. (1995). Imagery rehearsal treatment for chronic nightmares. *Behaviour Research and Therapy*, 33, pp. 837-843.

_____, Kellner, R., Pathak, D. & Lambert, L. (1996). Long term reduction of nightmares with imagery rehearsal treatment. *Behavioural and Cognitive Psychotherapy*, 24, pp. 135-148.

_____, Lowry, C., Germain, A., Gaddy, L., Hollifield, M., Koss, M., et al. (2000). A retrospective study on improvements in nightmares and post-traumatic stress disorder following treatment for co-morbid sleep-disordered breathing. *Journal of Psychosomatic Research*, 49, pp. 291-298.

_____, Melendrez, D., Johnston, L. G., Clark, J. O., Santana, e., Warner, T. D., et al. (2002) Sleep dynamic therapy for Cerro Grande fire evacuees with post-traumatic stress symptoms: A preliminary report. *Journal of Clinical Psychiatry*, 63, pp. 673-684.

_____, Melendrez, D., Johnston, L. G., Warner, T. D., Clark, J. O., Pacheco, M., et al. (2002). Sleep-disordered breathing psychiatric distress, and quality of life impairment in sexual assault survivors. *Journal of Nervous and Mental Disease*, 190, pp. 442-452.

_____, Melendrez, D., Pedersen, B., Johnston, L., Hollifield, M., Germain, A., et al. (2001). Complex insomnia: Insomnia and sleep-disordered breathing in a consecutive series of crime victims with nightmares and PTSD. *Biological Psychiatry*, 49, pp. 948-953.

_____, Melendrez, D., Warner, T. D., Clark, J. O., Sisley, B. N., Dorin, R., et al. (2006). Signs and symptoms of sleep-disordered breathing in trauma survivors. *Journal of Nervous and Mental Disease*, 194, pp. 433-438.

_____, Sandoval, D., Schrader, R., Keuhne, B., McBride, L. Yau, C. L., et al. (2001). Treatment of chronic nightmares in adjudicated adolescent girls in a residential facility. *Journal of Adolescent Health*, 29, pp. 94-100.

Krakow, B. & Zadra, A. (2006). Clinical management of chronic nightmares: Imagery rehearsal therapy. *Behavioral Sleep Medicine*, 4, pp. 45-70.

Kramer, M. (1979). Dream disturbances. *Psychiatric Annals*, 9, pp. 50-68.

_____ (1991). The nightmare: A failure in dream function. *Dreaming*, 1, pp. 277-285.

_____ & Kinney, L. (1998). Sleep patterns in trauma victims with disturbed dreaming. *Psychiatric Journal of the University of Ottawa*, 13, pp. 12-16.

_____ & Kinney, L. (2003). Vigilance and avoidance during sleep in US Vietnam veterans with post-traumatic stress disorder. *Journal of Nervous and Mental Disease*, 191, pp. 685-687.

_____, Shoen, L. & Kinney, L. (1984). The dream experience in dream-disturbed Vietnam veterans. In: Van der Kolk, B. A. (Ed.), *Post traumatic stress disorders*: Psychological and biological sequelae (pp. 81-95). Washington DC: American Psychiatric Association.

_____, Shoen, L. & Kinney, L. (1987). Nightmares in Vietnam veterans. *Journal of the American Academy of Psychoanalysis*, 15, pp. 67-81.

Krystal, A. D. & Davidson, J. R. T. (2007). The use of prazosin for the treatment of trauma nightmares and sleep disturbance in combat veterans with post-traumatic stress disorder. *Biological Psychiatry*, 61, pp. 925-927.

Kuch, K. & Cox, B. J. (1992). Symptoms of PTSD in 124 survivors of the Holocaust. *American Journal of Psychiatry*, 149, pp. 337-340.

Kulka, R. A., Schlenger, W. E., Fairbank, J. A., Hough, R. L., Jordan, B. K., Marmar, C. R. & Weiss, D. S. (1990). *Trauma and the Vietnam war generation*: Report of findings from the National Vietnam Veterans Readjustments Study. Philadelphia: Brunner/Mazel.

Kushida, C. A., Littner, M. R., Morgenthaler, T., Alessi, C. A., Bailey, D., Coleman, J., et al. (2005). Practice parameters for the indications for polysomnography and related procedures: An update for 2005. *Sleep*, 28, pp. 499-521.

Lambert, M. & Barley, D. (2001). Research summary on the therapeutic relationship and psychotherapy outcome. *Psychotherapy*, 38, pp. 357-361.

Lang, P. J. (1968). Fear reduction and fear behavior: Problems in treating a construct. In: Shlien, J. M. (Ed.), *Research in psychotherapy*, vol. I. (pp. 90-102). Washington: American Psychological Association.

_____, Cuthbert, B. N. & Bradley, M. M. (1998). Measuring emotions in therapy: Imagery, activation, and feeling. *Behavior Therapy*, 29, pp. 665-674.

_____, Melamed, B. G. & Hart, J. (1970). A psycho physiological analysis of fear modification using an automated desensitization procedure. *Journal of Abnormal Psychology*, 76, pp. 220-234.

Laor, N., Wolmer, L., Wiener, Z., Reiss, A., Muller, U., Weizman, R., et al. (1998). The function of image control in the psychophysiology of posttraumatic stress disorder. *Journal of Traumatic Stress*, 11, pp. 697-696.

_____, Wolmer, L., Wiener, Z., Weizman, R., Toren, P. & Ron, S. (1999). Image control and symptom expression in posttraumatic stress disorder. *Journal of Nervous and Mental Disease*, 187, pp. 673-679.

Largo-Marsh, L. & Spates, C. R. (2002). The effects of writing therapy in comparison to EMD/R on traumatic stress: The relationship between hypnotizability and client expectancy to outcome. *Professional Psychology: Research and Practice*, 33, pp. 581-586.

Lavie, P. (2001). Sleep disturbances in the wake of traumatic events. *New England Journal of Medicine*, 345, pp. 1825-1832.

_____ & Hertz, G. (1970). Increased sleep motility and respiration rates in combat neurotic patients. *Biological Psychiatry*, 14, pp. 983-987.

_____, Katz, N., Pillar, G. & Zinger, Y. (1998). Elevated awaking thresholds during sleep: Characteristics of chronic war-related post-traumatic stress disorder patients. *Biological Psychiatry*, 44, pp. 1060-1065.

Lawrence, J. W., Fauerbach, J. & Munster, A. (1996). Early avoidance of traumatic stimuli predicts chronicity of intrusive thoughts following burn injury. *Behavioral Research and Therapy*, 34, pp. 643-646.

Lawyer, S. R., Resnick, H. S., Galea, S., Ahern, J., Kilpatrick, D. G. & Vlahov, D. (2006). Predictors of peritraumatic reactions and PTSD following the September 11th terrorist attacks. *Psychiatry*, 69, pp. 130-141.

Lebowitz, L., Newman, E. (1996). The role of cognitive-affective themes in the assessment and treatment of trauma reaction. *Clinical Psychology and Psychotherapy: An International Journal of Theory and Practice*, 3, pp. 196-207.

Leskin, G. A., Woodward, S. H., Young, H. E. & Sheikh, J. I. (2002). Effects of comorbid diagnoses on sleep disturbance in PTSD. *Journal of Psychiatric Research*, 36, pp. 449-452.

Leuger, R. J. (2001). Imagery techniques in cognitive behavior treatments of anxiety and trauma. In: Sheikh, A. A. (Ed.). *Handbook of therapeutic imagery techniques* (pp. 75-84). Amityville: Baywood Publishing Company, Inc.

Levin, R. & Fireman, G. (2002a). Phenomenal qualities of nightmare experience in a prospective study of college students. *Dreaming*, 12, pp. 109-120.

_____ & Fireman, G. (2002b). Nightmare prevalence, nightmare distress, and self-reported psychological disturbance. *Sleep*, 25, pp. 205-212.

_____, Galin, J. & Zywiak, B. (1991). Nightmares, boundaries, and creativity. *Dreaming*, 1, pp. 63-74.

_____ & Nielsen, T. A. (2007). Disturbed dreaming, posttraumatic stress disorder, and affect distress: A review and neurocognitive model. *Psychological Bulletin*, 133, pp. 482-528.

Lichstein, K. L. & Rosenthal, T. L. (1980). Insomniacs' perceptions of cognitive versus somatic determinants of sleep disturbance. *Journal of Abnormal Psychology*, 89, pp. 105-107.

Lidz, T. (1946). Nightmares and the combat neuroses. *Journal of the Biology and the Pathology of Interpersonal Relations*, 9, pp. 37-49.

Lindauer, R. J., Vlieger, E. J., Jalink, M., Carlier, I. V., Majoie, C. B., et al. (2005). Effects of psychotherapy on hippocampal volume in out-patients with post-traumatic stress disorder: A MRI investigation. *Psychological Medicine*, 35, pp. 1421-1431.

Littleton, H. (2007). An evaluation of the coping patterns of rape victims: Integration with a schema-based information-processing model. *Violence Against Women*, 13, pp. 789-801.

Littner, M., Kushida, C. A., Anderson, W. M., Bailey, D., Berry, R. B., Davila, D. G., et al. (2003). Practice parameters for the role of actigraphy in the study of sleep and circadian rhythms: An update for 2002. *Sleep*, 26, pp. 337-341.

Litz, B. T., Blake, D. D., Gerardi, R. G. & Keane, T. M. (1990). Decision making guidelines for the use of direct therapeutic exposure in the treatment of post-traumatic stress disorder. *Behavior Therapist*, 13, pp. 91-93.

_____ & Keane, T. M. (1989). Information processing in anxiety disorders: Application to the understanding of post-traumatic stress disorder. *Clinical Psychology Review*, 9, pp. 243-257.

Lueger, R. J. (2001). Imagery techniques in cognitive behavior treatments of anxiety and trauma. In: Sheikh, A. A. (Ed.). *Handbook of therapeutic imagery techniques* (pp. 75-84). Amityville: Baywood Publishing Company, Inc.

Maher, M. J., Rego, S. A. & Asnis, G. M. (2006). Sleep disturbances in patients with post-traumatic stress disorder: Epidemiology, impact and approaches to management. *CNS Drugs*, 20, pp. 568-590.

Mahowald, M. W. & Bornemann, M. A. C. (2005). NREM sleep-arousal parasomnias. In: Kryger, M. H., Roth, T. & Dement, W. C. (Eds.). *Principles and practices of sleep medicine*. (4. ed., pp. 889-896). Philadelphia: Elsevier Sanders.

Maquet, P., Péters, J. & Aerts, J. (1996). Functional neuroanalomy of human rapid-eye-movement sleep and dreaming. *Nature*, 383, pp. 163-166.

_____ (1978). Rehearsal relief of a nightmare. *British Journal of Psychiatry*, 133, pp. 461-465.

Marks, I. (1987). Nightmares. *Integrative Psychiatry*, 5, pp. 71-81.

Mastin, D., Bryson, J. & Corwyn, R. (2006). Assessment of sleep hygiene using the sleep hygiene index. *Journal of Behavioral Medicine*, 29, pp. 223-227.

Mazzoni, G. A. L. & Loftus, E. F. (1998). Dream interpretation can change beliefs about the past. *Psychotherapy*, 35, pp. 177-187.

McCall, W. V. & Edinger, J. D. (1992). Subjective total insomnia: An example of sleep state misperception. *Sleep*, 15, pp. 71-73.

McCann, I. L., Sakheim, D. K. & Abrahamson, D. J. (1988). Trauma and victimization: A model of psychological adaptation. *Counseling Psychologist*, 16, pp. 531-594.

McGuigan, W. M. & Middlemiss, W. (2005). Sexual abuse in childhood and interpersonal violence in adulthood. *Journal of Interpersonal Violence*, 20, pp. 1271-1287.

Mehra, R. & Strohl, L. P. (2006). Evaluation of sleep disordered breathing: Polysomnography. In: Lee-Chiong, T. L. (Ed.), *Sleep*: A comprehensive handbook (pp. 303-315). Hoboken: John Wiley & Sons, Inc.

Mellman, T. A. (1997). Psychobiology disturbances in post-traumatic stress disorder. *Annals of the New York Academy of Science*, 821, pp. 142-149.

_____ (2000). Sleep and the pathogenesis of PTSD. In: Shalev, A., Yehuda, R. & McFarlane, A. C. (Eds.), *International handbook of human response to trauma* (pp. 299-306). New York: Plenum Publishing Company.

_____ (2006). Sleep and anxiety disorders. *Psychiatric Clinics of North America*, 29, pp. 1047-1058.

_____, David, D., Bustamante, V., Torres, J. & Fins, A. (2001). Dreams in the acute aftermath of trauma and their relationship to PTSD. *Journal of Traumatic Stress*, 14, pp. 241-247.

_____, David, D., Kulick-Bell, R., Hebding, J. & Nolan, B. (1995). Sleep disturbance and its relationship to psychiatric morbidity after Hurricane Andrew. *American Journal of Psychiatry*, 152, pp. 1659-1663.

_____ & Hipolito, M. M. S. (2006). Sleep disturbances in the aftermath of trauma and post-traumatic stress disorder. *CNS Spectrums*, 11, pp. 611-615.

_____, Kulick-Bell, R., Ashlock, L. E. & Nolan, B. (1995). Sleep events among veterans with combat-related post-traumatic stress disorder. *American Journal of Psychiatry*, 152, pp. 110-115.

Mellman, T. A., Kumar, A., Kulick-Bell, R., Kumar, M. & Nolan, B. (1995). Nocturnal/daytime urine noradrenergic measures and sleep in combat-related PTSD. *Biological Psychiatry*, 38, pp. 174-179.

Miller, W. R. & DiPilato, M. (1983). Treatment of nightmares via relaxation and desensitization: A controlled evaluation. *Journal of Clinical and Consulting Psychology*, 51, pp. 870-877.

Monk, R. H., Reynolds, C. F., Kupfer, D. J., Buysse, D. J., Coble, P. A., et al. (1994). The Pittsburgh sleep diary. *Journal of Sleep Research*, 3, pp. 111-120.

Moore, B. A. & Krakow, B. (2007). Imagery rehearsal therapy for acute post-traumatic nightmares among combat soldiers in Iraq. *American Journal of Psychiatry*, 164, pp. 683-684.

Morin, C. M. (1993). *Insomnia*: Psychological assessment and management. New York: Guilford Press.

_____ (2005). Psychological and behavioral treatments for primary insomnia. In: Kryger, M. H., Roth, T. & Dement, W. C. (Eds.). *Principles and practices of sleep medicine* (4. ed., pp. 726-737). Philadelphia: Elsevier Sanders.

_____, Blais, F. & Savard, J. (2002). Are changes in beliefs and attitudes about sleep related to sleep improvements in the treatment of insomnia? *Behavior Research and Therapy*, 40, pp. 741-752.

_____, Culbert, J. P. & Schwartz, S. M. (1994). Nonpharmacological interventions for insomnia: A meta-analysis of treatment efficacy. *American Journal of Psychiatry*, 151, pp. 1172-1180.

_____, Rodrigui, S. & Ivers, H. (2003). Role of stress, arousal, and coping skills in primary insomnia. *Psychosomatic Medicine*, 65, pp. 259-267.

_____, Stone, J., Trinkle, D., Mercer, J. & Remsberg, S. (1993). Dysfunctional beliefs and attitudes about sleep among older adults with and without insomnia complaints. *Psychology and Aging*, 8, pp. 463-467.

Morriss, R., Sharpe, M., Sharpley, A. L., Cowen, P. J., Hawton, K. & Morris, J. (1993). Abnormalities of sleep in patients with the chronic fatigue syndrome. *British Medical Journal*, 306, pp. 1161-1164.

Morriss, R. K., Wearden, A. J. & Battersby, L. (1997). The relationship of sleep difficulties to fatigue, mood and disability in chronic fatigue syndrome. *Journal of Psychosomatic Research*, 42, pp. 597-605.

Mowrer, O. H. (1947). On the dual nature of learning: A re-interpretation of "conditioning" and "problem-solving". *Harvard Educational Review*, 17, pp. 101-148.

_____ (1960). *Learning theory and behavior*. New York: John Wiley & Sons, Inc.

Mullen, Pe. E., Martin, J. L. & Anderson, J. C. (1996). The long-term impact of the physical, emotional, and sexual abuse of children: A community study. *Child Abuse & Neglect*, 20, pp. 7-21.

Mundt, J. C., Marks, I. M., Shear, M. K. & Greist, J. M. (2002). The work and social adjustment scale: A simple measure of impairment in functioning. *British Journal of Psychiatry*, 180, pp. 461-464.

Nadar, K. (1996). Children's traumatic dreams. In: Barrett, D. (Ed.). *Trauma and dreams* (pp. 9-24). Cambridge: Harvard University Press.

National Institutes of Health. (2004). *Frontiers of knowledge in sleep disorders*: Opportunities for improving health and quality of life. Disponível em: <www. nhlbi.nih.gov/meeting/slp_front.htm>. Acesso em: 2 jan. 2008.

Neidhardt, E. J., Krakow, B., Kellner, R. & Pathak, D. (1992). The beneficial effects of one treatment session and recording of nightmares on chronic nightmare sufferers. *Sleep*, 15, pp. 470-473.

Neria, Y., Gross, R., Litz, B., Maguen, S., Insel, B., Seirmarco, G., et al. (2007). Prevalence and psychological correlated of complicated grief among bereaved adults 2.5-3.5 years after September 11th attacks. *Journal of Traumatic Stress*, 20, pp. 251-262.

Newman, E., Riggs, D. S. & Roth, S. (1997). Thematic resolution, PTSD, and complex PTSD: The relationship between meaning and trauma-related diagnoses. *Journal of Traumatic Stress*, 10, pp. 197-213.

Neylan, T. C., Marmar, C. R., Metzler, T. J., Weiss, D. S., Zatzick, D. F., Delucchi, K. L., et al. (1998). Sleep disturbances in the Vietnam generation: Findings from a nationally representative sample of male Vietnam veterans. *American Journal of Psychiatry*, 155, pp. 929-933.

_____, Otte, C., Yehuda, R. & Marmar, C. R. (2006). Neuroendocrine regulation of sleep disturbances in PTSD. *Annals of the New York Academy of Sciences*, 1071, pp. 203-215.

Nguyen, T. T., Madrid, S., Marquez, H. & Hicks, R. A. (2002). Nightmare frequency, nightmare distress, and anxiety. *Perceptual and Motor Skills*, 95, pp. 219-225.

Nicassio, P. M., Mendlowitz, D. R., Fussell, J. J. & Petras, L. (1985). The phenomenology of the pre-sleep rate state: The development of the pre-sleep arousal scale. *Behavior Research and Therapy*, 23, pp. 263-271.

Nielsen, T. A. (2005). Disturbed dreaming in medical conditions. In: Kryger, M. H., Roth, T. & Dement, W. C. (Eds.), *Principles and practices of sleep medicine* (4. ed., pp. 936-945). Philadelphia: Elsevier Sanders.

_____, Deslauriers, D. & Baylor, G. W. (1991). Emotions in dream and waking event reports. *Dreaming*, 1, pp. 287-300.

_____, Laberge, L., Paquet, J., Tremblay, R. E., Vitaro, F. & Montplaisir, J. (2000). Development of disturbing dreams during adolescence and their relation to anxiety symptoms. *Sleep*, 23, pp. 727, 736.

_____, Stenstrom, P. & Levin, R. (2006). Nightmare frequency as a function of age, gender, and September 11, 2001: Findings from an Internet questionnaire. *Dreaming*, 16, pp. 145-158.

_____ & Zadra, A. (2005). Nightmares and other common dream disturbances. In: Kryger, M. H., Roth, T. & Dement, W. C. (Eds.). *Principles and practices of sleep medicine* (4. ed., pp. 926-935). Philadelphia: Elsevier Sanders.

Norris, F. H. (1992). Epidemiology of trauma: Frequency and impact of different potentially traumatic events on different demographic groups. *Journal of Consulting and Clinical Psychology*, 60, pp. 409-418.

North, C. S., Nixon, S. J., Shariat, S., Mallonee, S., McMillen, J. C., Spitznagel, E. L., et al. (1999). Psychiatric disorders among survivors of the Oklahoma City bombing. *Journal of the American Medical Association*, 282, pp. 755-762.

Ohayon, M. M. & Shapiro, C. M. (2000). Sleep disturbances and psychiatric disorders associated with post-traumatic stress disorder in the general population. *Comprehensive Psychiatry*, 41, pp. 469-478.

Olff, M., de Vries, G., Guzelcan, Y., Assies, J. & Gersons, B. P. R. (2007). Changes in cortisol and DHEA plasma levels after psychotherapy for PTSD. *Psychoneuroendocrinology*, 32, pp. 619-626.

Opalic, P. (2000). Research of the dreams of the traumatized subjects. *Psihijatrija Danas*, 32, pp. 129-147.

Orr, S. P. & Roth, W. T. (2000). Psychophysiological assessment: Clinical applications for PTSD. *Journal of Affective Disorders*, 61, pp. 225-240.

Page, J. F. (2000). Nightmares and disorders of dreaming. *American Family Physician*, 61, pp. 2037-2042.

Parrot, A. C. & Hindmarch, I. (1987). Factor analysis of a sleep evaluation questionnaire. *Psychological Medicine*, 8, pp. 325-329.

Partinen, M. & Gislason, T. (1995). Basic Nordic sleep questionnaire (BNSQ): A quantitated measure of subjective sleep complaints. *Journal of Sleep Research*, 4, pp. 150-155.

Peirce, J. T. (2006). Efficacy of imagery rehearsal treatment related to specialized populations: A case study and brief report. *Dreaming*, 16, pp. 280-285.

Pennebaker, J. W. & Graybeal, A. (2001). Patterns of natural language use: Disclosure, personality, and social integration. *Current Directions in Psychological Science*, 10, pp. 90-93.

_____, Kiecolt-Glaser, J. K. & Glaser, R. (1988). Disclosure of traumas and immune function: Health implications for psychotherapy. *Journal of Consulting and Clinical Psychology*, 56, pp. 239-245.

_____, Mayne, T. J. & Francis, M. E. (1997). Linguistic predictors of adaptive bereavement. *Journal of Personality and Social Psychology*, 72, pp. 863-871.

Pennington, H., Davis, J. L. & Rhudy, J. L. (2008). Imagery vividness in chronic nightmare sufferers. Unpublished manuscript, University of Tulsa.

Perlis, M. L. & Lichstein, K. L. (Eds.). (2003). *Treating sleep disorders*: Principles and practices of behavioral sleep medicine. Hoboken: John Wiley & Sons, Ind.

Peskind, E. R., Bonner, L. T., Hoff, D. G. & Raskind, M. A. (2003). Prazosin reduces trauma-related nightmares in older men with chronic post-traumatic stress disorder. *Journal of Geriatric Psychiatry and Neurology*, 61, pp. 165-171.

Petrie, K. J., Booth, R. J. & Pennebaker, J. W. (1998). The immunological effects of thought suppression. *Journal of Personality and Social Psychology*, 75, pp. 1264-1272.

Pfeffer, C. R., Altemus, M., Heo, M. & Jiang, H. (2007). Salivary cortisol and psychopathology in children bereaved by the September 11, 2001 terror attacks. *Biological Psychiatry*, 61, pp. 957-965.

Phelps, A. J., Forbes, D. & Creamer, M. (2008). Understanding posttraumatic nightmares: An empirical and conceptual review. *Clinical Psychology Review*, 28, pp. 338-355.

Pietrowsky, R. & Köthe, M. (2003). Personal boundaries and nightmare consequences in frequent nightmare sufferers. *Dreaming*, 13, pp. 245-254.

Pillar, G., Malhotra, A. & Lavie, P. (2000). Post-traumatic stress disorder and sleep – what a nightmare! *Sleep Medicine Reviews*, 4, pp. 183-200.

Pitman, R. K., Altman, B., Greenward, E., Longpre, R. E., Macklin, M. L., Poire, R. E. & Steketee, G. S. (1991). Psychiatric complications during flooding therapy for post-traumatic stress disorder. *Journal of Clinical Psychiatry*, 52, pp. 17-20.

Raskind, M. A., Peskind, E. R., Hoff, D. J., Hart, K. L., Holmes, H. A., Warren, D., et al. (2007). A parallel group placebo controlled study of prazosin for trauma-related nightmares and sleep disturbances in combat veterans with post-traumatic stress disorder. *Biological Psychiatry*, 61, pp. 928-934.

_____, Peskind, E. R., Kanter, E. D., Petrie, E. C., Radant, A., Thompson, C. E., et al. (2003). Reduction of nightmares and other PTSD symptoms in combat veterans by prazosin: A placebo-controlled study. *American Journal of Psychiatry*, 160, pp. 371-373.

_____, Thompson, C., Petrie, E. C., Dobie, J. D., Rein, R. J., Hoff, D. J., et al. (2002). Prazosin reduces nightmares in combat veterans with post-traumatic stress disorder. *Journal of Clinical Psychiatry*, 63, pp. 565-568.

Rauch, S. A. M., Foa, E. B., Furr, J. M. & Filip, J. C. (2004). Imagery vividness and perceived anxious arousal in prolonged exposure treatment for PTSD. *Journal of Traumatic Stress*, 17, pp. 461-465.

Resick, P. A., Falsetti, S. A., Resnick, H. S. & Kilpatrick, D. G. (1991). *The modified PTSD symptom scale - Self-report*. St. Louis: University of Missouri & Charleston: National Crime Victims Research and Treatment Center, Medical University of South Carolina.

_____ & Schnicke, M. K. (1993). *Cognitive processing therapy for rape victims*: A treatment manual. Newbury Park: Sage.

Resnick, H. S., Acierno, R. & Kilpatrick, D. G. (1997). Health impact of interpersonal violence 2: Medical and mental health outcomes. *Behavioral Medicine*, 23, pp. 65-78.

_____, Best, C. L., Kilpatrick, D. G., Freedy, J. R. & Falsetti, S. A. (1993). *Trauma Assessment for Adults* – Self-Report Version. Unpublished Scale. Charleston: National Crime Victims Research and Treatment Center, Medical University of South Carolina.

_____, Kilpatrick, D. G., Dansky, B. S., Saunders, B. E. & Best, C. L. (1993). Prevalence of civilian trauma and posttraumatic stress disorder in a representative national samples of women. *Journal of Consulting and Clinical Psychology*, 61, pp. 984-991.

Revonsuo, A. (2000). The reinterpretation of dreams. An evolutionary hypotheses of function of dreaming. *Behavioral and Brain Sciences*, 23, pp. 877-901.

Rhudy, J. L., Davis, J. L., Williams, A. E., McCabe, K. M. & Byrd, P. M. (2008). Physiological-emotional reactivity to nightmare-related imagery in trauma-exposed persons with chronic nightmares. *Behavioral Sleep Medicine*, 6, pp. 158-177.

_____, Davis, J. L., Williams, A. E., McCabe, K. M., Bartley, E. J., Byrd, P. M. & Pruiksma, K. E. (under review). Cognitive-behavioral treatment reduces physiological-emotional reactions to nightmare imagery in trauma-exposed persons suffering from chronic nightmares.

Riggs, D. S., Rothbaum, B. O. & Foa, E. B. (1995). A prospective examination of symptoms of posttraumatic stress disorder in victims of nonsexual assault. *Journal of Interpersonal Violence*, 10, pp. 201-214.

Robert, G. & Zadra, A. (2008). Measuring nightmare and bad dream frequency: impact of retrospective and prospective instruments. *Journal of Sleep Research*, 17, pp. 132-139.

Robert, J. & Lennings, C. J. (2006). Personality, psychopathology and nightmares in young people. *Personality and Individual Differences*, 41, pp. 733-744.

Roehrs, T. & Roth, T. (2001). Sleep, sleepiness, and alcohol use. *Alcohol Research and Health*, 25, pp. 101-109.

Rogers, A. E. (1997). Nursing management of sleep disorders: Part I – assessment. *ANNA Journal*, 24, pp. 666-671.

Rosen, J., Reynolds, C. F., Yeager, A. L., Houck, P. R. & Hurwitz, L. F. (1991). Sleep disturbances in survivors of the Nazi Holocaust. *American Journal of Psychiatry*, 148, pp. 62-66.

Ross, R. J., Ball, W. A., Sullivan, K. A. & Caroff, S. N. (1989). Sleep disturbance as the hallmark of post-traumatic stress disorder. *American Journal of Psychiatry*, 146, pp. 697-707.

Roszell, D. K., McFall, M. E. & Malas, K. L. (1991). Frequency of symptoms and concurrent psychiatric disorder in Vietnam veterans with chronic PTSD. *Hospital and Community Psychiatry*, 42, pp. 293-296.

Roth, S., Newman, E. (1991). The process of coping with trauma. *Journal of Traumatic Stress*, 4, pp. 279-297.

Roth, T., Zammit, G., Kushida, C., Doghramji, K., Mathias, S. D., Wong, J. W., et al. (2002). A new questionnaire to detect sleep disorders. *Sleep Medicine*, 3(2), pp. 99-108.

Rothbaum, B. O. & Mellman, T. A. (2002). Dreams and exposure therapy in PTSD. *Journal of Traumatic Stress*, 14, pp. 481-490.

Rowling, J. K. (1999). *Harry Potter and the prisoner of Azkaban*. New York: Scholastic Press. [Ed. bras.: *Harry Potter e o prisionero de Azkaban*. Rio de Janeiro: Rocco, 2000.]

Rusch, M. D., Grunert, B. K., Medelsohn, R. A. & Smucker, M. R. (2000). Imagery rescripting or recurrent, distressing images. *Cognitive and Behavioral Practice*, 7, pp. 173-182.

Saakvitne, K. W. & Pearlman, L. A. (1996). *Transforming the pain*: A workbook on vicarious traumatization. New York: W. W. Norton and Company.

Sadeh, A., Hayden, R. M., McGuire, J. P. D., Sachs, H. & Civita, R. (1994). Somatic, cognitive, and emotional characteristics of abused children hospitalized in a psychiatric hospital. *Child Psychiatry and Human Development*, 24, pp. 191-200.

_____, McGuire, J. P. D., Sachs, H., Seifer, R., Tremblay, A., Civita, R., et al. (1995). Sleep and psychological characteristics of children on a psychiatric inpatient unit. *Journal of The American Academy of Child and Adolescent Psychiatry*, 34, pp. 813-819.

Salvio, M., Wood, J. M., Schwartz, J. & Eichling, P. S. (1992). Nightmare prevalence in the health elderly. *Psychology and Aging*, 7, pp. 324-325.

Schnider, K. R., Elhai, J. D. & Gray, M. J. (2007). Coping style predicts posttraumatic stress and complicated grief symptom severity among college students reporting a traumatic loss. *Journal of Counseling Psychology*, 54, pp. 344-350.

Schnurr, P. P. & Green, B. L. (Eds.). (2003). *Trauma and health*: Physical health consequences of exposure to extreme stress. Washington: American Psychological Association.

_____ & Green, B. L. (2004). Understanding relationships among trauma, posttraumatic stress disorder, and health outcomes. *Advances in Mind-Body Medicine*, 20, pp. 18-29.

Schoutrop, M. J. A., Lange, A., Hanewald, G., Davidovich, U. & Salomon, H. (2002). Structured writing and processing major stressful events: A controlled trial. *Psychotherapy and Psychosomatics*, 71, pp. 151-157.

Schredl, M. (2003). Effects of state and trait factors on nightmare frequency. *European Archives of Psychiatry and Clinical Neuroscience*, 253, pp. 241-247.

Schreuder, B. J. N., Igreja, V., van Dijk, J. & Kleijn, W. (2001). Intrusive re-experiencing of chronic strife or war. *Advances in Psychiatric Treatment*, 7, pp. 102-108.

_____, Kleijn, W. C. & Rooijmans, H. G. M. (2000). Nocturnal re-experiencing more than forty years after war trauma. *Journal of Traumatic Stress*, 13, pp. 453-463.

_____, van Egmond, M. Kleijn, W. C. & Visser, A. T. (1998). Daily reports of posttraumatic nightmares and anxiety dreams in Dutch war victims. *Journal of Anxiety Disorders*, 12, pp. 511-524.

Scientific Advisory Committee of the Medical Outcomes Trust. (2002). Assessing health status and quality-of-life instruments: Attributes and review criteria. *Quality of Life Research*, 11, pp. 193-205.

Scurfield, R. M., Kenderdine, S. K. & Pollard, R. J. (1990). Inpatient treatment for war-related post-traumatic stress disorder: Initial findings on a longer-term outcome study. *Journal of Traumatic Stress*, 3, pp. 185-201.

Seligman, M. E. P. & Yellen, A. (1987). What is a dream? *Behavioral Research and Therapy*, 25, pp. 1-24.

Sheehan, P. W. (1967). A shortened form of Bett's questionnaire upon mental imagery. *Journal of Clinical Psychology*, 23, pp. 386-389.

Sheikh, J. I., Woodward, S. H. & Leskin, G. A. (2003). Sleep in post-traumatic stress disorder and panic: Convergence and divergence. *Depression and Anxiety*, 18, pp. 187-197.

Shen, J., Chung, S. A., Kayumov, L., Moller, H., Hossain, N., Wang, X., et al. (2006). Polysomnographic and symptomatological analyses of major depressive disorder patients treated with mirtazapine. *Canadian Journal of Psychiatry*, 51, pp. 27-34.

Skinner, H. A. (1982). The drug abuse screening test. *Addictive Behaviors*, 7, pp. 363-371.

Smith, D. W., Davis, J. L. & Fricker-Elhai, A. E. (2004). How does trauma beget trauma? Cognitions about risk in women with sexual abuse histories. *Child Maltreatment*, 9, pp. 292-303.

Smith, L. J., Nowakowski, S., Soeffing, J. P., Orff, H. J. & Perlis, M. L. (2003). The measurement of sleep. In: Perlis, M. L. & Lichstein, K. L. (Eds.). *Treating sleep disorders*: Principles and practice of behavioral sleep medicine (pp. 29-73). Hoboken: John Wiley & Sons, Inc.

Smucker, M. R., Dancu, C., Foa, E. B. & Niederee, J. L. (2002). Imagery rescripting: A new treatment for survivors of childhood sexual abuse suffering from posttraumatic stress. In: Leahy, R. L. & Dowd, E. T. (Eds.), *Clinical advances in cognitive psychotherapy*: Theory and application (pp. 294-310). New York: Springer Publishing.

_____ & Niederee, J. (1995). Treating incest-related PTSD and pathogenic schemas through imaginal exposure and rescripting. *Cognitive and Behavioral Practice*, 2, pp. 63-93.

Solomon, S. D. & Davidson, J. R. T. (1997). Trauma: Prevalence, impairment, service use, and cost. *Journal of Clinical Psychiatry*, 58 (Suppl.), pp. 5-11.

Spadafora, A. & Hunt, H. T. (1990). The multiplicity of dreams: Cognitive-affective correlated of lucid, archetypal, and nightmare dreaming. *Perceptual and Motor Skills*, 71, pp. 627-644.

Spielman, A. J., Caruso, L. S. & Glovinsky, P. B. (1987). A behavioral perspective on insomnia treatment. *Psychiatric Clinics of North America*, 10, pp. 541-553.

Spoormaker, V. I., Schredl, M. & van den Bout, J. (2006). Nightmares: From anxiety symptom to sleep disorder. *Sleep Medicine Reviews*, 10, pp. 19-31.

_____, van den Bout, J. & Meijer, E. J. G. (2003). Lucid dreaming treatment for nightmares: A series of case. *Dreaming*, 13, pp. 181-186.

_____, Verbeek, I., Bout, J. Van den & Klip, E. C. (2005). Initial validation of the SLEEP-50 questionnaire. *Behavioral Sleep Medicine*, 3, pp. 227-246.

Stapleton, J. A., Asmundson, G. J. G., Woods, M., Taylor, S. & Stein, M. B. (2006). Health care utilization by United Nations peacekeeping veterans with co-occurring, self-reported, post-traumatic stress disorder and depression symptoms versus those without. *Military Medicine*, 171, pp. 562-566.

_____, Taylor, S. & Asmundson, G. J. G. (2006). Effects of three PTSD treatments on anger and guilt: Exposure therapy, eye movement desensitization and reprocessing, and relaxation training. *Journal of Traumatic Stress*, 19, pp. 19-28.

Stein, M. B., Kline, N. A. & Matloff, J. L. (2002). Adjunctive olanzapine for SSRI-resistant combat-related PTSD: A double-blind, placebo-controlled study. *American Journal of Psychiatry*, 159, pp. 1777-1779.

Stickgold, R. (2005). Why we dream. In: Kryger, M., Roth, T. & Dement, W. (Eds.), *Principles and practices of sleep medicine* (4. ed., pp. 579-587). Philadelphia: Elsevier Saunders.

Stutman, R. K. & Bliss, E. L. (1985). Posttraumatic stress disorder, hypnotizability, and imagery. *American Journal of Psychiatry*, 142, pp. 741-743.

Tan, V. L. & Hicks, R. A. (1995). Type A-B behavior and nightmare types among college students. *Perceptual and Motor Skills*, 81, pp. 15-19.

Taylor, R. & Raskind, M. A. (2002). The alphal-adrenergic antagonist prazosin improves sleep and nightmares in civilian trauma post-traumatic stress disorder. *Journal of Clinical Psychopharmacology*, 22, pp. 82-85.

_____ (1979). Children of Chowchilla: A study of psychic trauma. *Psychoanalytic Study of Children*, 34, pp. 552-623.

Terr, L. C. (1983). Chowchilla revisited: The effects of psychic trauma four years after a school-bus kidnapping. *American Journal of Psychiatry*, 140, pp. 1543-1550.

Thompson, K. E., Hamilton, M. & West, J. A. (1995). Group treatment for nightmares in veterans with combat-related PTSD. *National Centre for PTSD Clinical Quarterly*, pp. 13-17.

Tolin, D. F. & Foa, E. B. (2006). Sex differences in trauma and post-traumatic stress disorder: A quantitative review of 25 years of research. *Psychological Bulletin*, 132, pp. 959-992.

Trajanovic, N. N., Radivojevic, V., Kaushansky, Y. & Shapiro, C. M. (2007). Positive sleep state misperception – A new concept of sleep misperception. *Sleep Medicine*, 8, pp. 111-118.

Ullman, S. E., Townsend, S. M., Filipas, H. H. & Starzynski, L. L. (2007). Structural models of the relations of assault severity, social support, avoidance coping, self-blame, and PTSD among sexual assault survivors. *Psychology of Women Quarterly*, 31, pp. 23-37.

van der Kolk, B., Blitz, R., Burr, W., Sherry, S. & Hartmann, E. (1981). Characteristics of nightmares among veterans with and without combat experiences. *Sleep Research*, 10, p. 179.

_____, Blitz, R., Burr, W., Sherry, S. & Hartmann, E. (1984). Nightmares and trauma: A comparison of nightmares after combat with lifelong nightmares in veterans. *American Journal of Psychiatry*, 141, pp. 187-190.

_____ & Goldberg, H. L. (1983). Aftercare of schizophrenic patients: Psychopharmacology and consistency of therapists. *Hospital and Community Psychiatry*, 4, pp. 340-343.

van Liempt, S., Vermetten, E., Geuze, E. & Westenberg, H. (2006). Pharmacotherapeutic treatment of nightmares and insomnia in post-traumatic stress disorder: An overview of the literature. *Annals of the New York Academy of Sciences*, 1071, pp. 502-507.

van Minnen, A., Arntz, A. & Keijsers, G. P. J. (2002). Prolonged exposure in patients with chronic PTSD: Predictors of treatment outcome and dropout. *Behaviour Research and Therapy*, 40, pp. 439-457.

Vaughan, K. & Tarrier, N. (1992). The use of image habituation training with post-traumatic stress disorders. *British Journal of Psychiatry*, 161, pp. 658-664.

Vgontzas, A. N. & Kales, A. (1999). Sleep and its disorders. *Annual Review of Medicine*, 50, pp. 387-400.

Walker, E. A. & Stenchever, M. A. (1993). Sexual victimization and chronic pelvic pain. *Obstetrics and Gynecology Clinic of North America*, 20, pp. 795-807.

Wang, S., Wilson, J. P. & Mason, J. W. (1996). Stages of decompensation in combat-related post-traumatic stress disorder: A new conceptual model. *Integrative Physiological & Behavioural Science*, 31, pp. 237-253.

Ware, J. E., Jr. & Sherbourne, C. D. (1992). The MOS 36-item short-form health survey (SF-36). I. Conceptual framework and item selection. *Medical Care*, 30(6), pp. 473-483.

Weathers, F., Huska, J. & Keane, T. (1991). *The PTSD checklist military version (PCL-M)*. Boston: National Center for PTSD.

Weiss, D. S. (2007). Conundrums in a theory of disturbed dreaming: Comment on Levin and Nielsen. *Psychological Bulletin*, 133, pp. 529-532.

Wilmer, H. A. (1996). The healing nightmare: War dreams of Vietnam veterans. In: Barrett, D. (Ed.), *Trauma and dreams* (pp. 86-99). Cambridge: Harvard University Press.

Wilson, A. E., Calhoun, K. S. & Bernat, J. A. (1999). Risk recognition and trauma-related symptoms among sexually revictimized women. *Journal of Consulting and Clinical Psychology*, 67, pp. 705-710.

Wind, T. W. & Silvern, L. E. (1992). Type and extent of child abuse as predictors of adult functioning. *Journal of Family Violence*, 7, pp. 261-281.

Wittmann, L., Schredl, M. & Kramer, M. (2007). Dreaming in post-traumatic stress disorder: A critical review of phenomenology, psychophysiology and treatment. *Psychotherapy and Psychosomatics*, 76, pp. 25-39.

Wolpe, J. (1958). *Psychotherapy by reciprocal inhibition*. Stanford: Stanford University Press.

Wood, J. M. & Bootzin, R. R. (1990). The prevalence of nightmares and their independence from anxiety. *Journal of Abnormal Psychology*, 99, pp. 64-68.

Woodward, S. H. (1995). Neurobiological perspectives on sleep in post-traumatic stress disorder. In: Friedman, M. J., Charney, D. S. & Deutch, A. Y. (Eds.), *Neurobiological and clinical consequences of stress*: From normal adaptation to PTSD (pp. 315-333). Philadelphia: Lippincott-Raven Publishers.

_____, Bliwise, D. L., Friedman, M. J. & Grusman, F. D. (1996). First night effects in post-traumatic stress disorder inpatient. *Sleep*, 19, pp. 312-317.

Woodward, S. H., Stegman, W. K., Pavao, J. R., Arsenault, N. J., Hartl, T. L., Krescher, K. D., et al. (2007). Self-selection bias in sleep and psychophysiological studies of post-traumatic stress disorder. *Journal of Traumatic Stress*, 20, pp. 619-623.

World Health Organization. (2007). International statistical classification of diseases and related health problems (10. Revisão, Versão 2007). Disponível em: <http://www.who.int/classifications/icd/en/>. Acesso em: 1 Fev 2008.

Yehuda, R. & McFarlane, A. C. (1997). *Psychobiology of posttraumatic stress disorder.* New York: New York Academy of Sciences.

Yoo, S., Gujar, N., Hu, P., Jolesz, F. A. & Walker, M. P. (2007). The human emotional brain without sleep – a prefrontal amygdala disconnect. *Current Biology*, 17, pp. R877-R878.

Youakim, J. M., Doghramji, K. & Schutte, S. L. (1998). Post-traumatic stress disorder and obstructive sleep apnea syndrome. *Psychosomatics*, 39, pp. 168-171.

Zadra, A. & Donderi, D. C. (2000). Nightmares and bad dreams: Their prevalence and relationship to well-being. *Journal of Abnormal Psychology*, 109, pp. 273-281.

_____ & Pihl, R. O. (1997). Lucid dreaming as a treatment for recurrent nightmares. *Psychotherapy and Psychosomatics*, 66, pp. 50-55.

_____, Pilon, M. & Donderi, D. C. (2006). Variety and intensity of emotions in nightmares and bad dreams. *Journal of Nervous and Mental Disease*, 194, pp. 249-254.

Zayfert, C. & Becker, C. B. (2007). *Cognitive-Behavioural therapy for PTSD*: A case formulation approach. New York: Guilford Press.

_____ & DeViva, J. C. (2004). Residual insomnia following cognitive behavioral therapy for PTSD. *Journal of Traumatic Stress*, 17, pp. 69-73.

Ziarnowski, A. P. & Broida, D. C. (1984). Therapeutic implications of the nightmares of Vietnam combat veterans. *VA Practitioner*, 1, pp. 63-68.

Zoellner, L. A., Feeny, N. C., Cochran, B. & Pruitt, L. (2003). Treatment choice for PTSD. *Behaviour Research and Therapy*, 41, pp. 879-886.

Impresso na gráfica da
Pia Sociedade Filhas de São Paulo
Via Raposo Tavares, km 19,145
05577-300 - São Paulo, SP - Brasil - 2016